Les Anglais

Titre original : *The English, A Portrait of a People*
Penguin Books, London

Les Anglais
Portrait d'un peuple

Jeremy Paxman

Préface de Theodore Zeldin

Traduit de l'anglais par Bernard Cohen

Pour Jessica, Jack et Victoria

Table

Préface 9

Avant-propos 17

1. Nostalgie 21

2. Drôles d'étrangers 43

3. L'Empire anglais 61

4. L'Anglais authentique et autres aberrations 75

5. Nous, si peu nombreux 91

6. La paroisse des sens 105

7. « Home » 125

8. Il y a toujours eu une Angleterre 149

9. L'Anglais idéal 177

10. « Cherchez *le* femme » 199

11. Un vieux pays dans des habits neufs 219

Remerciements 249

Préface

Comment un journaliste devient un héros

« Je n'ai jamais été aussi heureux qu'en pêchant à la ligne », affirme Jeremy Paxman. Tout en reconnaissant que « les gens pensent souvent que c'est une activité pour simplets ruminants », il estime qu'elle « demande une telle concentration mentale qu'on ne peut plus s'inquiéter de quoi que ce soit d'autre ». Mais qu'est-ce qui tracasse Paxman ? À quoi cherche-t-il à échapper ?

Ces questions ne se situent pas seulement à un niveau personnel. Paxman est un héros anglais, rival des pop stars que Tony Blair, jadis, tenait pour l'incarnation de la Grande-Bretagne « cool ». Son message diffère nettement du leur : « Pourquoi, peut-il ainsi demander, les contribuables devraient-ils donner de l'argent au gouvernement afin que celui-ci le confie à des hommes politiques qui eux-mêmes le repassent à des agences publicitaires dans le seul but d'insulter notre intelligence ? » Plusieurs millions de téléspectateurs voient en lui leur allié, leur porte-parole, un Robin des Bois moderne qui, au lieu de dépouiller les riches, oblige les tenants du pouvoir à livrer la vérité aux masses, lesquelles estiment qu'elles y ont droit.

Une jeune femme m'explique qu'hésitant à poser des questions aux politiciens, elle aime que Jeremy Paxman le fasse pour elle, en se montrant à la fois plein d'autorité et d'une réelle humilité. Une autre écrit que « son grand front plissé paraît exprimer le courroux que nous éprouvons tous lorsque nous le voyons interviewer des dirigeants qui débitent sophismes et clichés hypocrites au lieu de reconnaître honnêtement leurs erreurs ». Elle apprécie « son indignation morale toujours prête à exploser », son refus des mensonges, ajoutant : « Il peut être colérique, cinglant, provocateur, méprisant, mais ces travers deviennent de séduisantes qualités quand ils sont agrémentés de l'humour avec lequel il se considère lui-même. Il donne l'impression de s'engager entièrement dans tout ce qu'il ressent, et cette intensité, cette ferveur sont des plus impressionnantes. »

Une autre encore reconnaît qu'elle le voit comme « la coqueluche des femmes, mais avec un cerveau. Nous aimons toutes les hommes intelligents et il l'est, incontestablement, mais c'est aussi quelqu'un qui vieillit avec classe. Ses cheveux grisonnants lui donnent un air très distingué. Il a cette sorte de compétence et de sérieux que je trouve très attirante. J'adore quand il a la dent dure contre les gens qu'il interviewe. Je suis moi-même sarcastique à l'extrême et donc j'apprécie ces moments. Ce n'est pas un robot et il a un sourire craquant. Ma mère le trouve super, elle aussi, et elle a 56 ans ! »

C'est ainsi que le perçoivent celles et ceux qui ne connaissent de lui que sa personnalité télévisuelle. Pour découvrir ce qui se cache derrière ce visage et cette voix, il faut lire le livre qu'il a consacré à la pêche à ligne, sa marotte et selon lui le sport le plus populaire de l'Angleterre, avant même le football ou le cricket, puisqu'il compte quelque quatre millions d'adeptes assidus. Les pêcheurs, dit-il, cherchent toujours à excuser le fait de rentrer bredouille en se lamentant sur un âge d'or mythique, le temps où les rivières n'étaient pas polluées. Une permanente mélancolie pèse sur eux et ils n'ont pas de plus grand plaisir que de se complaire dans la nostalgie de leurs exploits passés, dans « la douce chaleur du souvenir des difficultés surmontées ». Râleurs dans l'âme, ils ne sont pas pour autant des vrais pessimistes, au contraire, car leur sport est finalement une constante victoire de l'espoir sur la dureté de l'expérience.

Cela mérite d'être comparé avec ce que Paxman avance à propos des Anglais dans le présent livre, ce mélange de mélancolie naturelle et de détermination, cet attachement passéiste à la campagne alors qu'ils ont choisi une vie résolument urbaine, ces lamentations sur la perte de leur conscience identitaire et leur incapacité à s'inventer une passion qui remplacerait leur gloire disparue. En décrivant les pêcheurs à la ligne et les Anglais, il dresse un portrait de lui-même.

Lorsque je l'ai rencontré en chair et en os, il m'a confié : « J'ai l'impression de ne faire partie d'aucun milieu, ni social, ni intellectuel. Je me suis toujours senti *décalé.* » Il a été fortement marqué par sa jeunesse provinciale, sans aucun contact avec les familles des professions libérales. Après s'être considéré comme un enfant du Yorkshire, ce qui aurait laissé promettre de solides racines, il a découvert que sa famille, à seulement quelques générations près, était en réalité composée de paysans illettrés ayant quitté le Suffolk à la recherche de travail, devenus marchands de fruits et légumes et collecteurs de loyers avant de s'intégrer à la moyenne bourgeoisie. Enfant, il n'a pratiquement jamais visité Londres, puis il a été le premier de son entourage familial à fréquenter l'université, « une expérience qui m'a transformé », raconte-t-il. Il lui a fallu attendre « tardivement, jusqu'à quarante ans passés », pour commencer à se sentir un peu à l'aise en société. Il ne se jugeait pas en droit de fréquenter les personnes qu'il rencontrait grâce à son travail, ni même de leur poser les questions qu'il risquait : « Si quelqu'un s'était cabré un jour en me disant : “Non, mais pour qui vous vous prenez, à m'interroger de cette manière ?”, je pense que je l'aurais mérité. C'est une réaction qui n'a rien de bizarre. Il est parfaitement naturel de se sentir intimidé en face de ceux qui ont de l'autorité. »

Il n'est pas surpris de constater qu'il suffit au premier ministre de son pays de répliquer à ses opposants qu'il pense agir selon ses convictions pour que ces derniers le remercient poliment et ne le questionnent plus. C'est seulement lorsqu'il déclare : « Voilà, c'est cela que je crois, mais je peux me tromper » que ses censeurs commencent à s'agiter. Remarque de Paxman : « Quand vous êtes un chef de gouvernement qui envoie des troupes en Irak, vous avez sacrément intérêt à ne pas vous tromper ! »

Désormais, constate-t-il, « je suis capable d'entrer dans une salle sans être mort de peur, mais je ne m'accorde pas la moindre autorité sur quoi que ce soit ». Une sincère modestie tempère ses ambitions. Après avoir étudié la littérature anglaise à Cambridge, il a essayé d'écrire un roman, mais insatisfait du résultat, il a décidé d'arrêter. Il a caressé en son temps un projet d'essai sur l'Europe, seulement il ne se sentait « pas à la hauteur, vraiment effrayé par la complexité du sujet ». Il aime les mots, cependant, et c'est pourquoi il rédige des livres qu'il juge « simplement un travail de journaliste, une contribution au débat. J'essaie de découvrir. C'est tout ce que j'ai voulu faire ».

Plutôt de gauche durant ses années de formation, il décrit le jeune Paxman plus exactement comme « quelqu'un de rebelle par instinct, anti-tout ». Cette révolte l'a quitté, tout comme l'illusion de changer le monde, « sinon par petites touches, chacun dans sa sphère bien limitée. Je reconnais mes limites, maintenant. La réalité finit par vous rattraper, tôt ou tard. C'est vers la quarantaine que j'ai compris qu'il n'y a jamais de solution idéale, seulement des compromis qui peuvent être acceptables ou non ».

Son récent livre consacré à la figure de l'« animal politique » constitue une tentative pour mieux cerner la logique des responsables qu'il met sur le gril journalistique. Une espèce très étrange, a-t-il conclu : « Il m'arrive souvent d'avoir du mal à m'endormir parce que je ne leur ai pas posé la bonne question, ou que j'ai été trop agressif, ou pas assez. Eux, par contre, ils dorment comme des nouveau-nés. Ce sont des gens qui ne sont pas faits comme vous et moi. » Selon lui, les hommes politiques de Grande-Bretagne sont d'éternels insatisfaits en raison de la concentration des pouvoirs aux mains du premier ministre et de trois ou quatre de ses plus proches collaborateurs, les membres du cabinet ne faisant qu'obéir aux instructions. Néanmoins, des centaines de prétendants voudraient désespérément pouvoir grimper les échelons. « Comment être heureux si l'on ne sait pas jouir du présent ? », s'interroge Jeremy Paxman. Faire une carrière dans la politique n'a aucun sens. Néanmoins, il rêve d'un ré-enchantement de la politique.

Sa mission impossible, c'est d'amener les gouvernants à dire vérité. Mené devant les caméras de télévision, son combat le plus célèbre, celui qui l'a hissé au rang de héros national quand bien même il n'en est pas sorti vainqueur, l'a vu répéter rien moins que quatorze fois la même question à un ministre conservateur qui lui refusait une réponse claire. Au cours de la guerre en Irak, il a demandé au ministre de la Santé combien d'hôpitaux de campagne l'armée britannique était en mesure de déployer. « Suffisamment », lui a-t-on répondu. « Combien est-ce, *suffisamment* ? », a insisté Paxman. Réponse : « Tout dépend des circonstances. » Le journaliste savait que l'armée en avait à peine deux quand il lui en aurait fallu dix...

Jeremy Paxman trouve sa réputation d'agressivité injustifiée. Si les dirigeants politiques étaient plus francs, admet-il, ses interviews ne seraient pas si tendues. Quand son interlocuteur n'est pas un menteur patenté, il se montre de la plus grande courtoisie et sait rendre la conversation très plaisante. Il déteste la violence au point qu'après plusieurs années passées comme correspondant de guerre au Salvador et au Liban il a reconnu qu'il ne pouvait plus supporter de voir des gens s'entre-tuer : « J'ai eu assez de cadavres devant les yeux », dit-il. Certains journalistes sont capables de garder un regard distancié sur de tels spectacles, mais pas lui : « C'est trop navrant. C'est une horreur. »

Même s'il est moins macabre, le travail de chroniqueur politique présente de réelles difficultés. Le rôle de Paxman est d'amener les tenants du pouvoir à rendre des comptes, un exercice qu'ils n'aiment pas. Lorsqu'il a demandé par courrier à Tony Blair de bien vouloir développer une remarque qui lui avait été attribuée, et selon laquelle la plupart des trajectoires politiques individuelles se concluent par un échec, il n'a jamais reçu de réponse. Interviewant le premier ministre à la télévision, il a voulu savoir si Bush et lui priaient ensemble. Blair a refusé de répondre, sans doute parce qu'il savait que la Grande-Bretagne est l'une des nations les plus païennes au monde. Quand il a proposé au ministre Alan Milburn, l'un des principaux poulains de Blair, de le laisser passer une journée avec lui afin de l'observer en action, il a dû relancer son secrétariat à dix reprises au téléphone – la méthode Paxman : ne jamais renoncer – avant d'obtenir une proposition de date si lointaine qu'elle équivalait à un refus implicite.

« La politique est malade en Grande-Bretagne », dit-il, mais il n'a pas de remède. Il rend ses professionnels responsables de cet état, sans pour autant proclamer que ce sont tous des filous : au contraire, il est persuadé que la majorité d'entre eux croit sincèrement être en mesure de rendre le monde meilleur, et que certains y sont en effet parvenus. Cela ne l'empêche pas de les trouver en général inadaptés à leur tâche. Paxman a calculé que 62 % des premiers ministres du pays étaient orphelins de père, de mère ou des deux dès l'âge de quinze ans. Tony Blair en avait onze quand son père a eu une grave crise cardiaque, et sa mère est décédée lorsqu'il était jeune homme. Le secrétaire général du Parti travailliste a ainsi confié un jour à Paxman : « Je n'ai jamais bien connu mon père. C'est le parti qui m'a servi de figure paternelle. Le parti a toujours été là pour me remonter le moral quand j'avais besoin. »

Paxman a des besoins différents : « Si j'avais le temps, j'étudierais la religion. Pour moi, c'est la seule question vraiment importante. Je suis athée, ou bien je crois l'être. Je n'en suis pas si sûr. C'est une question sur laquelle j'aimerais avoir une réponse. » L'Angleterre n'est sans doute pas l'endroit le plus favorable à cette quête. Un archidiacre, par exemple, lui a déclaré un jour : « Vous, vous êtes athée et moi, je suis l'Église anglicane. Je suis sur votre longueur d'ondes à 99 % »... Après des siècles de guerres de religion, ce pays a choisi de ne plus se revendiquer de quelque foi inébranlable que ce soit.

Tout en portant un regard critique sur ses compatriotes, Paxman est profondément heureux d'être Anglais. Il ne s'imaginerait pas autrement, ni vivre ailleurs. Le contraste avec son frère est frappant : diplomate, actuellement numéro deux de l'Ambassade britannique à Paris, celui-ci a épousé une Française et leurs enfants parlent couramment français à la maison, ainsi qu'italien. Ce qui nous prouve qu'il n'existe pas deux Anglais similaires, quand bien même ils seraient frères. Comme la France, la Grande-Bretagne compte soixante millions de minorités. Et l'on ne s'étonnera donc pas que tant d'Anglais n'aient pas une vision arrêtée de ce qu'ils sont, de ce qu'ils partagent ensemble, ni de la direction dans laquelle il faudrait chercher la vérité.

Héros, Paxman l'est parce qu'il va plus loin que les vedettes de la musique pop, elles aussi vecteurs d'un malaise auquel aucun spécialiste ne peut apporter de remède. La moindre victoire que cet homme remporte sur l'hypocrisie est également la vôtre. Qu'il ne sache pas ni ne proclame où ce combat conduira ne vous permet pas de l'accuser de faire des promesses qu'il ne pourrait tenir.

Ce livre démontre très bien, en s'appuyant sur l'histoire ainsi que sur l'actualité, et avec maints détails curieux, combien il est compliqué d'être anglais, peut-être encore plus que d'être français. J'espère qu'il rendra ses lecteurs d'outre-Manche plus indulgents envers nos manies et nos incertitudes.

Theodore Zeldin

Professeur à l'université d'Oxford et doyen de St. Antony's College (Institut de recherches internationales), **Theodore Zeldin** est reconnu comme l'un des historiens les plus importants et les plus originaux de notre époque. Grand connaisseur de la France, il a notamment écrit une *Histoire des passions françaises : 1848-1945* (Seuil, 1980) et les deux best-sellers *Les Français* (Seuil, 1984) et *Les Françaises et l'histoire intime de l'humanité* (Fayard, 1994). *(N.d.E.)*

Avant-propos

C'était si facile d'être Anglais, jadis... Personne au monde n'était plus reconnaissable qu'un Anglais. À sa façon de s'exprimer, de se comporter, de s'habiller, et à cette manie qu'il avait de boire des litres de thé, on ne pouvait se tromper. Désormais, tout est plus compliqué. Lorsqu'il nous arrive de tomber sur un homme à l'air pincé, avec une prédilection pour le tweed et les vilaines chaussures, cela nous amuse parce que cette image conventionnelle des Anglais est morte. De nos jours, les ambassadeurs de ce pays seront musiciens ou écrivains plutôt que diplomates ou hommes politiques.

Même s'ils étaient titulaires de passeports britanniques comme les Écossais, les Gallois et certains Irlandais, les Anglais de l'époque impériale pouvaient se considérer « English » ou « British » avec la même facilité. Aujourd'hui, rien n'indignera plus un Écossais que d'entendre l'un de ses voisins du Sud confondre allègrement les deux termes. En théorie, les élections de mai 1999 au nouveau Parlement écossais et à l'Assemblée galloise ont été conçues par le Parti travailliste dans le but de cimenter l'union britannique. C'était peut-être le cas. Ce qui est sûr, c'est que cette union-là a bien changé. L'Écosse, qui était déjà une nation structurée, possède maintenant ses propres institutions politiques dont la tendance sera sans doute d'affirmer toujours plus leurs prérogatives. Cette transformation se note même dans la langue : à Londres, les informations écossaises sont de plus en plus souvent qualifiées de « nationales » quand elles étaient jadis « régionales », et dans une note de service la BCC a même recommandé à ses employés de renoncer au terme de « principauté » à propos du pays de Galles.

Il y a aussi le facteur européen. Qui peut prédire jusqu'où iront les ambitions – ou illusions – collectives des élites politiques du continent ? Si des États-Unis d'Europe finissent par apparaître et fonctionner, le Royaume-Uni deviendra une structure superflue. Et puis, il faut compter avec la conscience très aiguë qu'aucun pays n'est en mesure de contrôler dans son coin les grands mouvements du capital dont la prospérité de ses citoyens dépend entièrement. La fonction principale des gouvernements nationaux est toujours plus d'ordre culturel.

Ces quatre données (la fin de l'Empire, les fissures apparues dans le Royaume dit « uni », la force d'attraction de l'Europe et le caractère incontrôlable des flux économiques internationaux) m'ont amené à me poser la question : « Être Anglais, finalement, c'est quoi ? » Quand bien même il aborde des sujets politiques, ce livre n'est pas un essai politique au sens étroit du terme. J'ai voulu essayer de comprendre les racines de l'actuel malaise identitaire des Anglais en remontant dans le passé, et notamment à cette image de l'Anglais « idéal » qui a pu faire flotter son drapeau dans le monde entier.

Certaines de ces influences historiques sont assez faciles à repérer. Leur statut d'insulaires, la place occupée par la Réforme protestante dans la consolidation de la nation, le grand attachement à la liberté individuelle, définissent pour beaucoup les Anglais d'hier et d'aujourd'hui. Mais il y a des aspects plus opaques, moins évidents à cerner : pourquoi, par exemple, les Anglais éprouvent-ils ce contentement à se sentir incompris ou persécutés ? Qu'y a-t-il derrière leur passion pour les jeux de hasard ? À partir de quoi ont-ils développé leur très particulière approche de la sexualité et de l'alimentation ? Où ont-ils puisé leur remarquable aptitude à l'hypocrisie ?

J'ai cherché des réponses en voyageant à travers le pays, en rencontrant des gens et en lisant. Au bout de quelques années, j'ai un peu avancé et je me suis retrouvé devant de nouvelles questions. Je viens aussi de remarquer que je traite ici des Anglais en écrivant constamment « ils », alors que je me suis toujours considéré comme étant des leurs : jusqu'au bout, donc, ils restent insaisissables.

1. Nostalgie

Demandez à quiconque, quelle que soit sa nationalité, ce qu'il aimerait être.
Dans 99 % des cas, la réponse sera : « Anglais ».

CECIL RHODES

Il fut un temps où les Anglais savaient ce qu'ils étaient. La liste des définitions était toute prête : ils étaient polis, flegmatiques, réservés, et ils avaient des bouillottes en guise de vie sexuelle, au point que le monde occidental pouvait se demander comment ils se reproduisaient ; ils étaient actifs plutôt que cérébraux, écrivains plutôt que peintres, jardiniers plutôt que gastronomes, ils tenaient à leurs distinctions de classe, à leurs préjugés et à leur incapacité à manifester leurs sentiments ; ils connaissaient leur devoir et l'accomplissaient. La force d'âme poussée jusqu'aux limites du raisonnable était un de leurs signes distinctifs. « Par Dieu, j'ai perdu ma jambe », remarquait lord Uxbridge tandis que les obus explosaient de toutes parts autour de lui, à quoi le duc de Wellington répliqua : « Et comment, par Dieu ! » Un soldat blessé à mort dans une tranchée de la Somme était censé réagir à la hauteur du mythe et se recommander stoïquement de « ne pas ronchonner ». Leur honneur était leur bien le plus précieux, leurs engagements toujours fiables : la parole d'un gentleman était aussi fiable qu'un pacte scellé dans le sang.

Nous sommes en 1945. La guerre, qui paraissait ne devoir jamais finir et qui a dominé chaque minute de la vie du pays, s'achève. On va pouvoir souffler, enfin, même si la Luftwaffe a laissé ses souvenirs béants dans toutes les cités industrielles. Dans les villes moyennes, relativement épargnées, la rue principale est un patchwork de petits commerces car, pour reprendre la remarque assassine de Napoléon, nous avons là une *nation de boutiquiers**[1]. Quoiqu'il n'y ait pas grand-chose à acheter dans les magasins. Et le soir venu, on s'offrira peut-être une visite au cinéma local.

Il est tentant d'approuver Churchill lorsqu'il affirmait que la Seconde Guerre mondiale a été « le plus grand moment » de l'histoire de son pays. Il se référait à l'Empire britannique, certes, mais les valeurs de l'Empire étaient justement celles que les Anglais aimaient à croire qu'ils avaient inventées. Et il est certain que la guerre, ainsi que les années qui ont immédiatement suivi, ont été de mémoire d'homme le dernier instant où ce peuple a eu une image claire et positive de lui-même. Un reflet renvoyé par des films tels que *In Which We Serve* (*Ceux qui servent en mer*, 1942), de Noel Coward, où les survivants d'un destroyer britannique coulé par les chasseurs allemands, du capitaine au dernier matelot, se rappellent l'histoire du navire et par là même celle de leur pays, qui dans leur représentation apparaît comme un endroit propre, bien ordonné et hiérarchisé, dans lequel le conflit mondial est survenu tel un contretemps qu'il fallait supporter, telle une averse en pleine fête du village, une contrée où règnent la chasteté et l'esprit de sacrifice, où les femmes savent tenir leur place et les enfants aller au lit sans rechigner. À un moment, on voit le quartier-maître prêt à embarquer et sa belle-mère lui demander quand il reviendra à terre :

« Tout dépend d'Hitler.

– Ah, mais pour qui se prend-il, celui-là ? s'indigne la belle-maman.

– Bonne question. »

Ce genre de propagande éhontée, justement parce qu'elle était destinée à un peuple confronté au risque de voir sa culture disparaître, nous montre avec clarté comment les Anglais aimaient à se considérer. Ce qui ressort de ce film, et de bien d'autres, est le portrait d'une nation stoïque, honorable, disciplinée, discrète, délibérément « popote ». De gens qui préféreraient sans hésitation soigner leurs rosiers plutôt que d'aller défendre le monde contre la tyrannie fasciste.

Ayant vécu toute ma vie dans cette Angleterre sortie de l'ombre d'Hitler, je dois avouer mon admiration pour le pays tel qu'il paraissait être alors, et cela malgré toute son étroitesse d'esprit, son hypocrisie et ses préjugés. Il avait été poussé dans une guerre qu'il s'était maintes fois promis d'être en mesure d'éviter, et ce faisant avait précipité de plusieurs décennies la fin de sa prééminence mondiale. Aujourd'hui, les révisionnistes contestent les clichés héroïques d'une Grande-Bretagne isolée et luttant dignement contre un ennemi sans foi ni loi, mais il n'en demeure pas moins une vérité : oui, cette nation est restée seule face aux nazis à l'été 1940, et si elle n'avait pas assumé ce rôle toute l'Europe aurait été la proie du fascisme. Est-ce uniquement grâce à son isolement géographique si, au contraire de tout le continent européen, de la France à la Baltique, il ne s'est pas trouvé en son sein de forces significatives pour choisir de jouer la carte nazie ? Peut-être. Mais la géographie n'est pas neutre, justement : c'est elle qui définit les peuples.

Il y a eu des milliers, des dizaines de milliers de tentatives d'explication de ce que la Seconde Guerre mondiale a provoqué dans la culture collective anglaise. Aucune ne peut dénier le fait que dans ce combat titanesque les Anglais ont toujours eu la notion la plus claire de ce pour quoi ils se battaient, et donc de ce qu'ils « étaient », en tant que peuple. Cela n'avait rien à voir avec la fierté d'Hitler envers sa « Patrie ». C'était une motivation beaucoup plus humble, plus personnelle et à mon avis d'une force infiniment plus grande, même si d'une extrême discrétion. On en trouve un écho émouvant, et très finement campé, dans *Brief Encounter* (*Brève rencontre*, 1945), ce film de David Lean qui narre le coup de foudre sans lendemain d'un bon docteur et d'une femme mariée dans la salle d'attente de la gare de Milford, personnages auxquels Trevor Howard et Celia Johnson prêtent leur physique typiquement anglais.

Que nous apprend sur le compte des valeurs britanniques ce classique du cinéma anglais, dans lequel les héros choisissent de renoncer à leur passion naissante, l'un en acceptant l'offre d'emploi dans un hôpital sud-africain, l'autre en retournant à son honnête mais ennuyeux mari ? D'abord, la confirmation de cet immémorial principe, à savoir que l'« on n'est pas sur cette terre pour prendre du bon temps ». Ensuite, l'importance du sens du devoir dans un pays où la plus grande partie de la population adulte s'était habituée à porter un uniforme. Et surtout, surtout, le message essentiel : il faut savoir contrôler ses émotions. C'était en 1945 mais cela aurait pu être vrai dix, voire vingt ans plus tard. Les modes pouvaient changer mais il continuait de pleuvoir, et le policeman au coin de la rue demeurait une figure familière. Malgré l'apparition de l'État providence dans l'après-guerre, chacun connaissait sa place. Conduites par des chauffeurs en uniforme, les petites camionnettes continuaient à livrer le lait et le pain à chaque foyer tous les matins. On savait qu'il y avait des choses « qui se faisaient » et d'autres « qui ne se faisaient pas ».

On pourrait dire de ces gens qu'ils étaient convenables, assez travailleurs pour réaliser leurs modestes ambitions, et qu'ils s'étaient accoutumés à se voir comme les agressés, non les agresseurs, et à rester stoïques sous le feu ennemi. Le symbole tranquille était celui des troupes britanniques résistant à l'assaut furieux des Français à Waterloo, ou du dôme de la cathédrale Saint-Paul continuant à se dresser dans la dévastation semée par les bombes nazies. Tout en ayant une conscience aiguë de leurs droits, ces gens reconnaissaient avec satisfaction qu'ils « ne s'occupaient pas trop de politique ». Le cuisant insuccès des extrémistes de gauche ou de droite à obtenir une représentation parlementaire prouvait leur profond scepticisme envers tous ceux qui leur faisaient miroiter la terre promise. Ils étaient modestes, enclins à la mélancolie, mais en aucune manière religieux au-delà de quelques principes de base : l'anglicanisme n'était rien de plus qu'une invention politique qui avait élevé le statut de « brave type » à un niveau plus ou moins comparable à la canonisation. Au cas où ils devaient indiquer leur allégeance religieuse dans le cadre de quelque enquête administrative, ils inscrivaient sereinement « C of E » (pour « Church of England », Église anglicane) tout en sachant très bien que personne n'exigerait d'eux d'aller à la messe ou de donner tous leurs biens aux pauvres.

En 1951, le quotidien *People* lançait une grande enquête destinée à mieux connaître ses lecteurs. Après avoir épluché quelque onze mille réponses pendant trois ans, le coordinateur du projet, Geoffrey Gorer, parvenait à la conclusion que la nation britannique n'avait guère changé en l'espace d'un siècle et demi. En surface, les transformations avaient certes été considérables : une population habituée à l'anarchie était devenue respectueuse de la loi, compatissante jusqu'à la sensiblerie après avoir été friande de combats de chiens, d'ours tenus en laisse et de pendaisons publiques, soucieuse d'honnêteté publique après avoir toléré la corruption généralisée. Mais, mais... « Ce qui semble rester une constante est la farouche réticence envers toute forme de contrôle excessif, l'amour de la liberté ; la force d'âme ; un faible intérêt pour la chose sexuelle, comparé à la plupart des pays voisins ; la priorité donnée à l'éducation dans la formation de la personnalité ; le tact et la discrétion envers les sentiments d'autrui, et enfin un très solide attachement aux valeurs du mariage et de la famille [...]. Les Anglais forment un peuple extrêmement uni et même, d'après mon humble hypothèse, plus uni que jamais dans toute son histoire. Lorsque j'étudiais la première vague de questionnaires qui m'est parvenue, le constat qui me venait constamment à l'esprit était : "Comme la vie que mènent ces individus a l'air ennuyeuse !" Et aussitôt, un autre : "Quels braves gens !" C'est le double jugement que je conserve à la fin de mon travail. »

Les raisons de cette cohésion étaient assez évidentes pour un pays qui sortait d'une guerre affreuse et venait de subir tant de sacrifices. Il présentait aussi une relative homogénéité à la fois psychologique et démographique, puisqu'il avait été contraint de se soumettre plus encore à la discipline et n'avait pas connu d'immigration de masse. Enfin, il restait insulaire, non seulement au sens géographique du terme mais aussi parce que la communication de masse n'avait pas encore rendu possible l'avènement du village planétaire.

C'était le monde de ceux qui sont aujourd'hui grands-parents, l'univers de la reine Élisabeth et du duc d'Édimbourg. La jeune princesse avait épousé le lieutenant de vaisseau Philip Mountbatten en 1947, c'est-à-dire en pleine période d'austérité, quand les pommes de terre étaient rationnées à trois livres hebdomadaires par personne et le bacon à trente grammes. Les noces royales avaient apporté une touche de rêve et de magie à ce terne quotidien, Élisabeth abandonnant le calot militaire qu'elle avait arboré si souvent pendant la guerre pour revêtir une robe en satin brodée de dix mille semences de perles. Dans la logique de *Brève rencontre*, de Celia Johnson et de Trevor Howard, ils pouvaient s'attendre à vivre de longues années ensemble et c'est ce qui allait se passer, en effet. Mais c'était la dernière génération à assumer ce code de conduite : lorsque, à l'instar d'un quart des couples qui s'étaient mariés la même année, ils allaient atteindre leurs noces d'or en 1997, les valeurs de Celia Johnson et de Trevor Howard n'étaient déjà guère plus qu'une curiosité pour anthropologues. À ce moment, moins de 10 % des unions matrimoniales pouvaient prétendre à une telle longévité. En net contraste avec l'immédiat après-guerre, où beaucoup d'entre elles avaient renoncé à leur emploi pour libérer des postes de travail à l'intention des hommes revenus du front, les femmes constituaient désormais près de la moitié de la population active, et elles étaient bien souvent à l'initiative des procédures de divorce qui mettaient fin à la majeure partie des deux cent mille mariages prononcés chaque année. À l'époque des noces d'or royales, trois de leurs quatre enfants avaient vu leur expérience conjugale s'achever par un échec, l'héritier de la couronne avait divorcé de la femme qui aurait pu devenir la prochaine reine et celle-ci avait trouvé la mort dans un tunnel parisien, en compagnie de son amant, le play-boy Dodi Al-Fayed dont le père, Mohammed, à la tête de la plus célèbre boutique de cette *nation de boutiquiers**, avait coutume de passer des enveloppes bourrées de billets de banque à des députés conservateurs qui se vantaient d'appartenir au parti dépositaire des traditions d'intégrité et d'honneur britanniques... L'enterrement de Diana, d'ailleurs, allait provoquer des manifestations de deuil public tellement étrangères au comportement « typiquement british », comme ces milliers de bougies allumées dans les parcs ou les fleurs lancées sur le passage du cortège funéraire, que la génération de la Seconde Guerre mondiale ne pouvait que regarder bouche bée, et se sentir soudain comme des touristes dans leur propre pays.

Ceux qui jetaient des fleurs vers le cercueil de la princesse ne pouvaient avoir appris ce geste qu'à la télévision, car il s'agit d'une coutume du monde latin. Mais si l'influence des mass media ne peut être sous-estimée, s'il est vrai que les modes culinaires, vestimentaires ou musicales ne sont plus depuis longtemps des produits « locaux », même ce qui peut encore être caractérisé d'authentiquement « national » est l'expression d'une population radicalement transformée. Au cours du demi-siècle qui a suivi le débarquement à Tilbury de quatre cent quatre-vingt-douze immigrants arrivés de Jamaïque à bord du navire *Empire Windrush*, le paysage racial du pays a été bouleversé. L'immigration de masse, concentrée sur l'Angleterre *stricto sensu*, a créé des zones entières où le terme de « minorités ethniques » est devenu un abus de langage. En 1998, ainsi, ce sont les enfants de race blanche qui sont devenus « minoritaires » dans les collèges secondaires de la proche banlieue londonienne, où plus d'un tiers des élèves n'étaient même plus de langue maternelle anglaise.

Si le peuple anglais a changé, la physionomie du pays est devenue elle aussi méconnaissable. Évitant les évocations bucolico-réactionnaires d'une contrée de bocages et de jardins, George Orwell a voulu dresser un paysage de fumées industrielles, de boîtes aux lettres rouge vif et d'hommes qui juraient en patientant devant les bourses du travail pour célébrer l'« anglicité » en temps de guerre dans *Le Lion et la Licorne*. À part les fameuses boîtes aux lettres, pratiquement plus rien ne se veut *made in England* dans ce territoire qu'habitent aujourd'hui les Anglais, sinon les lampadaires rococo et flambant neufs qui cherchent à donner une touche victorienne aux rues piétonnes, si tant est que les citadins de l'époque victorienne se soient adonnés aux plaisirs douteux du Big Mac. Même dans des villes comme Oxford ou Bath, plus attachées que d'autres à se revendiquer du passé britannique, les échoppes où l'on pouvait jadis acheter des clous au poids, trouver du cake fait maison, ou donner un accroc à recoudre sur sa veste, ont été remplacées par des vendeurs de tee-shirts et de souvenirs bon marché. Partout, le petit commerce a cédé la place à de grandes surfaces hautement spécialisées, que ce soit dans les ustensiles de cuisine ou les vêtements pour bébé. La nation de boutiquiers est devenue un pays de caisses enregistreuses, et les policiers ne patrouillent plus les rues qu'en voiture, ou restent dans leurs fourgons blindés, attendant le grabuge.

À la faveur d'un autre texte publié dans le *Evening Standard* en 1946, George Orwell décrivait ce qui était selon lui le pub idéal, qu'il avait poétiquement baptisé « The Moon under Water » (La Lune à l'eau). Assez animé pour vous mettre à l'aise, assez tranquille pour y avoir une conversation, avec un décor indifférent au passage du temps et d'amicales serveuses qui appelaient tout le monde « mon cher », il servait la bière brune la plus crémeuse, de solides déjeuners à l'étage et, à toute heure, des sandwichs à la saucisse de foie, des moules, du fromage et des pickles. Dans le grand jardin derrière, les enfants pouvaient jouer à la balançoire ou au toboggan…

À la fin de son essai, Orwell révélait ce dont la plupart de ses lecteurs se doutaient déjà : cet endroit rêvé n'existait pas. Mais ce n'est plus le cas : il y a aujourd'hui pas moins de quatorze pubs Moon under Water, propriété d'un important conglomérat de brasseurs de bières dont le siège social se trouve à Watford. Celui de Manchester s'enorgueillit d'être le plus grand de tout le pays, avec ses trois bars sur deux étages et ses soixante-cinq serveurs. Le samedi soir, des centaines de jeunes s'y saoulent bruyamment et agressivement… à la bière américaine.

Apparemment, donc, l'Angleterre n'est plus, mais plus du tout ce qu'elle était. Les notions d'effort collectif, de sacrifice, d'austérité, de parcimonie, ont été balayées, ne survivant que pour une infime minorité. Et cependant cette identité insaisissable, « par procuration » pourrait-on presque dire, est tout ce que les Anglais peuvent avoir. J'en ai fait la découverte embarrassée au début des années 1990, lors des obsèques en Afrique du Sud d'un ami et collègue qui s'était tué au volant de sa voiture à cause d'une urgence professionnelle. L'église était située dans un quartier blanc prospère, avec de grosses BMW garées partout et des panneaux promettant une « réponse armée immédiate » sur les enclos en fil de fer barbelé des villas. La cérémonie était conduite par un prêtre afrikaner libéral qui ne semblait pas avoir bien connu John, et le chœur assuré par les femmes de ménage de l'immeuble où mon ami avait eu son bureau. Elles étaient pauvres, certaines pieds nus, mais lorsqu'elles ont entonné *Nkosi Sikeleli Afrika*, l'hymne national noir, une tendre passion a fait vibrer la nef pseudo-gothique : elles aimaient chanter, oui, mais surtout elles « croyaient » en ce qu'elles chantaient. Après avoir prononcé une très simple oraison funèbre, le prêtre a annoncé le chœur suivant en se référant à une feuille photocopiée. C'était l'énigmatique poème de William Blake, *Jérusalem*. Se tournant vers les visiteurs, il a tonné : « Chantez, vous autres Anglais, chantez ! » Nous nous sommes timidement lancés, sans parvenir à la moitié de l'intensité, de l'émotion des femmes de ménage. Avec sa mélodie poignante et ses paroles pleines de mystère, *Jérusalem* est certainement ce qui se rapproche le plus d'un hymne anglais et cependant nous n'arrivions pas à mettre de conviction dans notre chant. La gêne, sans doute, mais avant tout le fait que les Anglais n'ont pas, à proprement parler, de refrain national, pas plus qu'ils n'ont un vêtement distinctif de leur culture. Quand les participantes au concours de Miss Monde se sont vues demander de défiler en habit traditionnel de leur pays, Miss Angleterre est apparue ridiculement attifée en... hallebardier de la Tour de Londres.

Tandis que la fête nationale anglaise, le 23 avril, est à peine remarquée, des cérémonies « britanniques » forgées de toutes pièces, comme l'anniversaire de la Reine, sont marquées par des tirs d'artillerie, des levers de drapeaux et des garden-parties dans les ambassades de Sa Majesté. Ce qui pourrait passer pour une danse typiquement anglaise, le « morris-dancing », n'est en fait qu'un maladroit divertissement de pub pratiqué par des hommes barbus et vociférants. Quand l'Angleterre rencontre le pays de Galles ou l'Écosse sur le terrain de football ou de rugby, les Gallois peuvent entonner *Land of our Fathers* ou *Hen Wlad fy Nhadau*, les Écossais *The Flower of Scotland*, alors que l'équipe anglaise se contente de fredonner piteusement l'hymne national « britannique », plaintive glorification de la monarchie dont la mission est de cimenter une union de plus en plus disparate. Il existe plus de cinq cents chants écossais connus et pratiqués, mais entrez dans un pub d'Angleterre et demandez à l'assistance ne serait-ce qu'une ligne d'une vieille chanson folklorique, telle que *The Yeomen of England* ou *There'll always be an England*, et vous n'obtiendrez qu'un silence stupéfait. Ou pire : la seule chose que les fans anglais puissent glapir avec enthousiasme durant un match de rugby sera un ancien chant d'esclaves noirs, *Swing Low, Sweet Chariot*, et dans un stade de foot quelque chanson pop passée de mode, aux paroles généralement affligeantes.

Que signifie cette indigence en matière de symboles nationaux ? D'aucuns avanceront qu'elle prouve, tout simplement, une certaine confiance en soi. Aucun Anglais ne pourrait assister sans étonnement au serment d'allégeance que les écoliers américains prêtent chaque matin, tant cette manifestation de patriotisme lui paraîtra naïve, pour ne pas dire plus. Il observera avec une indulgence ironique les Irlandais arborer un trèfle à la boutonnière lors de la Saint-Patrick, se gardant bien, sauf rare exception, d'en faire de même avec une rose lors de la Saint-Georges. Cette sagace retenue débouche vite sur l'opinion que tout témoignage public de fierté nationale révèle non seulement un manque de tact caractérisé mais s'apparente à un acte que la morale réprouve. En 1948 déjà, George Orwell notait que « dans les milieux de gauche, il y a toujours une sorte d'embarras à se dire Anglais, et une sorte d'obligation à railler la moindre institution anglaise, qu'il s'agisse des courses hippiques ou du pudding au rognon. Paradoxalement mais indubitablement, l'intellectuel anglais trouvera en général plus honteux de se tenir au garde-à-vous pendant l'exécution du *God Save the Queen* que d'aller voler dans le tronc du pauvre ».

De nos jours, le patron de cinéma qui s'aviserait de renouer avec la coutume de diffuser l'hymne national avant le début de la projection viderait sa salle en un clin d'œil. À l'époque où Orwell exprimait son irritation, le dédain de l'intelligentsia libérale envers les emblèmes patriotiques était facile, car les Anglais n'avaient guère à cultiver les symboles de leur spécificité nationale : quand on tient le haut du pavé du principal empire mondial, ce n'est pas nécessaire. Et il était important de gommer les identités respectives des pièces constitutives du « Royaume-Uni », construction volontariste par excellence. Si la tribu de colons protestants transplantée en ce milieu hostile qu'était l'Irlande du Nord devait s'accrocher farouchement à ses signes distinctifs, partout ailleurs, aux confins du monde celtique, les Anglais étaient tout disposés à coexister avec des identités traditionnelles dont la persistance même prouvait que l'Union était bien ce qu'ils voulaient qu'elle soit, une confluence de diversités. D'où les surnoms attribués aux Écossais (« Jocks »), aux Gallois (« Taffies »), aux Irlandais (« Paddies » ou « Micks »), alors que les Anglais, autre preuve de leur incontestable domination, n'en recevaient aucun.

Au contraire de ces derniers, Écossais ou Gallois n'ont jamais fait taire leur conscience identitaire pour embrasser le statut de Britanniques. N'importe qui pouvait aspirer au modèle de l'Anglais ou de l'Anglaise par excellence en étudiant à Eton – ce qui expliquait son succès auprès des enfants des nouveaux riches, et ses nombreuses imitations à travers l'Empire, depuis l'Inde jusqu'au Malawi –, mais un jeune et entreprenant Écossais avait toujours le loisir, s'il le désirait et sans que cela ne soit en rien contradictoire, de revenir à ses traditions ancestrales. Conservant son propre système juridique et éducatif, l'Écosse a peut-être compensé la perte de son indépendance par un sens très aigu de son histoire, « une identification à ses morts qui pouvait s'étendre jusqu'à la douzième génération », ainsi que le remarque Robert Louis Stevenson dans *Le Barrage d'Hermiston*. Variante du plaid des Highlanders, un habit « traditionnel », le kilt, a été réinventé pour leur usage identitaire, et c'est peut-être même l'œuvre… d'un Anglais : Thomas Rawlinson, le directeur quaker d'une fonderie qui avait eu l'idée d'habiller ainsi ses ouvriers. Au moment même où les Anglais devaient se résigner à plus de discipline pour servir les intérêts de la grande industrie et de la colonisation, sir Walter Scott chantait la liberté idéalisée du montagnard des Highlands. S'étonnera-t-on, alors, qu'à la désintégration de l'Empire les Écossais aient eu de nombreux repères auxquels se référer ?

Les Anglais, qui n'avaient pas ce type de refuge identitaire, ont logiquement été beaucoup plus affectés par l'effondrement du pouvoir britannique, d'autant que les autres composantes du Royaume-Uni pouvaient leur remontrer non sans aigreur qu'ils avaient été les artisans de leur propre perte. Préparant une anthologie de nouvelles en 1998, la romancière A. S. Byatt a trouvé qu'un recueil d'essais destiné à présenter la diversité des traditions culturelles consacrait cinquante-cinq pages à la culture écossaise, vingt à celle des Antilles anglophones, vingt-sept aux Gallois, et vingt-huit aux Irlandais. Les seules allusions à l'identité anglaise, trois au total, n'apparaissaient que dans la préface, et à chaque fois pour fustiger « l'hégémonie de l'Angleterre ». Commentaire de l'écrivain : « On a l'impression que les Anglais n'existent que pour être critiqués et rejetés. »

Naturellement enclins à la morosité, les intéressés ne pouvaient que prendre au pied de la lettre ce dédain général. Sans vouloir exagérer ce trait national – le nombre de suicides reste l'un des plus faibles d'Europe, bien loin derrière la Hongrie et même la Suisse –, c'est un fait que les Anglais semblent se satisfaire de l'idée que leur pays est voué à l'échec. Une romancière bien connue ici, E. M. Delafield, définit ainsi les quatre articles du credo anglais : premièrement, « Dieu est un Anglais, probablement sorti d'Eton » ; deuxièmement, « toute femme respectable est par nature frigide » ; troisièmement, « il vaut mieux être passé de mode que dans le coup », et quatrièmement, « l'Angleterre court à la ruine ». Visitant Londres en 1955, Nirad Chaudhuri s'émerveillait devant un homme politique d'avoir trouvé le pays extrêmement accueillant et civilisé : « Vous l'avez connu sous un jour très favorable », devait être le sombre commentaire de son interlocuteur.

Ce peuple étonnamment réservé et pessimiste ne peut pas continuer indéfiniment sur cette voie. Le voici gouverné par un parti qui puise ses principes outre-Atlantique et dont la direction de la coterie directionnelle vient du nord de la frontière. Voici que l'Écosse et le pays de Galles gagnent une autonomie grandissante, tandis que l'envahissante Union européenne préfère ostensiblement aux États-nations la complexe logique d'un cœur fédéral relié à un puzzle de régions. La désintégration de l'Empire a fini par atteindre les îles Britanniques, et ce sont les premières colonies qui seront les dernières à conquérir leur indépendance, alors que les pressions extérieures se font irrésistibles. « Nous arrivons à la fin de l'aventure britannique », affirme l'écrivain de gauche Stephen Haseler dans *The English Tribe* (La Tribu anglaise) : « Un millénaire de développement séparé, dont près de trois siècles marqués par les succès d'un État-nation sûr de lui, s'achève sous l'action conjuguée de la globalisation et de la dynamique européenne ».

Et allons-y avec l'Apocalypse. Dans une philippique de deux cent quarante-sept pages, Clive Aslet, le rédacteur en chef du bucolique magazine *Country Life*, tente de donner à la crise d'identité nationale des raisons aussi convenues que le passage au système métrique, l'abandon du bon vieux passeport bleu marine pour le document brunâtre imposé par l'UE, le féminisme, les nouveaux motifs des tweeds Harris, les fast-foods et le triomphe de la culture « jeune ». « Jour et nuit, on entend les ogres de Bruxelles arpenter les couloirs de l'Union européenne en criant par-dessus le Channel "Mmmh, mmmh, je sens les coutumes, les goûts et la cuisine de l'Anglais, par ici !" », n'hésite pas à écrire Aslet, mais est-il vraiment persuadé que le génie d'un peuple se résume à ses poids et mesures, ou au fait de rouler à gauche ? Croit-il réellement – et la question s'adresse aussi à Haseler, de l'autre côté de l'éventail politique – que d'autres pays de l'espace européen, du Portugal à la Suède, ne sont pas soumis aux mêmes pressions ?

Partout où je me suis adressé dans mon enquête préliminaire au présent livre, la comparaison est immanquablement revenue : les Anglais regardent leur ennemi historique par-delà la Manche et ils ne peuvent masquer leur jalousie. « Voyez les Français, m'a ainsi expliqué un député conservateur, ils ont les mêmes problèmes que nous mais au moins ils savent ce qu'ils sont, même s'ils ignorent où ils vont. Nous, nous ne savons pas où nous allons, et surtout nous n'avons plus la moindre idée de qui nous sommes. Pas la moindre ! » La confirmation paraît lui être donnée par un sondage du supplément Éducation du *Times* auprès de huit cent cinquante écoliers de dix et onze ans en France et en Angleterre, dont les résultats ont été publiés sous le titre typiquement auto-flagellatoire « Anglais et peu fiers de l'être ». Donc, 75 % des petits Français auxquels on demandait s'ils éprouvaient de la fierté envers leur pays ont répondu positivement, contre seulement 35 % chez les potaches anglais. Pressés d'expliciter les raisons de cette conviction, les premiers ont répondu « parce qu'on est libres », ou « nous sommes tous égaux », ou « c'est un beau pays ». L'un d'eux a même écrit : « Car la France est un pays magnifique et démocratique et accueillant. » Les petits Anglais, pour leur part, avançaient des raisons telles que « il ne fait jamais trop chaud ni trop froid », « l'eau est propre, la nourriture est saine », « les Anglais sont des gens honnêtes », « c'est un pays indépendant », ou encore « Manchester United est un club anglais ». Ces réponses sont intéressantes, et pas nécessairement pour la conclusion implicitement tirée par l'auteur du titre. Ce qu'elles montrent, c'est qu'à onze ans les enfants anglais avaient déjà assimilé l'approche intellectuelle de la tradition britannique, un pragmatisme plutôt lucide, tandis que leurs camarades français récitaient surtout des slogans pas mal éculés. Un esprit plus analytique se serait donc demandé si l'absence de chauvinisme était un tel handicap, et si un pays dont les autorités éducatives éprouvaient le besoin de soumettre ses élèves à un bourrage de crâne quant à ses admirables vertus était forcément plus sûr de lui que d'autres.

Mais là encore cette incapacité à voir le bon côté des choses est toute anglaise, et la certitude qu'il y a « quelque chose de pourri en Angleterre » est solidement ancrée dans la pensée collective. Un peuple ne peut s'entendre dire pendant des décennies que sa civilisation est en plein déclin sans finir par y croire. D'autant que tous les partis politiques ont promis de rendre au pays son intégrité et ses marques, et que cela s'est à chaque fois révélé être un mensonge éhonté. L'affaire n'aurait aucune espèce d'importance en Italie, où les gens ne croient pas en leurs institutions et ne font confiance qu'à des structures comme la famille, le village, la ville, qui restent ostensiblement vivantes. Les Anglais, eux, avaient foi dans les « corps constitués », et qu'en reste-t-il ? L'Empire s'est dissous, l'Église d'Angleterre n'est plus que l'ombre d'elle-même et le Parlement est toujours moins crédible.

Aux causes extérieures de l'incertitude semble s'ajouter un désarroi plus intime, très personnel. Quand j'ai demandé à l'écrivain Simon Raven sa définition de l'anglicité, il m'a répondu par un constat presque élégiaque : « J'ai toujours "espéré" qu'être Anglais signifiait : courtoisie, cricket, considération mutuelle entre les classes sociales, ne pas envier son voisin, respect envers les femmes, fair-play avec l'ennemi. Mais maintenant, je me le demande... » L'acteur John Cleese, non content de commencer à ressembler aux vieux colonels blanchis sous le harnais qu'il a jadis parodiés, s'exprime maintenant comme l'un d'eux : « Si nous avions eu cette conversation il y a trente ans, j'imagine que nous aurions pu avancer tout un tas de généralisations. De nos jours, il n'y a plus rien qui tienne la route, apparemment. » Chroniqueur impertinent et jardinier accompli, Roy Strong va encore plus loin dans le réquisitoire : « La famille est en déroute, la religion discréditée, alors d'où pourrait venir l'identité ? Qu'est-ce qui fait que l'Angleterre est encore un pays ? Pas grand-chose, fichtre ! »

Lorsque j'ai eu l'idée d'écrire cet essai, j'ai adressé une lettre au célèbre auteur dramatique Alan Bennett, présenté lors d'une conférence de presse à New York comme « ce que nous, en Angleterre, appelons un trésor national », c'est-à-dire ni plus ni moins que les jardins de Sissinghurst ou un pot de marmelade de framboises du Women's Institute. Qui, dès lors, pouvait mieux comprendre le fait national anglais que lui ? Je me rappelais particulièrement une scène remarquable de sa pièce *The Old Country*, quand Hilary, l'espionne passée à Moscou, médite à voix haute sur son pays : « Nous sommes conçus dans l'ironie, nous flottons dedans dès la matrice. C'est notre liquide amniotique, la mer primale, l'eau sacerdotale qui nous lave de la culpabilité, de la détermination et de la responsabilité. Plaisanter sans plaisanter. S'intéresser sans s'intéresser. Sérieux, mais pas sérieux. » Nous sommes là à l'essence même de l'anglicité.

Sa réponse n'a pas tardé à arriver sous forme d'une brève carte : « Merci pour votre lettre, mais je ne vaux rien pour ce genre de choses. Si j'étais capable de formuler ce que j'entends par “être Anglais”, ce qui me plaît et ce qui me révulse dans cette idée, je n'écrirais plus du tout, parce que c'est pour arriver à la cerner que je continue. Je ne serai d'aucune aide, non, mais bonne chance à vous. J'ai souvent séjourné dans votre village il y a trente ans. J'espère qu'il n'a pas changé. » Était-il certain de ne « rien valoir » pour « ce genre de choses » ? Quel « genre de choses », d'ailleurs ? Était-ce seulement une manière polie de m'envoyer paître, s'excuser de ne pas vouloir me faire perdre mon temps alors qu'il pensait surtout qu'il gaspillerait le sien ? Fallait-il le croire quand il affirmait qu'il cesserait d'écrire s'il parvenait à répondre à la question, quand il avait passé toute sa vie à la décortiquer ? Et son ultime remarque, à propos du village, n'était-elle pas elle aussi intrinsèquement « anglaise » ? « J'espère qu'il n'a pas changé » : le vœu d'un peuple entrant à reculons dans l'avenir, persuadé que tout changement ne peut être que pour le pire.

J'ai donc résolu de partir de zéro, et avec le présupposé qu'il serait préférable d'admettre que les Anglais, dépourvus du charme des Irlandais, de l'affabilité des Gallois et de la franchise des Écossais, ne sont pas un peuple facile à aimer. Il suffit de passer cinq minutes dans un bar où un groupe d'Anglais s'est retrouvé à l'étranger pour se sentir, au mieux, attendri par leur maladresse monoglotte, au pire, envahi par la honte en les entendant réclamer à grands cris les boissons et les plats qui pourront leur rappeler le pays natal. Même les plus discrets d'entre eux ont développé ce vernis de bonnes manières qui dissimule d'inépuisables réserves de mépris pour ce qui n'est pas comme eux, et la seule façon de se sentir réellement supérieur à ses voisins, c'est de ne pas bien les connaître. Malgré ce sentiment injustifié de supériorité, les Anglais produisent les hooligans footballistiques les plus vicieux d'Europe. Pour être honnête, il existe aussi un aspect nettement plus agréable de leur tempérament : ils ne tentent plus vraiment d'exporter et d'imposer leurs mœurs. Et puis, et puis : quelle autre nationalité accorde une aussi grande valeur au sens de l'humour ?

Si l'on veut comprendre ce qui fait des Anglais un tel peuple, on sera vite conduit à deux découvertes. La première, c'est que cette île plutôt isolée a été capable d'exciter la curiosité d'un nombre impressionnant de visiteurs étrangers qui ont tenu à communiquer leurs impressions au reste du monde. Il existe des bibliothèques entières de récits et de souvenirs de voyage consacrés à l'Angleterre. La deuxième, c'est que, à l'inverse, le sujet du nationalisme anglais a été extrêmement peu traité. Pourquoi ? Tout simplement parce que si l'on peut trouver des centaines de mouvements nationalistes dans l'histoire de l'Angola ou de l'Albanie, ils ne sont qu'un épiphénomène dans celle de l'Angleterre. Certaines raisons sont évidentes : il n'y a pas eu d'occupation étrangère, pas de tentative d'annihilation de la culture indigène. Et ici se trouve la clé du constat : à part pour quelques matchs de foot ou de cricket, l'Angleterre existe à peine en tant que nation. Le nationalisme était et demeure une catégorie « britannique ».

Il était donc prévisible qu'avec le déclin de la Grande-Bretagne, des éléments peu ragoûtants commencent à sortir de l'ombre. Peu avant la publication de ce livre, j'ai reçu une banale enveloppe en papier kraft sur laquelle mon adresse figurait en capitales, d'une écriture pas particulièrement raffinée mais sans signe distinctif notable. Le cachet de la poste indiquait « Hull ». J'ai été heureux de l'avoir ouverte avec la pointe d'un stylo-bille, car le bord de l'unique feuille qu'elle contenait avait été garni de lames de rasoir. Sur la page, le dessin d'un soldat britannique de la Seconde Guerre mondiale dans une tranchée, le fusil à l'épaule. Au-dessous, la même main avait écrit : « Reste où tu es, négro. » Au verso, un gibet avec une corde et mes initiales au milieu de la boucle, et tout en bas, en lettres géantes, FIER D'ÊTRE BRITANNIQUE. Je ne sais plus ce qui m'avait valu ce torchon, ni d'ailleurs la missive antisémite dont j'ai été une autre fois gratifié par quelque imbécile convaincu que j'appartenais à la vaste conspiration juive visant à détruire la Grande-Bretagne. Comme n'importe quelle victime du racisme en France, en Allemagne ou en Suisse pourrait en convenir, il n'y avait certes là rien de spécifiquement « british », mais ce à quoi je voulais venir est ailleurs, à savoir que ce genre d'idéologie se réfère plus volontiers au concept de Grande-Bretagne qu'à celui d'Angleterre.

À la suite de la proclamation de l'Union, il avait été tenté une nouvelle et besogneuse nomenclature selon laquelle l'Écosse aurait été « La Grande-Bretagne du Nord » et l'Angleterre « la Grande-Bretagne du Sud », seuls les plus téméraires risquant une « Grande-Bretagne de l'Ouest » pour l'Irlande. Ce volontarisme politique est resté sans suite. Au nord, les gens se considèrent Écossais, au sud ils se disent Anglais, Gallois ou Britanniques. La seule exception est fournie par l'Irlande du Nord, où les catholiques se proclament Irlandais et les protestants Britanniques, clivage évidemment politique, et d'ailleurs les marches orangistes du 12 juillet sont à peu près l'unique exemple de célébration de la « britannicité » dans toutes les îles, si l'on néglige les Union Jack rituellement brandis à la dernière soirée des Proms de Londres. Le grand paradoxe est que ces processions de vieux messieurs en chapeau melon et écharpe orange, tout en voulant manifester l'appartenance à une nation commune, la « loyauté » de l'Ulster vis-à-vis du reste d'entre nous, ne servent en réalité qu'à révéler une énorme différence.

Le nationalisme « anglais », quand on arrive à en trouver des traces, s'exprime d'une tout autre façon justement parce que les Anglais ne savent plus vraiment qui ils sont, la confiance en soi de toute l'époque impériale n'ayant jamais laissé de place à l'introspection. C'est un nationalisme insaisissable, puisqu'il ne s'appuie sur aucune délimitation raciale ou religieuse, renfrogné, silencieux et qui reste le plus souvent au niveau du choix personnel. Mais sur ce plan il s'est produit un lent réveil. Depuis que le fabricant de cartes de vœux Clinton a lancé les premières cartes de la Saint-Georges en 1995, celles-ci ont commencé à se vendre assez bien chaque mois d'avril. Lors des championnats de football européens, on voit de plus en plus souvent des supporters anglais se peinturlurer le visage d'une croix rouge sur fond blanc au lieu du dessin tricolore de l'Union Jack. En avril 1997, prenant le train en marche, le *Sun* a proposé dans ses éditions anglaises une demi-page ornée de la croix de saint Georges, en demandant à ses lecteurs de la coller sur leurs vitres. Même si elle n'a pas accroché les foules, l'idée prouve qu'un magnat de la presse aussi opportuniste que Rupert Murdoch avait senti le vent tourner. Deux ans plus tard, à la même occasion, le *Sun* revenait à la charge avec un supplément de quatre pages intitulé « Pourquoi c'est génial d'être Anglais. 100 raisons ! », parmi lesquelles on trouvait aux meilleures places Agatha Christie, les grattons de porc, Charles Dickens, la météo, les pin up de la page 3 et le périphérique londonien M25, « le plus grand embouteillage circulaire du monde ».

Mais de quoi les Anglais seraient-ils censés se réjouir ? John Fowles, l'auteur de *Sarah et le Lieutenant français*, a beaucoup réfléchi à la différence entre « Britannique » et « Anglais ». Remarquant que les couleurs de la Grande-Bretagne sont le rouge, le blanc et le bleu, et celle de l'Angleterre le vert, il affirme que les premières symbolisent « le pays de la dynastie hanovrienne, des ères victorienne et edwardienne, [...] du *Rule Britannia* et des marches d'Elgar, de John Bull, de Poona et de la Somme, de la cravache sur les fesses à l'école publique, des écrivains Newbolt, Kipling et Rupert Brooke, des clubs, des codes, du conformisme, du *statu quo* immobile, du chauvinisme chez soi et de l'arrogance au-dehors, du patriarcat, des castes, des euphémismes et de l'hypocrisie ».

Il ne veut pas de tout cela, évidemment, alors que les défenseurs posthumes de l'Empire pourraient sans doute lui répliquer par une liste de qualités, une galerie de légistes, d'explorateurs, de scientifiques, de héros... Mais il n'en demeure pas moins deux points incontestables : un, la Grande-Bretagne, contrairement à l'Angleterre, à l'Écosse et au pays de Galles, est en soi un concept politique qui, deux, a constamment recherché depuis son invention à justifier son existence en exerçant son influence « en dehors ». Des Orcades aux Fidji, la preuve du succès du rouge-blanc-bleu flotte encore aux mâts tandis que le vert anglais parle de tout autre chose : selon Fowles, leur statut d'insulaires a fait des Anglais un peuple qui « regarde par-dessus la mer depuis le nord », un peuple de contemplatifs plutôt que d'entrepreneurs. Et c'est aussi leur géographie qui leur a donné le loisir d'être des pionniers en matière de législation et de démocratie.

Encore faut-il définir exactement de quoi il est question, ici. Si certains aspects du « fait anglais » sont restés une constante au cours des siècles, d'autres ont changé pour toujours. Les Anglais ne se caractérisent plus par leur langue, ni *a fortiori* par leur ethnicité. Ainsi, je me considère comme un Anglais mais je suis un quart écossais, et allez savoir quoi plus loin... Il ne nous reste alors qu'à tenter des listes, comme George Orwell. Sans trop y avoir réfléchi, je dirais que la mienne inclurait la devise « Je connais mes droits », le cricket sur la pelouse du village et les marches d'Edward Elgar, le « do it yourself », l'esthétique punk, la mode de la rue, l'ironie, les débats politiques animés, les fanfares, Shakespeare, les saucisses du Cumberland, les autobus à impériale, Ralph Vaughan Williams, John Donne et Charles Dickens, les rideaux au crochet qui bougent derrière la vitre, la fixation sur les gros seins, les quiz et les mots croisés, les églises de campagne, les murs de pierre sèche, le jardinage, Christopher Wren et les Monty Python, les débonnaires pasteurs anglicans, les Beatles, les mauvais hôtels et la bonne bière, les cloches, les tableaux de Constable et de Piper, les blagues sur tout ce qui n'est pas anglais, David Hare et William Cobbett, les soûleries, les délégations du Women's Institute, le « fish and chips », le curry, Noël à King's College, Cambridge, l'indifférence gastronomique, la courtoisie et les gros mots, le « fell running » (ou course d'orientation en montagne), les hideux campings de caravanes sur de majestueuses falaises, les « crumpets », les Bentley et les Reliant Robin, etc. Tous ces éléments ne sont pas exclusivement anglais, certes, mais contrairement aux ingrédients fondateurs de l'identité britannique, qui ont une nette tendance à être marqués par la raideur et la pompe, ils s'articulent simplement entre eux, et il suffit d'en mettre trois ou quatre ensemble pour qu'ils évoquent toute une culture, aussi immanquablement que le parfum d'un feu de feuilles mortes évoque un crépuscule d'octobre.

Et donc, avant qu'ils ne s'immergent à nouveau dans la morosité, il est bien de noter qu'il y a aussi un aspect positif à ce que les Anglais aient consacré si peu d'énergie à tenter de définir ce qu'ils étaient. C'est une preuve d'assurance, de confiance en soi. Ils n'y ont pas prêté trop d'attention parce qu'ils n'en avaient pas besoin. Est-ce désormais différent ? Je répondrais simplement que c'est une question qu'ils ne semblent pas pouvoir éviter plus longtemps, pour les raisons mentionnées dans ce chapitre. Car les pays qui « réussissent » dans le monde, ceux qui jouissent de la sécurité et de la prospérité, sont ceux qui ont une conscience précise de leur propre culture.

2. Drôles d'étrangers

Ce qu'il y a de mieux entre l'Angleterre et la France, à mon avis, c'est la mer.

Douglas Jerrold

Arrivée par bateau à Calais en 1836, l'écrivain Frances Trollope (1780-1863) allait surprendre un échange entre un jeune Anglais dont c'était le premier voyage en France et son compagnon de route plus expérimenté, pour lequel le monde qui s'étendait à partir des blanches falaises de Douvres n'avait plus de secrets. « Quelle ignoble puanteur ! », s'était soudain exclamé le néophyte en plaquant son mouchoir sur son nez. Et le globe-trotter de commenter avec philosophie : « C'est l'odeur du continent, mon cher. »

La géographie fait l'histoire, dit-on souvent, mais peut-être aussi, comme nous l'avons déjà évoqué, détermine-t-elle le caractère national, si tant est que cela existe. La crainte ancestrale des Français envers les Allemands aurait-elle survécu si les troupes teutonnes n'avaient pas passé leurs frontières à tant de reprises ? La Suisse aurait-elle pu préserver son immorale prospérité si elle ne s'était pas trouvée isolée dans les montagnes ? Et l'une des idéologies les plus actives du XXe siècle, le sionisme, est venue précisément de l'absence de réalité géographique pour les juifs. Quant aux Anglais, on l'a vu, le fait de vivre sur une île a exercé une influence déterminante sur eux.

La référence à leurs plus immédiats voisins est passée dans la langue, et la plupart du temps avec une connotation peu charitable. À l'époque de Mrs Trollope, les prostituées étaient appelées en Angleterre « la garde consulaire française », apparemment en raison du grand nombre de filles de joie aux abords du consulat de France à Buenos Aires. Lorsqu'un homme avait recours à leurs services, on disait qu'il voulait « prendre un cours de français ». S'il récoltait la syphilis au passage, il souffrait du « mal français », ou de la « goutte française », ou de la « variole française ». L'infection commençait par la « couronne française » sur son appendice purulent, et pouvait aller jusqu'à lui faire perdre le nez s'il avait été particulièrement « francisé », l'obligeant alors à respirer par une « paille française ». Pour éviter ces déboires, mieux valait se protéger avec une « lettre française » : sauf si l'on était Français, bien entendu, car alors il s'agissait d'une « capote anglaise ».

Ce tic ne se limitait pas à la sphère sexuelle. En fait, la tendance générale était d'attribuer aux voisins du continent tout ce qui paraissait inconvenant ou répréhensible. Les Français étaient indignes de confiance, au point que le brave Dr Johnson, auteur de l'incontournable dictionnaire de la langue anglaise du XVIIIe siècle, était allé jusqu'à soutenir que le coq indiquant la direction du vent sur les clochers avait été choisi en référence au coq français, aussi changeant qu'une girouette. Quand on tuait un faisan en dehors de la saison de chasse, on disait « j'ai eu un pigeon français ». Il y a encore peu de temps, il était coutumier de lancer « Pardonnez mon français » lorsqu'on lâchait quelque grossièreté, et s'absenter sans motif était « prendre un congé à la française ». Un baiser passionné demeure un « french kiss », comme si aucun Anglais n'aurait eu l'idée d'enfoncer sa langue dans la bouche de l'aimée, ou réciproquement, si les Français n'avaient pas découvert cette pratique.

Tous ces attributs peu élogieux viennent évidemment de ce que les Français représentent l'ennemi héréditaire. Car il y eut une époque, quand l'Angleterre était en guerre avec l'Espagne, où la syphilis s'appelait la « variole espagnole » et où les fonctionnaires corrompus avaient des « méthodes d'Espagnols ». Au temps où les Hollandais étaient devenus leurs principaux rivaux commerciaux sur les mers, les Anglais désignaient par « néerlandais complet » un charabia incompréhensible, ou par « courage de Hollandais » le culot bravache des ivrognes. C'est un phénomène que l'on retrouve dans toute l'Europe, au gré des hostilités passagères – ainsi, la maladie vénérienne s'est appelée « mal allemand » en Pologne et « variole hollandaise » au Portugal –, mais l'antagonisme franco-anglais reste tout de même à part. Si les Français ont répliqué avec des expressions comme « les Anglais ont débarqué » pour désigner la menstruation, ou « filer à l'anglaise » pour « prendre un congé à la française », ils ne semblent cependant pas avoir eu la même instinctive hostilité que leur vouaient leurs voisins d'outre-Manche. Cette animosité du vocabulaire anglais trahit en réalité une étrange schizophrénie vis-à-vis de la France.

Pour la bourgeoisie anglaise, ce pays, et plus spécifiquement sa nourriture, son vin et son climat, sont un objet de vénération. Chaque année, neuf millions de touristes anglais prennent la direction de la France, dînent à l'anglaise dans leurs villas de Provence, de Dordogne ou de Bretagne et retournent chez eux chargés de fromages, de pâtés et de bons petits crus, denrées selon eux impossibles à trouver en Angleterre. Ils méprisent la hantise des Français envers l'Allemagne mais s'extasient devant leur *savoir-faire**, terme qui n'a pas vraiment d'équivalent en anglais. S'ils peuvent encore affecter une certaine répugnance vis-à-vis de leur propension à prendre moins de douches mais à dépenser plus en parfum – s'apprêtant à revenir en France après la campagne d'Égypte, Napoléon avait écrit à Joséphine : « Ne te lave pas, j'arrive » –, ils sont secrètement jaloux d'une société qui paraît vivre « plus près de l'ordre naturel des choses ». Ils se disent indignés mais sont en réalité fascinés par le dédain affiché des gouvernants français envers l'opinion et les traités internationaux lorsqu'il est question des intérêts de la patrie. Ils se rongent les sangs à se demander pourquoi l'Angleterre n'a pas de cafés fourmillant d'intellectuels qui éclusent du café noir et tirent sur leur cigarette en discutant d'impossibles plans de réorganisation de l'univers. La France à laquelle aspirent ces lotophages un peu maladroits est une terre où les femmes ont une élégance inaccessible, et où le soleil brille sans cesse sur les champs de lavande.

Tout a commencé avec le Grand Tour, cet ancêtre du tourisme moderne, ce voyage initiatique et hautement chargé de complexe d'infériorité grâce auquel les jeunes des classes fortunées pouvaient découvrir les raffinements de l'Europe, et où l'Anglais débarqué sur le continent était à peu près comme la cousine de province qui a été invitée à un bal mondain. Occasion souvent perdue, justement parce que ces privilégiés n'étaient pas assez mûrs pour goûter l'expérience, ou trop ancrés dans leurs préjugés. Sous les yeux d'Horace Walpole, ainsi, Paris était « une ville sale avec une rigole encore plus nauséabonde en plein milieu, qui paraît-il s'appelle la Seine ». Et pourtant, même cet archétype de l'Anglais qu'était l'écrivain Samuel Johnson, communément appelé Dr Johnson, estimait qu'un compatriote qui ne s'était jamais risqué sur le continent resterait « à jamais conscient d'une lacune, pour n'avoir pas vu ce que tout homme doit avoir vu ». Lui-même arrivé à Paris en 1775, déjà âgé de soixante-six ans, il avait abandonné sa modeste tunique marron et ses bas noirs pour des pantalons blancs, un chapeau neuf et une perruque sophistiquée. Et il tenait tellement à éviter la honte que lui inspirait son médiocre français qu'il ne s'exprimait qu'en latin.

Sous l'influence du Grand Tour, les élites anglaises se sont mises à se montrer plus ouvertes aux idées étrangères – il est toujours plus facile de dénigrer et de railler en se tenant à distance –, au point qu'à la fin du XVIIIe siècle d'aucuns protestaient qu'il était devenu impossible d'être bien vu en Angleterre si l'on n'affectait pas le style français. Tandis que Corneille et Racine étaient placés au-dessus de Shakespeare, des poètes anglais tels que Pope ou Addison singeaient la métrique française. Mais il s'agissait là d'une infime minorité : pour être tout à fait honnête, le gros de la population anglaise a toujours détesté les Français, et le sentiment est réciproque. Même si pratiquement tous les villages et villes du pays sont aujourd'hui « jumelés » avec quelque agglomération française, de quoi fomenter les visites de maire, les vins d'honneur et les échanges scolaires, les deux cultures continuent à se tenir loin l'une de l'autre et à se considérer avec méfiance. Maurice Druon avait vu juste lorsqu'il remarquait en 1973, alors ministre des affaires culturelles, « que les élites ont tendance à s'admirer mutuellement, et les peuples à se mépriser ».

C'est que des siècles d'antagonisme ne peuvent être effacés par quelques toasts et discours entre notables municipaux. Chacun a besoin d'avoir son ennemi et les Français en offrent un de choix aux Anglais, puisqu'ils sont à portée de la main et qu'ils ont l'air de ne penser qu'à leur nombril. Désormais à égalité sur le plan économique et militaire, les deux nations se servent merveilleusement de faire-valoir, chacune pouvant à loisir traiter l'autre avec condescendance mais non l'ignorer. Et puis, les Français continuent à donner aux Anglais des raisons de les traiter de haut. Si Hitler avait envahi et soumis l'Angleterre, est-ce qu'un gouvernement de type vichyste ne serait pas apparu ? Possible, mais le fait est que cela ne s'est pas produit et donc les Anglais continuent à vivre sur le capital de supériorité morale accumulé au cours du dernier conflit mondial. Quant aux tentatives ultérieures d'exclure la Grande-Bretagne de la Communauté économique européenne, elles ont prouvé l'ingratitude de la France et confirmé les vieilles haines.

Et avant cela ? L'Entente cordiale ? Les fantassins anglais de la guerre de 1914-1918, qui ont vécu dans leur chair la facilité avec laquelle les paysans français, au secours desquels ils étaient venus se battre, pouvaient leur extorquer toute leur solde en échange d'un œuf, n'en ont pas gardé le meilleur souvenir. Arrivé à Oxford avec d'autres officiers démobilisés après la Première Guerre mondiale, Robert Graves notait que « les sentiments antifrançais parmi les ex-soldats frisaient l'obsession. Les dents serrées, Edmund s'exclamait souvent : “Plus de guerre pour moi, sous aucun prix ! Sauf contre les Français. Si on les attaque, je serai le premier à partir !” Certains de ces étudiants prétendaient même que nous nous étions battus dans le mauvais camp, que nos “ennemis naturels” étaient les Français ». Remarquant que le conflit mondial avait donné une opportunité inédite aux jeunes ouvriers anglais de se retrouver en contact avec d'autres nations, George Orwell constatait : « Ils en ont seulement retiré de la haine envers tous les Européens, exceptés les Allemands dont ils admiraient le courage. En quatre ans sur le sol français, ils n'ont même pas appris à apprécier le vin. »

Les arrière-petits-enfants des combattants de 1914-1918 professent des opinions à peine plus modérées. L'Angleterre demeure le seul pays européen où l'on peut entendre des personnes supposées intelligentes tenir des propos tels que « c'était une erreur de rejoindre l'Europe » ou « nous aurions dû sortir de l'Europe », comme si leur pays était ni plus ni moins qu'une caravane que l'on peut atteler et dételer à volonté. En 1996, une étude interne à l'Office français du tourisme estimait à propos de cette clientèle que « même s'ils ont un solide sens de l'humour et sont capables de rire d'eux-mêmes, les Britanniques restent conservateurs, chauvins, soucieux de leur indépendance, insulaires et sans cesse tiraillés entre l'Amérique et l'Europe ». Le dédain est à peine dissimulé mais le constat est juste : quand on vit sur une île, tout est « de l'autre côté ». Une manchette de journal anglais devenue légendaire résume à peu près tout ce que l'on doit savoir quant aux relations de ce pays avec le reste de l'Europe : « LA MANCHE EN PLEIN BROUILLARD : LE CONTINENT COUPÉ DU MONDE ». Pauvres Européens, si vulnérables aux intempéries... John de Gaunt le dit aussi dans le *Richard II* de Shakespeare, lorsqu'il chante « Cette forteresse que Nature a construite / Face à l'épidémie et au bras de la guerre, / Cette joyeuse race, ce petit monde ».

Les avantages de l'insularité étaient évidents, à commencer par des frontières indiscutables, plages et falaises au lieu de lignes abstraites sur une carte, qui contenaient et unifiaient des identités régionales aussi diverses que le prolo de Manchester, le cockney, le fermier du Somerset et le brasseur de bière de Burton-on-Trent. Sur une vaste étendue continentale, les différences culturelles et les appartenances nationales sont toujours en question. Les Anglais, eux, qui au temps de John de Gaunt avaient déjà absorbé les Gallois et approchaient de l'union avec l'Écosse, n'avaient ni les soucis ni les avantages de frontières arbitrairement définies : c'était la mer qui dessinait leur espace et leur conférait ce qu'Elias Canetti, en 1960, considérait être « le sentiment national le plus solide au monde », ajoutant : « L'Anglais se voit comme le capitaine d'un navire avec un petit groupe à bord, environné et porté par la mer. Presque seul, car un capitaine reste toujours en partie isolé même de son équipage. »

Avant le XVIe siècle, pourtant, ce n'était pas une nation de navigateurs. Toutes les grandes explorations avaient été jusque-là menées par des marins du continent. Non, les Anglais aimaient la terre, et Shakespeare n'a chanté aucun héros de la navigation, même si ses compatriotes avaient déjà entamé en son temps le processus qui allait les placer à la tête du principal empire mondial. Quand ils ont pris la mer, ils l'ont fait plutôt comme des « gangsters nautiques », caractérisation qui n'a certes rien de sévère lorsqu'on pense à sir Francis Drake. C'est seulement lorsque leur prospérité et leur ambition se sont développées qu'ils ont commencé à comprendre que la mer était non seulement le rempart de la « forteresse » mais aussi un formidable avantage. Parmi les grandes nations européennes, l'Angleterre était pratiquement la seule à ne pas avoir besoin d'entretenir une forte armée pour prévenir d'éventuelles invasions, et alors que les puissances continentales devaient former des alliances ou déclencher des guerres pour parvenir jusqu'aux îles Britanniques, la Marine qui défendait ces dernières pouvait être envoyée n'importe où. Une fois devenus des marins, les Anglais étaient enclins à ne voir le reste de l'Europe que comme une source d'ennuis, et c'est là que naît le clivage entre les stratégies maritime et continentale qui a marqué la politique de défense britannique pendant des siècles. Ainsi que Winston Churchill le soulignait devant les Communes, « nous, dans cette île bénie, soulagés d'un double fardeau par notre situation insulaire, sommes en mesure de diriger tous nos efforts et énergies sur notre flotte. Pourquoi alors renoncer à un jeu que nous sommes sûrs de gagner pour en choisir un autre que nous sommes condamnés à perdre ? »

Et quelle victoire, en effet ! Pour tous ceux qui pensaient comme Churchill, la Manche était presque aussi large que l'Atlantique. Quand on vit sur une île, la mer vous sépare tout autant de votre plus proche voisin que de votre partenaire commercial le plus lointain, certes, mais elle est aussi le lien qui vous unit à l'autre bout du monde. Une invasion de l'Angleterre aurait supposé de minutieux préparatifs, l'entente avec une puissance navale et des conditions météorologiques favorables. Isolés comme ils l'étaient, les Anglais avaient le luxe de pouvoir choisir les guerres, les alliances et les intrigues auxquelles ils voulaient participer, et dès qu'ils ont entrepris de constituer leur territoire impérial, seulement accessible par voie marine, toute implication dans les affaires du continent leur a paru futile. En 1866, dix jours après la victoire de Bismarck à Sadowa qui scellait la fondation de l'Empire germanique, Disraeli estimait tranquillement que son pays pouvait « se passer de l'Europe du continent [...]. Que l'Angleterre s'abstienne de toute intervention superflue dans les affaires de l'Europe est la conséquence non de son déclin mais de sa force grandissante. Elle n'est plus une puissance européenne parmi d'autres, mais la métropole d'un vaste Empire maritime [...]. Elle est, en réalité, une puissance asiatique plutôt qu'européenne ».

C'est cette névrose de l'insularité, si profondément enracinée dans l'esprit anglais, qui explique pourquoi l'évacuation de deux cent vingt mille soldats britanniques et de cent dix mille combattants alliés à Dunkerque encerclée par les nazis en mai 1940 est restée ici l'un des trois grands symboles de la Seconde Guerre mondiale, avec la Bataille d'Angleterre et le Blitz londonien. La force de ce mythe d'une « victorieuse retraite », célébré par d'innombrables peintures, discours et poèmes, découle de trois raisons essentielles. D'abord, cet événement réveille le sentiment d'être « à part » si cher aux Anglais, et de fait il manifestait que la Grande-Bretagne se retrouvait littéralement seule face aux nazis, un moment où, comme le roi George VI le disait à sa mère : « Personnellement, je me sens mieux désormais que nous n'avons plus d'alliés à choyer et à combler de politesses. » Ensuite, c'est une histoire de triomphe contre des circonstances très adverses. Enfin, il s'agit d'une confirmation de ce que les Anglais ont toujours pensé : que le continent est un endroit dont on ne peut rien attendre de bon, et qu'ils ne seront jamais autant en sécurité que dans leur retraite insulaire.

La notion d'île occupe une place particulière dans l'imaginaire de chaque Anglais. Elle commence à se former dès la petite enfance avec la lecture des aventures du *Club des cinq* sur Kirrin Island – la populaire série d'Enid Blyton –, se développe avec *L'Île au Trésor* de Stevenson, et si *Les Voyages de Gulliver* exerce sur lui une telle fascination, c'est parce que Jonathan Swift suggère qu'il pourrait exister d'autres îles encore plus exotiques que celles découvertes par les marins anglais. Et c'est l'extraordinaire aventure d'un matelot récalcitrant – et de surcroît écossais – abandonné par son équipage sur les côtes désertes du Chili au début du XVIIIe siècle, Alexander Selkirk, qui a inspiré à Daniel Defoe l'un des romans d'aventure les plus fameux, *Robinson Crusoé*.

Toujours grâce à cette situation géographique, les Anglais ont acquis plus rapidement que d'autres peuples une confiance raisonnée en eux , une tradition intellectuelle qui se nourrissait d'elle-même. Ils ont eu quelques très inclassables génies comme Blake et Shakespeare, et un nombre remarquable de grands auteurs de récits de voyage, ceci expliquant probablement cela. La sécurité que leur conférait leur isolement stimulait le libéralisme public et la liberté de pensée. Elle a influé y compris sur la physionomie des villes anglaises, non enserrées dans des murailles comme les cités du continent mais se développant et s'étendant dans une joyeuse pagaille : Londres est, avant tout, une juxtaposition de plusieurs villages. Et c'est encore ce qui explique l'importance des espaces verts au cœur de la ville, puisque le terrain n'était pas compté.

La création de l'Empire n'a pas fondamentalement affecté cette intrinsèque insularité. Lorsque l'idée d'un tunnel ferroviaire sous la Manche a surgi en 1882, ingénieurs et scientifiques anglais n'y ont pas du tout vu un stimulant à leur inventivité. Au contraire, le magazine *Nineteenth Century* a immédiatement lancé une pétition accusant le projet de risquer d'« entraîner le pays dans des dangers militaires et des responsabilités dont il a été jusqu'ici, en tant qu'île, heureusement préservé ». Et ce n'était pas une protestation venue de quelques bucoliques attardés : en très peu de temps, la lettre allait recevoir la signature de l'archevêque de Canterbury, des poètes Tennyson et Browning, du biologiste T. H. Huxley, du philosophe Herbert Spencer, de cinq ducs, dix comtes, vingt-six membres du Parlement, dix-sept amiraux, cinquante-neuf généraux, deux cents hommes d'Église et quelque six cents notables divers...

Si leur isolement leur a donné plus d'assurance, elle n'a rien fait pour rendre les Anglais plus subtils. Quand on y réfléchit, il est difficile de ne pas conclure que, au plus profond d'eux-mêmes, ils se soucient comme d'une guigne de tout ce qui leur est étranger. Avant même qu'ils ne soient obligés de manifester leur révérence devant le formidable Empire britannique, les visiteurs venus de l'extérieur ne manquaient pas de remarquer l'extraordinaire vanité de ce peuple. Dès 1497, le voyageur vénitien Andrea Trevisano notait que « les Anglais vouent un grand amour à eux-mêmes et à tout ce qui leur appartient. Ils pensent qu'il n'existe personne d'autre qu'eux sur terre, ni d'autre monde que l'Angleterre, et quand ils voient un étranger de belle prestance ils remarquent qu'"il ressemble à un Anglais" et que "c'est fort dommage qu'il ne soit pas Anglais" ». Décrivant la visite du duc de Wurtemberg en 1592, un chroniqueur allemand trouve les autochtones « extrêmement fiers et hautains [...], prompts à se gausser des étrangers ». Tout en saluant les mérites du tempérament anglais, un autre visiteur, le commerçant hollandais Emmanuel van Meteren, constate : « Ce sont des gens directs, courageux, braves et cruels à la guerre mais aussi très changeants, irréfléchis, présomptueux, trompeurs et fort suspicieux, surtout à l'égard des étrangers qu'ils méprisent sans détour ». Un médecin italien qui a parcouru l'île en 1552 estime que l'arrogance des Anglais les conduit à croire que tous ceux qui vivent ailleurs sont « seulement à moitié des hommes ». Mais le poète John Milton ne devait-il pas lancer avec superbe : « Angleterre, n'oublie pas que tu as préséance à apprendre comment vivre aux autres nations » ?

Au XXe siècle, le tableau n'avait guère changé. George Orwell, qui comme on l'a vu avait déjà remarqué l'indifférence des soldats anglais de la Grande Guerre vis-à-vis des autres cultures européennes, déplorait en 1940 le contenu ultra-conservateur de la presse illustrée pour adolescents, qu'il avait soigneusement analysée, et par exemple les stéréotypes « nationaux » qu'elle véhiculait :

> « Français : toujours barbu, gesticule sans cesse.
> Espagnol, Mexicain, etc. : sinistre, fourbe.
> Arabe, Afghan, etc. : sinistre, fourbe.
> Chinois : sinistre, fourbe ; natte ses cheveux.
> Italien : surexcité ; tourne la manivelle d'un orgue de barbarie ou brandit un surin.
> Suédois, Danois, etc. : bon cœur, mais stupide.
> Africain : Amusant, très fidèle. »

On remarquera que les Américains n'apparaissent pas dans cette liste, mais ils n'étaient pas à proprement parler étrangers, puisqu'ils parlaient anglais...

Notant que ces feuilletons incroyablement populaires n'auraient pu imposer cette vision simpliste du monde si les Anglais n'avaient pas une telle ignorance de l'extérieur, Orwell se demandait si leur auteur, « Frank Richards », n'était pas en réalité un nom de plume collectif, puisque cela faisait trente ans qu'elles étaient régulièrement publiées. Mais non, c'était bien un seul individu, de son vrai nom Charles Harold Saint John Hamilton, et à peine âgé de soixante-quatre ans lorsqu'il avait demandé un droit de réponse à l'article incendiaire d'Orwell. À propos des clichés identitaires, il répliquait : « Quant à la question des étrangers, et au risque de choquer M. Orwell, je le dis ici : ce sont de drôles d'individus, en effet. Il leur manque le sens de l'humour, ce don réservé à notre excellente nation, et les personnes qui en sont privées sont immanquablement comiques, sans le savoir. »

Observés avec un regard étrangement ambivalent, les étrangers en Angleterre étaient sans cesse sur le fil du rasoir, susceptibles d'attirer sur eux aussi bien l'admiration que le mépris. Au XVIIIe siècle, la propension de la bonne société à affecter une imaginaire sophistication européenne allait être en partie à l'origine d'un sentiment nationaliste anglais. Voltaire avait été accueilli à Londres « quasiment comme un potentat », selon l'historien Gerald Newman. Peintres et musiciens locaux s'étiolaient dans l'ombre de génies venus d'ailleurs, tels que sir Godfrey Kneller, né Gottfried Kniller, et George Handel, anciennement Georg Friedrich Haendel. De là, sans doute, la bonne excuse si souvent invoquée que les Anglais ne reconnaissent le talent que chez les autres. Sir Roy Strong, dont les hauts faits occupent pourtant une colonne de dix bons centimètres dans le *Who's Who*, depuis son action à la tête du Victoria and Albert Museum jusqu'aux livres qu'il a consacrés à l'art de la treille dans les jardins, se lamentait ainsi devant moi un jour : « J'aurais été pris beaucoup plus au sérieux et je serais allé beaucoup plus loin si je m'étais appelé Strongski ! »

Parallèlement, la haine de l'étranger, et notamment du plus proche de tous, le Français, s'inculquait pratiquement dès le berceau. Ayant convoqué un jeune aspirant dans sa cabine pour lui donner les règles de base s'il voulait survivre dans la Marine royale, l'amiral Nelson avait énuméré : « Premièrement, vous devez obéir aux ordres sans réserve et sans tenter de vous former une opinion quant à leur pertinence ; deuxièmement, vous devez considérer celui qui médit de votre roi comme votre ennemi personnel ; troisièmement, vous devez détester le Français aussi résolument que le diable. » Et ce n'était pas là un accès isolé de chauvinisme à l'usage d'un débutant : les lettres du grand marin sont truffées de proclamations antifrançaises.

Le bénéfice politique de ces préventions était clair, puisque la France était le principal rival de l'Empire, ce qui signifiait que les citoyens ordinaires des deux pays avaient plus de chance de se rencontrer sur un champ de bataille que partout ailleurs.

Leur statut d'étrangers permettait aussi de leur attribuer maintes bizarreries physiologiques. Napoléon était évidemment une cible facile, avec cette fameuse « malfonction consulaire » qui était la cause de tant de déceptions nocturnes pour la pauvre Joséphine, logique propagandiste que l'on allait retrouver plus tard avec la non moins célèbre formule « Hitler n'a qu'une balloche ». Les caricaturistes anglais s'étaient tellement ingéniés à dépeindre Bonaparte comme un Pygmée affublé d'un teint cireux et d'un énorme tarin que l'aumônier de l'ambassade britannique à Paris allait être stupéfait en découvrant « un homme bien proportionné, aux traits harmonieux ». Rien à voir avec cet « être inclassable, mi-Africain, mi-Européen », ce « mulâtre méditerranéen » que le *Morning Post* du 1er février 1803 décrivait au public anglais.

Le plus étonnant, c'est que ce délire antifrançais semblait s'être gravé de manière indélébile dans l'esprit de l'Anglais moyen. Même en temps de paix, les préjugés les plus échevelés continuaient à s'exprimer, comme le montre éloquemment l'exemple du capitaine Henry Byam Martin qui, à la barre du *Grampus*, avait pour mission dans les années 1840 d'errer à travers la Polynésie, où les Français étaient en train de constituer un embryon d'Empire, afin de propager d'une manière ou d'une autre l'influence britannique. Dans son journal intime, découvert et publié assez récemment, il affirmait que « les Français se trouvent contrariés par la préférence que les indigènes accordent aux Anglais. Ils savent qu'ils sont cordialement détestés par les Haïtiens, les hommes rejetant leur insupportable outrecuidance, les femmes étant révulsées par leur saleté et leur incorrigible laideur ». Splendide, ce terme d'« incorrigible laideur » : comment mieux exprimer ce que les préventions anti-tricolores avaient de viscéral ? Et les Anglais trahissaient pareil aveuglement quand il s'agissait d'eux-mêmes, cette fois, quand ils auraient pu se demander d'où venait l'expression consacrée de « perfide Albion », ce pays dont Napoléon disait qu'il était incapable de « respecter le moindre accord ». Les navigateurs anglais tels que Byam Martin, qui se considéraient les plus francs et dignes de confiance des hommes, étaient ravis de traiter avec ces lointains insulaires, qu'ils se persuadaient d'être en mesure de comprendre, plutôt qu'avec ces menteurs de Français, énigmatique engeance.

Une autre raison pour les Anglais de ne pas penser qu'il était vital de travailler à une meilleure compréhension de leurs voisins d'Europe était qu'ils disposaient d'une alliance alternative, et bien plus facile à sceller, avec les États-Unis d'Amérique. Depuis des générations, cependant, cela n'était pas une relation d'égal à égal mais la classe dirigeante anglaise, qui avait tout appris de l'Antiquité à l'école, se réconfortait avec un paradigme classique qu'Harold Macmillan, responsable de la guerre psychologique en Algérie durant la Seconde Guerre mondiale, allait résumer en ces termes devant Richard Crossman : « Voyez-vous, mon cher, nous sommes les Grecs de cet Empire américain. Vous n'allez pas manquer de considérer les Américains du même œil que les Grecs voyaient les Romains : de grands gaillards bruyants, vulgaires, plus vigoureux que nous mais aussi moins actifs, plus ingénus mais aussi plus corrompus. Nous devons faire marcher le QG allié de la même manière que les Grecs asservis œuvraient pour le compte de l'empereur Claude. » Cette condescendante lucidité exprimait en fait un préjugé qui n'était que de l'auto-intoxication, aussi bien sur le plan politique que personnel, puisque malgré tous les airs de gentleman edwardien qu'il se donnait, Macmillan était en réalité le rejeton de la fille… d'un médecin d'Indianapolis !

Leur amitié avec l'Amérique devait néanmoins sauver les Britanniques à un moment où leur pays était totalement seul. Lorsqu'on lit le compte rendu que Churchill a lui-même donné de ses efforts pour persuader les États-Unis de rejoindre la lutte contre Hitler, on est frappé par sa conviction absolue que les deux nations étaient « forcées » de vivre un destin commun puisqu'elles partageaient tant de valeurs et de convictions. On la retrouve dans son récit de la rencontre avec le président Roosevelt à bord du navire de guerre britannique *Prince of Wales* en août 1941, dans la baie de Placentia, à Terre-Neuve, sommet au cours duquel le Traité de l'Atlantique allait être adopté. Ils allaient assister ensemble à l'office religieux dont Churchill lui-même avait choisi les hymnes – parmi lesquels *Onward, Christian soldiers* (En avant, soldats du Christ) et *O God, our help in ages past* (Ô Seigneur, notre secours dans les temps passés) – et qui « nous a paru être l'émouvante expression de la communion de nos peuples dans la même foi. Aucun de ceux qui y ont participé ne pourra oublier ce moment, l'assistance massée sur le gaillard d'arrière illuminé par le soleil matinal, le symbole de l'Union Jack et de la bannière étoilée côte à côte sur l'estrade, les aumôniers britannique et américain menant tour à tour l'office, les officiers supérieurs des trois armes et des deux pays faisant bloc derrière le Président, et les rangs de marins, Américains et Britanniques mêlés, suivant la cérémonie dans les mêmes livres de prière et s'unissant avec ferveur dans les oraisons et les hymnes familiers à chacun [...]. C'était un grand, grand moment. Près de la moitié de ceux qui chantaient là leur foi devait trouver la mort peu après ». En décembre de la même année, en effet, le *Prince of Wales* allait être coulé par une escadrille de quatre-vingt-quatre avions de chasse japonais.

La puissance évocatrice de la scène est indéniable, tout comme les liens historiques, culturels et linguistiques qui éveillaient une telle émotion en Churchill. Sur le terrain militaire, l'entente entre les deux pays allait être très fructueuse, d'abord avec la libération de l'Europe, puis dans le développement concerté de l'arme atomique, et ensuite, au cours des décennies de guerre froide, grâce à la collaboration des services de renseignement de chaque État. Malgré l'inégalité patente sur le plan économique, les Britanniques se sont convaincus qu'ils apportaient quelque chose d'irremplaçable au tandem. Lors de la conférence sur le remboursement de la dette de guerre américaine, l'épigramme suivante avait circulé parmi la délégation britannique :

« Lord Halifax à Washington
À l'oreille de lord Keynes chuchotait :
"D'accord, ils ont de l'argent, et à la tonne,
Mais la matière grise est notre spécificité". »

Il est certain que sans l'Amérique, les Britanniques n'avaient pas la garantie de voir la guerre se terminer favorablement, mais à long terme cette alliance avec le gigantesque ami a eu pour conséquence de les amener à croire qu'ils demeuraient une puissance mondiale indépendante. Très typiquement, ce qu'ils avaient entendu par « indépendance » était avant tout la possibilité de se passer du reste de l'Europe. Avec les États-Unis, ils étaient libres d'agir à leur guise, certes, mais à condition que Washington n'y voie pas d'objection. Ils allaient découvrir cette réalité lorsqu'ils tentèrent d'envahir l'Égypte afin de prendre le contrôle du canal de Suez en 1956, et ce sans l'aval américain. Mais les jeux étaient déjà faits, à ce moment : la Grande-Bretagne avait uni sa destinée à ce qui avait semblé être son âme sœur, à une autre culture anglo-saxonne de l'autre côté de l'Atlantique. Choix compréhensible, dans un contexte historique où « Europe » signifiait la guerre et « Amérique » l'aide providentielle qui avait permis de mettre fin au conflit mondial. Et cependant il y avait un prix à payer pour cette excessive dépendance vis-à-vis des États-Unis : ignorer volontairement ce qui se passait sur le continent, s'éloigner de la Communauté européenne avant d'être finalement conduit à solliciter l'admission en son sein. La distance qui s'est alors creusée n'a jamais été vraiment comblée depuis. Dans la dernière décennie du XXe siècle, alors que le continent n'était plus séparé par le clivage communisme-démocratie et que la « relation très spéciale » avec les États-Unis si chère à Tony Blair comptait désormais beaucoup moins pour Washington, la Grande-Bretagne s'est retrouvée suspendue en l'air.

La relation avec l'Amérique est restée en partie « spéciale », comme en témoignent les surprenantes amitiés personnelles entre dirigeants qui, au propre et au figuré, « parlent le même langage » : Thatcher et Reagan, ou Blair et Clinton, ou même Blair et Bush. Tandis que Harold Wilson avait su tenir la Grande-Bretagne en dehors du bourbier vietnamien, les gouvernements britanniques contemporains s'enorgueillissent de leur disposition à envoyer leurs soldats lutter, du Kosovo à la Corée, aux côtés – c'est-à-dire pour les intérêts – de l'Amérique. Les investissements britanniques en Amérique restent plus importants que dans n'importe quel autre pays européen, et la réciproque est aussi vraie. La spécificité du lien se discerne dans l'interpénétration de la production cinématographique des deux pays, et dans le fait que les « méchants » de nombreux films américains ont invariablement un fort accent anglais. Elle s'exprime à travers l'Union anglophone, le Conseil Atlantique et des dizaines d'autres institutions. Les Anglais restent de très loin les Européens qui se rendent en plus grand nombre aux États-Unis et la Grande-Bretagne demeure la destination européenne privilégiée des Américains.

De nos jours, le parallèle avec la Grèce et la Rome antiques n'est plus guère employé, tant il est devenu évident pour les Anglais que le monde est *made in America*, sans aller chercher plus loin. Comment expliquer à une nation dont l'uniforme est le jean, le tee-shirt et la casquette de base-ball qu'elle appartient à une culture qui a donné à l'humanité le vêtement universel par excellence, à savoir le trois-pièces sur mesure ? C'est impossible. Et cela n'a plus vraiment d'importance.

3. L'Empire anglais

Lorsque les gens disent « Angleterre », ils veulent parfois désigner la Grande-Bretagne, parfois le Royaume-Uni, parfois les îles Britanniques… mais jamais l'Angleterre.

George Mikes, *De l'art d'être étranger*

L'un des traits du caractère anglais qui a particulièrement outragé les autres ethnies de l'île est la légèreté avec laquelle les Anglais confondent et mélangent les notions d'« Angleterre » et de « Grande-Bretagne ». À en écouter certains, tout se passe comme si les Gallois et les Écossais n'existaient pas, ou bien rêvaient de se fondre dans on ne sait quelle race majeure qui aurait depuis toujours présidé au destin que Dieu lui aurait assigné. Pour résumer, les Anglais seraient bien avisés de faire attention aux mots qu'ils emploient.

Contrairement à l'Angleterre, soumise en totalité ou en partie par les Romains, les Vikings, les Anglo-Saxons et les Normands, l'Écosse n'a jamais été entièrement conquise par quelque envahisseur que ce soit… jusqu'à son intégration au sein du « Royaume-Uni ». Encore aujourd'hui, près de deux siècles après, l'expulsion des familles paysannes des Highlands dans le cadre de la réforme agraire favorisant l'élevage intensif des ovins est décrite avec indignation comme « l'Holocauste écossais » par les nationalistes de ce pays. L'un d'eux m'a soutenu un jour qu'il s'était agi du « nettoyage ethnique le plus radical jamais commis en Europe, mené par les chefs de clan homosexuels et les propriétaires terriens à la botte de l'Angleterre avec l'aide de la police, de l'armée, de l'Église d'Écosse et de nombreux parlementaires ». Non seulement les

Écossais avaient vu leur terre « désertifiée » mais ils avaient été récompensés de leurs exorbitants sacrifices pendant la Seconde Guerre mondiale par le plus fort taux de chômage et d'émigration de toute l'Union, affirmait-il avant de conclure, furibond : « Ils auraient été mieux lotis si Hitler avait gagné : au moins il y aurait encore des gens dans tous ces villages abandonnés. »

Il est vrai que l'Empire britannique a été en grande partie l'œuvre d'Écossais. Ayant dû renoncer à leurs propres desseins impériaux après l'échec de la colonie qu'ils avaient voulu implanter sur l'isthme de Panama en 1698, les Écossais ont été de grands soldats de l'armée britannique, des bâtisseurs de ponts et de routes, d'entreprenants commerçants qui ont amassé des fortunes. La célèbre consigne de la bataille de Trafalgar – « l'Angleterre attend de chaque homme qu'il fasse son devoir » – a été lancée, dit-on, par John Robertson, un marin écossais originaire de l'île de Lewis. En 1869, sir Charles Dilke écrivait que « dans toutes les possessions anglaises de Dublin à Bombay, pour un colon anglais parvenu à la richesse après de modestes débuts, vous avez dix Écossais », et il ajoutait malicieusement : « Il est même étrange que le Royaume-Uni ne soit pas communément appelé "Écosse". » Mortellement blessé par la mitraille à la bataille de La Corogne en 1809, le lieutenant général John Moore, un enfant de Glasgow, n'avait pas le moindre doute quant à son allégeance lorsque ses derniers mots ont été : « J'espère que le peuple d'Angleterre sera satisfait, j'espère que mon pays me rendra justice. »

À la base de ce que le médiéviste John Gillingham a appelé « le vrai Reich de Mille Ans », on trouve la conviction qu'avaient les Anglais de leur incomparable supériorité morale, qu'ils faisaient souvent remonter à leur conversion au christianisme. Dans ses *Hauts Faits des rois d'Angleterre*, William de Malmesbury avance cependant une autre origine à cette prééminence autoproclamée, à savoir l'union du roi Ethelbert et de Bertha, la fille du *Rex francorum*, au VIe siècle. Selon lui, c'est « grâce à ce rapprochement avec les Français qu'un peuple encore barbare a commencé à se dépouiller de ses mœurs sauvages et à s'adoucir ». Influence civilisatrice du continent, donc ?

Cinq siècles plus tard, les Normands débarquent sans y avoir été invités, certes, mais dès qu'ils affirment leur contrôle, les Anglais témoignent d'une disposition sans limites à embrasser les valeurs des conquérants. Les lois conjugales et foncières, les règles de la guerre et le comportement sexuel changent alors radicalement, les mariages entre locaux et envahisseurs se multiplient. Dès le milieu du XIIe siècle les élites anglaises écrivent en latin et s'expriment en français pour célébrer leur patrie, « siège de la justice, havre de paix, sommet de la piété, exemple de la religion » alors que le pays de Galles serait « une terre de forêts et de pâturages [...] qui abonde en chevreuils et poissons, en lait et troupeaux mais abrite une espèce d'hommes bestiale ». À la même époque que ce texte, la *Gesta Stephani*, William de Newburgh voit les Écossais comme « une horde de barbares [...]. Cette nation inhumaine, plus féroce que les bêtes sauvages, prend son plaisir à égorger les vieillards, massacrer les enfants, éventrer les femmes ». Gerald de Barri, lui, estime que les Irlandais « sont si barbares que nul ne peut dire qu'ils ont une culture », et Richard de Hexham, ayant observé les Écossais à la guerre, soutient que « ces hommes bestiaux, indifférents à l'adultère, l'inceste et autres crimes, violent les prisonnières et, lorsqu'ils s'en sont lassés, les gardent comme esclaves ou les échangent contre du bétail à d'autres barbares ». John de Salisbury, l'un des prélats qui allait assister à l'assassinat de Thomas Becket en pleine cathédrale de Canterbury, disait des Gallois qu'ils vivaient « tels des bêtes, avec épouses et concubines ».

Ces commentaires prouvent que « le fardeau de l'Homme blanc » solennellement repris par Kipling, n'est pas une invention du XIXe siècle. Même de nos jours, les Anglais, s'ils ont plutôt appris à s'abstenir de propos insultants envers les Antillais ou les Asiatiques, ne se privent pas d'exprimer le mal qu'ils pensent de leurs voisins immédiats. En 1997, dans une attaque contre les stéréotypes véhiculés par les feuilletons d'Angleterre, le critique télé du *Sunday Times*, l'un de ces nombreux Écossais à s'être imposé à Londres, constatait : « Le pays de Galles est gratifié d'un large éventail de préjugés. Nous savons tous que les Gallois sont des simulateurs, des menteurs sans foi ni loi, des bigots attardés, de hideux et agressifs petits trolls. » Il allait découvrir à quel point la situation qu'il dénonçait était sérieuse quand nombre de Gallois envoyèrent son article au Commissaire à l'Égalité raciale de leur pays, un certain Ray Singh... Quant aux Écossais, les Anglais les ont également catalogués : à la fois brutaux et maussades, rudes, irascibles et fiers. Certes, les deux grandes figures morales de l'Angleterre du XXe siècle, l'archevêque Cosmo Lang et le premier patron de la BBC, John Reith, étaient Écossais. Il est évidemment possible que ces généralisations aient perduré pour la bonne raison qu'elles étaient pertinentes. Quoi qu'il en soit, le regard qu'ils portent sur leurs voisins en dit long sur les Anglais eux-mêmes.

Si l'Écosse et le pays de Galles ont été tous deux annexés par l'Angleterre, les Écossais ont été d'abord des partenaires « apparemment » égaux. Même si certains d'entre eux s'étonnent de voir sur le trône une Élisabeth II, puisqu'ils n'ont jamais eu d'Élisabeth Ire, leur roi, James VI d'Écosse, est devenu James Ier d'Angleterre. Et ils ont conservé leurs propres traditions intellectuelles, leur propre système juridique ou éducatif. Avec les Gallois, au contraire, il n'a jamais été question d'égalité, même théorique. Au début du XVe siècle, une fois matée la rébellion d'Owen Glendower, la principauté est devenue une simple extension de l'Angleterre. Bien qu'ayant supprimé la législation punitive qui interdisait aux Gallois d'acheter des terres anglaises, et malgré le sang gallois qui coulait dans ses veines, Henri VIII a prescrit l'usage obligatoire de l'anglais à tous les détenteurs de charges publiques. Ce qui n'a pas empêché les Gallois de continuer à utiliser leur langue entre eux, au point qu'à l'aube du XXe siècle les trois quarts d'entre eux la parlaient plus volontiers que l'anglais. Cette disposition d'esprit n'était cependant appuyée par aucune structure autonome, car ils n'avaient pas de ville pouvant prétendre au statut de capitale comme Édimbourg, ni de système judiciaire, d'enseignement ou de clergé spécifiques.

Pendant les deux siècles qui ont suivi l'unification de l'Écosse et de l'Angleterre par le roi James, les Anglais ont oscillé entre l'indifférence affichée envers les Écossais et une hostilité ouverte, comme lorsqu'ils leur reprochaient leur « trahison » pendant la guerre civile puis au cours des révoltes jacobites de 1715 et 1745, et l'on ne peut s'empêcher de remarquer un sentiment commun à la base de ces positions apparemment contradictoires : au plus profond d'eux-mêmes, ils avaient tendance à respecter leurs voisins du nord. Certes, le mépris anti-écossais professé par Dr Johnson est demeuré célèbre, même si ce dernier paraissait incapable d'en expliquer les raisons : « Voir l'Écosse, c'est voir une Angleterre en pire », professait-il, laissant aux Écossais la consolation de se dire qu'ils avaient au moins réussi à s'attirer l'antipathie du grand homme.

À l'ère moderne, leur image de traîtres assoiffés de sang s'était estompée devant l'enthousiasme romantique pour les Highlanders, dont George IV allait porter le costume traditionnel lors d'une fameuse visite à Édimbourg. Grâce à ses multiples liens avec la royauté et l'aristocratie, à la mode durable des villégiatures de prestige dans les Highlands et au fait que la moitié du beau monde de Chelsea revendique son appartenance à un clan ou à un autre, l'Écosse a conservé un indéniable prestige social en Angleterre. En comptant des Écossais déguisés en Anglais tels que Andrew Bonar Law, Harold Macmillan et Tony Blair, le pays a fourni onze premiers ministres sur quarante-neuf depuis l'accession au trône de George III, considérable contribution en regard de sa population. Les Gallois n'en ont donné qu'un seul, pour leur part : David Lloyd George, mais celui-ci dépasse de plusieurs coudées beaucoup de ceux qui ont occupé cette charge au cours du dernier siècle. Si la tradition radicale galloise a été maintenue vivante par des personnages aussi marquants qu'Aneurin Bevan, ils n'ont guère trouvé d'écho en Angleterre, non seulement à cause du conservatisme instinctif des Anglais mais aussi de leurs préventions envers les Gallois. Quand Neil Kinnock s'est montré incapable de conduire les travaillistes à la victoire en 1992, le parti a attribué en partie cet échec à ses origines galloises et l'a immédiatement remplacé par un Écossais, John Smith, qui présentait les qualités que les Anglais aiment à reconnaître aux Écossais lorsqu'ils les voient, selon l'historien

Richard Faber, « industrieux, économes, énergiques, prudents, pédants, raisonneurs et sans humour ». Ce dernier point ne s'appliquait certes pas à Smith, qui serait sans doute devenu le premier chef de gouvernement travailliste écossais depuis Ramsay MacDonald dans les années 1930 s'il n'avait pas été emporté par une crise cardiaque.

Que les ambitions écossaises et galloises aient été si fortement liées à la Grande-Bretagne et à l'Empire s'explique par le fait que leur nationalisme n'est jamais allé beaucoup plus loin qu'une animosité instinctive envers les Anglais. Rares sont les dirigeants nationalistes écossais ou gallois à avoir imaginé une place réaliste et autonome dans le concert européen, l'immense majorité d'entre eux préférant se contenter d'un tenace ressentiment vis-à-vis des Anglais en général et rester ainsi au stade de ce que Douglas Hyde, avant de devenir le premier président de la République d'Irlande, appelait « une hostilité renfrognée et tenace » face à l'Angleterre qui les faisait « s'affliger quand elle prospère et se réjouir quand elle subit un revers ». Un célèbre journaliste sportif écossais est allé jusqu'à nommer « Écossais honoraires » les joueurs de cricket non-anglais qui rencontraient l'équipe d'Angleterre : peu importe qui gagne tant que c'est Albion qui perd. Un de mes amis écossais, en croisière sur les côtes d'Écosse pendant la coupe d'Europe de football de 1996, avait fait escale dans le petit port de Stranraer pour suivre la demi-finale Angleterre-Allemagne, disputée aux tirs au but après un but partout à la fin du temps réglementaire. Le bar où il était entré avait « explosé » quand le gardien de but germanique avait arrêté le tir de l'avant-centre anglais Gareth Southgate, ruinant les derniers espoirs de l'ennemi héréditaire : « Il y avait un vieux assis dans un coin, m'a-t-il raconté, que je ne connaissais ni d'Ève ni d'Adam, évidemment. Nous sommes tombés dans les bras l'un de l'autre. C'est dire à quel point on voulait qu'*ils* perdent ! »

Le seul voisin à avoir dépassé ce stade est l'Irlande, où les Anglais se sont comportés de la pire manière. Bien plus conscients que les Écossais ou les Gallois d'avoir été opprimés des siècles durant, les Irlandais gardent en mémoire une longue série d'exactions anglaises, depuis le massacre de prisonniers irlandais au XIIe siècle jusqu'à la cruelle indifférence de Londres à la grande famine des années 1840, la barbarie des armées de Cromwell et bien entendu le Dimanche sanglant de 1972 à Londonderry. C'est parce que leur domination était la plus fragile en Irlande que les Anglais se sont toujours montrés particulièrement arrogants envers ce peuple. Lorsque les Irlandais ont tenté de s'approprier le prestige du duc de Wellington, né en Irlande et inscrit au registre de Dublin, celui-ci devait rétorquer : « Être né dans une étable ne suffit pas à faire de vous un cheval. » Une ambivalence traversée de contradictions a traditionnellement régi les relations entre les deux nations. Ainsi, l'Angleterre victorienne pouvait célébrer l'apport du sang celte à la « race anglaise » tout en frissonnant de peur devant les risques que l'Irlande insoumise faisait courir à l'ordre colonial. Les piques de Dr Johnson envers les Écossais ne sont que peccadilles, comparées aux insultes dont les Anglais ont accablé leurs voisins de l'ouest. Dans les années 1860, le magazine satirique *Punch* prétendait avoir trouvé le « chaînon manquant » dans l'évolution de l'humanité en la personne du « rustre irlandais » tel qu'on le trouvait dans certains quartiers de Londres ou Liverpool, un être qui « communique avec ses pairs par une sorte de langage inarticulé [...], quittant rarement son aire sinon pour aller chercher sa subsistance et, parfois, attaquer les humains qui ont provoqué sa fureur ».

Convaincus d'appartenir à quelque race élue, les Anglais de cette époque ne pouvaient que considérer comme « inférieurs » ceux qui avaient l'audace de contester la férule impériale. D'avoir été ouvertement traitée en colonie, contrôlée par des occupants qui professaient une autre religion, a cependant fini par jouer en faveur de l'Irlande : dès que les colonisateurs ont plié bagage, ce pays a su former sa propre identité au sein de l'Union européenne et comprendre les avantages qu'il pouvait tirer de cette association bien plus rapidement que d'autres zones des îles Britanniques, empêtrées dans l'héritage d'un Empire disparu.

Comment les Anglais ont-ils pu cultiver impunément tous ces préjugés ? Tout d'abord, leur statut dominant les rendait imperméables à ce que leurs voisins immédiats pensaient d'eux. Ensuite, le remarquable succès de l'entreprise impériale confirmait à leurs yeux la supériorité des valeurs anglo-saxonnes, ce bon sens pragmatique dont les Celtes irrationnels devaient s'inspirer au lieu de chérir un passé marginal. Enfin, le complexe d'infériorité que ces derniers avaient développé ne pouvait qu'apporter de l'eau à leur moulin. « Le pays de mes ancêtres, que mes ancêtres se le gardent ! », écrivait ainsi Dylan Thomas, et plus récemment encore Irving Welsh faisait s'exclamer à l'un des personnages de *Trainspotting* : « Nous autres, on peut même pas choisir une culture correcte pour nous coloniser. On se laisse dominer par des connards mollassons. Ça fait quoi de nous ? Les plus minables des minables, la lie de la putain d'humanité ! »

Il est vrai que les Celtes n'avaient que des vestiges culturels à opposer au formidable Empire anglo-saxon, les échos d'une civilisation que sa tradition purement orale, malgré toute son emphase, avait conduite à sa tombe druidique. La fierté nationale écossaise ne s'est jamais vraiment remise de la découverte que la fameuse épopée gaélique, le *Fingal* d'Ossian soi-disant découvert par James Macpherson au cours de son périple à travers l'Écosse en 1760, était en fait une supercherie littéraire. Les Écossais ont eu comme seule consolation cette « grande fantasmagorie celtique dont aucun homme n'a percé le sens, et qu'aucun ange n'a révélée » telle que la chantait non sans grandiloquence W. B. Yeats, qui s'exprimait et écrivait en anglais et devait reconnaître que tout ce qu'il aimait lui « était venu par la langue anglaise ».

En dépit de tous leurs concours de poésie galloise, les habitants du pays de Galles se sont immergés dans la réalité anglo-saxonne, et les mariages mixtes ont acquis une telle importance qu'il est désormais impossible de savoir combien de Celtes « pure souche » subsistent. Leur histoire n'est qu'un long et implacable déclin : en tant que langue vivante, le cornique s'est éteint en 1777, le mannois en 1974, le gaélique de Deeside en 1984 ; en Irlande du Nord, le chinois est désormais plus pratiqué que l'irlandais. Les langues celtes ne conservent une certaine vitalité que pour des raisons idéologiques et grâce à l'aide des contribuables anglais, comme le prouvent la chaîne de télévision publique en langue galloise ou le grand nombre d'irlandophones parmi les anciens prisonniers de l'IRA.

Face à ces cultures anciennes mais en perte de vitesse, les Anglais paraissaient en développer une de portée mondiale. Comme ils tenaient le haut du pavé dans un système qui dominait une vaste portion de la planète, les notions d'« Angleterre » et de « Grande-Bretagne » ont fini par devenir interchangeables. La somme historique que Walter Bagehot a consacrée aux institutions du Royaume-Uni, et qui demeure un ouvrage incontournable même s'il a été rédigé il y a plus d'un siècle, s'intitule éloquemment *The English Constitution* (La Constitution anglaise). En 1922-1923, Andrew Bonar Law, Canadien d'origine écossaise et irlandaise, était fier d'être appelé « premier ministre d'Angleterre », alors que son ascendance aurait pu le rendre sensible à la nuance. Une décennie plus tard, l'encyclopédie historique d'Oxford, dont les premiers volumes commencent à être publiés, traite des universités écossaises dans la rubrique consacrée au système éducatif anglais...

Les affabulations au sujet d'une pureté raciale anglo-saxonne semblent pourtant très artificielles dès que l'on se penche sur les origines du peuple anglais. Les premiers habitants de l'île n'avaient visiblement pas développé une civilisation très avancée. Si les amulettes, les bracelets et les bagues d'orteil qui subsistent de la période celte recèlent un charme un peu fruste, les prêtres qui les portaient étaient partisans des sacrifices humains et du cannibalisme. Les Belgae du Kent, l'organisation tribale alors la plus sophistiquée, cultivaient le blé et le lin, élevaient des troupeaux mais ignoraient apparemment tout de l'horticulture et ne savaient même pas transformer le lait en fromage. Ils constituaient pourtant le summum de la civilisation

« anglaise » avant l'arrivée des Romains, et plus on s'éloignait de la côte méridionale, plus les tribus approchaient de l'état sauvage. Les progrès apportés par le colonisateur romain n'ont pas besoin d'être détaillés. En traçant une frontière entre la Tyne et l'estuaire du Solway, les Romains allaient inclure la future Angleterre dans l'espace civilisé, et laisser l'Écosse en dehors. C'est une invasion étrangère qui a donné naissance à l'entité nationale anglaise.

Nous ne pouvons savoir combien de colonisateurs romains sont restés sur place lorsque, au bout de quatre siècles, il a été décidé que ces contrées ne valaient plus la peine d'être défendues contre les attaques incessantes des Saxons, des Irlandais et des Pictes, mais il est impossible, en termes d'ethnicité, de les compter dans la formation d'une « race anglaise », si ce concept veut dire quoi que ce soit. Selon les historiens du VIIIe siècle, les premiers « vrais » Anglais sont arrivés sur l'île à bord de trois modestes embarcations qui s'étaient échouées sur les galets de la baie de Pegwell dans le Kent, au Ve siècle. Des guerriers, eux aussi : deux ou trois cents soldats qui, d'après une version de l'événement, avaient été invités par le roi Vortigern à se joindre à la lutte contre les pillards pictes ou, à en croire une autre tradition, étaient des exilés qui avaient trouvé là un refuge. Dans un cas comme dans l'autre, le premier constat que l'on se doit de faire à propos des Anglais, c'est qu'ils n'avaient rien d'« anglais », en ce sens qu'ils ne venaient aucunement de l'Angleterre mais du Jutland, de l'Anglie germanique et de la Basse-Saxe. La « race anglaise », si elle existe, est donc essentiellement… allemande.

Ces premiers Anglais ont cependant manifesté des traits de caractère qui allaient s'affirmer périodiquement au cours de l'histoire de l'Angleterre, à commencer par une nette propension à tout démolir autour d'eux lorsque l'envie les en prend, qu'il s'agisse de monastères au Moyen Âge ou des centres historiques municipaux dans les années 1960. Pour ces Angles, Saxons et Jutes, la frénésie de destruction allait se diriger contre les villes bâties par les Romains : rasant les édifices en pierres laissés par ces derniers, ils ont construit à la place des maisons en bois, disposées selon les principes de leurs structures claniques et féodales. Ils étaient des agriculteurs expérimentés, certes, perfectionnant la technique du labourage et de l'alternance des cultures, mais la légende du pape Grégoire s'extasiant sur la beauté de ce peuple lorsqu'il avait vu de jeunes esclaves mâles en vente sur les marchés de Rome – « Ce ne sont pas des Angles, ce sont des Anges ! » – ne peut faire oublier que saint Augustin et les autres missionnaires envoyés convertir ces barbares à la foi chrétienne ne leur trouvaient vraiment rien d'angélique.

Précédés d'une redoutable réputation en raison de leurs attaques le long de la côte méridionale, ils s'étaient vus offrir des terres et du ravitaillement par Vortigern, qui pensait sans doute acheter ainsi leur fidélité. Ils n'ont attendu toutefois que neuf ans pour révéler une seconde caractéristique que leurs ennemis ont depuis régulièrement reproché aux Anglais, à savoir la perfidie : lâché par ceux qu'il avait cru des alliés, Vortigern allait offrir tout le Kent à leur roi, Hengist, mais d'autres colons allaient suivre, alléchés par une proie si facile qu'ils se partagèrent rapidement, et bientôt les Saxons de l'ouest contrôlaient ce qui allait s'appeler le Wessex, ceux de l'est avaient l'Essex, ceux du sud le Sussex et ceux du milieu le Middlesex, tandis qu'au nord s'étendait le royaume de Mercia, puis celui de Northumbria, et à l'est le territoire des Angles.

Une nouvelle vague d'envahisseurs venus de Norvège et du Danemark a suivi, laissant sa marque sur la carte de l'Angleterre avec quelque mille quatre cents noms scandinaves de villes ou de villages, notamment dans le Yorkshire et le Lincolnshire – tous ces Marblethorpe ou Scunthorpe renvoient au mot danois « thorps », pour hameau. De ce fait, l'invasion la plus célèbre dans l'histoire des îles Britanniques, celle des Normands en 1066, s'est contentée d'ajouter un nouvel ingrédient à la salade celtique (ou préceltique, même), romaine, angle, saxonne et jute qui s'était déjà mélangée ici.

Pendant près de neuf siècles après l'arrivée des Normands, ce melting-pot démographique est resté remarquablement stable alors que sur le continent les frontières ne cessaient d'être redéfinies. La France, par exemple, n'a obtenu la souveraineté sur

Nice qu'en 1860 tandis que l'Alsace-Lorraine restait sous contrôle allemand de 1871 à 1918, puis de 1940 à 1945. Confinée dans ses limites naturelles ou aisément revendiquables, l'Angleterre était en mesure de rester radicalement étrangère au reste du monde. Encore aujourd'hui, les édiles de Hartlepool tentent de relativiser ce grand moment de l'histoire locale où un singe rescapé d'un naufrage durant les guerres napoléoniennes avait été pendu haut et court sur la plage, la populace ayant estimé qu'il devait s'agir d'un espion français puisqu'il était incapable de répondre aux questions qu'on lui posait.

Si l'animal avait été un Anglais sourd-muet, aurait-il été épargné ? Existe-il un type physique spécifiquement anglais, brut de décoffrage ? Bien avant l'arrivée des Saxons, Vikings, Normands et autres, Tacite a noté la diversité des habitants de l'île brumeuse que les Romains avaient colonisée, qu'il attribuait à de multiples patrimoines génétiques. Même de nos jours, il est admis de remarquer que les Gallois sont plus petits et plus bruns que les Anglais, notamment ceux issus des zones où la colonisation saxonne et scandinave a été très active, ou que des cheveux roux indiquent une ascendance celtique. Les portraits d'Anglais assez fortunés pour avoir leur visage immortalisé sur la toile présentent certes quelques caractéristiques communes, long cou pour les femmes, signes extérieurs de richesse pour les hommes, mais nous savons que les artistes se devaient de plaire à leurs mécènes, quand bien même ils avaient à se confronter à la physionomie anglaise qu'Oscar Wilde dédaignait en ces termes : « Sitôt vue, sitôt oubliée. » Les visiteurs de l'Angleterre semblent s'être donné le mot pour s'extasier sur la subtilité du teint des femmes de l'île, qu'ils attribuent à son climat pluvieux, et déplorer pour principal défaut qu'elles aient de si grands pieds.

Se risquant sur un terrain où les anges n'osent s'aventurer, l'ethnologue américain C. S. Coon n'hésitait pas à déceler chez les Anglais « certaines constantes physiques reconnaissables pour les étrangers, telles qu'un visage étiré, un teint rubicond, et une nette protubérance nasale ». À l'exception des joues rouges, ce portrait-robot ne s'applique pas vraiment à l'Anglais ancestral si l'on en croit les experts de l'Université de Manchester qui, en 1998, ont proposé la première reconstitution faciale de l'Homme de Cheddar, ce squelette de l'âge de la pierre retrouvé dans le Somerset et vieux de quelque neuf mille ans. Selon eux, cet individu approchait le mètre quatre-vingts et présentait « une tête légèrement de guingois, un visage plat, un front bombé et un nez aplati ». Le directeur de l'équipe scientifique devait remarquer que ce spécimen « ressemblait probablement à n'importe quel habitué de nos pubs au jour d'aujourd'hui », ce qui n'avait pas manqué de provoquer l'ire des notables locaux.

Après avoir passé vingt ans en Angleterre et étudié l'art du portrait dans ce pays, l'émigré allemand Nikolaus Pevsner s'était convaincu d'avoir décelé les traits physiques de la « race anglaise », en l'occurrence classables selon deux types bien distincts, « l'un de haute taille avec une tête allongée et de longs membres, enclin à la réserve, l'autre au visage rond, plus expansif, qui a inspiré l'image traditionnelle de l'Anglais solide, infatigable, sans cesse actif dans son jardin ou son garage, grand amateur de sports de plein air ». Un cliché parmi bien d'autres, cependant, et qui renvoie plus à un statut social qu'à une quelconque réalité ethnique. Avec l'autorité que seule son expérience lui permettait, George Orwell, lui-même sans un pouce de graisse, remarquait que « l'apparence générale [du peuple anglais] ne correspond pas aux caricatures convenues, car ce physique dégingandé de l'Anglais traditionnel appartient presque exclusivement aux classes supérieures tandis que les travailleurs sont en général plutôt petits, courts sur pattes, brusques, avec chez les femmes une nette tendance à se muer en pots à tabac sitôt l'âge adulte en vue ».

Bref, n'importe quel eugéniste aurait sans doute à conclure que sur un plan strictement racial les Anglais constituent un cas désespérant : malgré leur isolement multiséculaire, ils n'ont développé aucun signe physique distinctif qui vaille la peine d'être noté. En son temps déjà, Daniel Defoe avait développé une approche autrement plus pertinente de la question, répliquant par une liste cocasse de leurs antécédents génétiques aux habitants des îles Britanniques qui raillaient le « sang corrompu » des autres nations, et concluant : « Un authentique Anglais, quelle contradiction ! / En paroles, c'est un paradoxe, en réalité une fiction ! »

On pourrait ajouter maintes contributions à celles retenues par Defoe : les immigrants venus des Flandres aux XIVe et XVIe siècles, les Huguenots fuyant la persécution en France, les réfugiés juifs d'Europe centrale… Une approche un tant soit peu réaliste de l'histoire conduit à reconnaître que la notion de pureté raciale, pour les Anglais, est une vaste fumisterie. Pas une famille de cette île n'est exempte de sang celte, sans parler des Romains, des Jutes, des Normands, de tous ceux qui ont apporté leur grain de sperme au patrimoine génétique national. L'auteur de *Robinson Crusoé* avait entièrement raison : les Anglais sont une race bâtarde, et il a fallu que des communautés aisément reconnaissables se développent en Angleterre pour établir cette évidence.

4. L'Anglais authentique et autres aberrations

Car il aurait pu être grand-russien,
Français, turc ou prussien,
Voire même italien,
Mais si forte la tentation surmontée
D'être par une autre nation adopté
Il demeure avant tout un Anglais !

SIR WILLIAM SCHWENCK GILBERT (1836-1911),
HMS Pinafore

Bernie Grant, député britannique et par ailleurs noir, s'est trouvé un jour convié à une réception de parlementaires du Commonwealth alors qu'il représentait depuis cinq ans une circonscription londonienne particulièrement difficile, celle de Tottenham. La reine et le duc d'Édimbourg saluaient leurs invités quand ce dernier, avec sa désinvolture coutumière, s'est arrêté devant lui :

« Et vous, vous êtes qui ?

– Bernie Grant, député.

– Oui, et de quel pays, exactement ? »

Même si l'intéressé n'en a pas pris ombrage, l'incident est très révélateur. Cloîtré à Buckingham Palace, l'époux royal devait pourtant lire les journaux de temps en temps, et donc savoir que près de 6 % de la population anglaise étaient alors « de couleur ». Et pourtant, le duc, qui avait dû renoncer au trône de Grèce et à son titre nobiliaire attaché à la Maison de Schleswig-Holstein-Sonderburg-Glucksburg à l'instant où il avait épousé la princesse Élisabeth, ne pouvait imaginer qu'une fraction de son pays d'adoption ait pu être représentée par un Noir. Contrastant radicalement avec la maladresse légendaire de son mari, la reine a magnifiquement renversé les rôles au moment des présentations : « Vous êtes Bernie Grant, n'est-ce pas ? Je vous ai vu à la télé. »

Ancien employé des téléphones et vibrant syndicaliste, Grant était entré aux Communes en 1987, et allait devenir un objet de haine de la droite parlementaire, non tant en raison de la couleur de sa peau que de son identification avec la cause de la communauté noire. Après les émeutes raciales de Broadwater Farm, il allait faire une remarque qui le poursuivra sans doute jusque dans la tombe, déclarant que les forces de l'ordre avaient reçu « une sacrée bonne raclée » : l'un des policiers, Keith Blakelock, était mort dans des circonstances affreuses, poignardé et massacré par une foule déchaînée. Ce commentaire allait le transformer en paria et lui valoir, avec ses convictions politiques radicales, le surnom de Barmy Bernie (« Bernie le Maboul ») de la part du *Sun*.

Si quelqu'un est censé incarner la double condition de Noir et de Britannique, c'est bien Bernard Alexander Mongtomery Grant, dont les deux derniers prénoms venaient de ses parents qui, après la guerre, avaient tenu ainsi à rendre hommage à deux maréchaux anglais. Pour eux, il allait rester à jamais « Monty ». Devenu le premier édile municipal noir du pays, il avait tenu à marquer en beauté son entrée aux Communes, persuadant les deux autres députés noirs de se présenter en tenue africaine et non revêtus de la toge et du ridicule petit chapeau de rigueur à la cérémonie d'ouverture de la session parlementaire. Au dernier moment, cependant, ses deux collègues devaient « se dégonfler », selon ses propres termes, et il avait été le seul à apparaître en « batakari », le boubou aux vives couleurs des Africains de l'ouest. On n'aurait pu mieux proclamer que la société britannique était devenue multiculturelle. Certains parlementaires avaient pris des airs pincés mais le président de la Chambre, Bernard Weatherhill, lui avait fait passer sans tarder un court message : « Félicitations ! Vous êtes superbe. »

Si la présence de Bernie Grant sur le sol anglais est une conséquence de l'Empire, la crise d'identité de la nation anglaise ne se serait jamais produite sans la disparition de ce dernier, un tournant historique dont les ondes de choc se font encore sentir. Le déclin a certes été brutal : alors qu'en 1900 la moitié des navires circulant en haute mer battaient pavillon britannique et que le pays contrôlait un tiers des échanges commerciaux dans le monde, il n'en contrôlait plus que 5 % en 1995. Sur le continent, rois et despotes avaient tenté de singer le dessein impérial de la monarchie britannique. Les Belges s'étaient emparés des derniers recoins nauséabonds de l'Afrique que ni les Anglais, ni les Français n'avaient voulus. Le kaiser Guillaume II s'était fixé pour but de construire une flotte qui rivaliserait avec la Royal Navy. En 1935, Mussolini aspergeait de bombes et de gaz mortels la moyenâgeuse armée du Négus d'Abyssinie en quête d'une dimension impériale qui, pensait-il, donnerait à l'Italie une autorité morale égale à celle de la Grande-Bretagne.

Le pouvoir et l'influence britanniques se situaient pourtant bien au-delà des possessions territoriales : en réalité, les Britanniques ont pratiquement inventé le monde moderne. En 1983, Claudio Veliz affirmait que « nous sommes tous nés dans un univers *made in England*, et celui dans lequel nos arrière-petits-enfants atteindront un âge vénérable sera aussi anglais que le monde hellénistique a été grec, ou mieux encore athénien ». Ce sont les Britanniques qui ont défini les règles actuelles du football, du rugby, du tennis, de la boxe, du golf, des courses hippiques, de l'escalade et du ski. Ce sont eux qui ont imaginé le tourisme moderne, avec le Grand Tour, Thomas Cook, le premier « tour operator » de l'histoire, et le premier grand hôtel de luxe, le Savoy avec ses six ascenseurs, ses soixante-dix chambres et l'électricité à tous les étages. C'est un Anglais, Charles Babbage, qui a fabriqué le premier ordinateur au monde dans les années 1820, un Écossais, John Logie Beard, qui a bricolé le premier poste de télévision dans un grenier de Hastings et qui en a donné la première démonstration publique à Soho.

Le sandwich, la carte de vœux, les boy-scouts, le timbre-poste, l'assurance-vie et le roman policier sont des produits authentiquement *made in England.* Pour l'écrivain italien Luigi Barzini, l'adoption du trois-pièces foncé par tous les hommes d'Europe dans les années 1930 a constitué un véritable hommage rendu à la prééminence britannique, non seulement une reconnaissance de la puissance économique, militaire et politique de l'Empire mais aussi une adhésion à ces « vertus britanniques » – modestie, prudence, patriotisme, flegme, fair-play, courage – qui aux yeux des autres nations étaient à la base de la grandeur de ce pays.

Quand ils sont particulièrement moroses, les Anglais ont tendance à se dire que la marque qu'ils ont laissée sur le monde moderne se résume à quelques noms de palaces (le Bristol, le Cambridge, le Grande-Bretagne), au fuseau horaire de Greenwich, aux cartes marines et au fait que leur langue est celle du troisième millénaire. Le « style anglais » n'est désormais plus qu'une convention passéiste, et si vous voyez quelqu'un en veste de tweed sur mesure, il s'agira en général d'un riche industriel germanique. Même les écoles qui voulaient produire des gentlemen anglais à la chaîne et prôner les qualités de l'amateur éclairé se sont ralliées à la doctrine de l'ultra-professionalisme et de la méritocratie.

Sauf rares exceptions, les Britanniques ont accepté de bonne grâce la fin de l'Empire. Résignés devant l'inévitable, ils ont amené le drapeau et plié bagages sans faire trop d'histoires. Mais il leur a fallu plus de temps pour en assimiler les répercussions psychologiques, un processus qui aurait été bien plus facile si toute l'entreprise impériale n'avait pas été chargée d'une aussi extraordinaire ambition morale. Esprit d'entreprise, cupidité, courage, production de masse, puissance militaire, finesse politicienne et confiance en soi ont été à la base de l'Empire. Un pays technologiquement avancé mais pauvre en ressources naturelles avait besoin d'une vaste aire d'expansion commerciale, et son développement technologique rendait inévitable la soumission des peuples « primitifs ». Si l'imagerie impériale a conservé de la bataille d'Omdurman en 1898 la charge héroïque mais inutile du 21e Régiment de Lanciers, dans lequel Winston Churchill était jeune officier, l'élément décisif a été les six pièces d'artillerie Maxim que les Britanniques opposaient aux « derviches ». Le bilan du combat dit tout : vingt-huit morts chez les uns, onze... mille chez les autres. « Ceci n'était pas une bataille mais une exécution en masse, devait écrire un témoin oculaire. Les cadavres ne gisaient pas en tas – c'est rarement le cas –, mais s'étendaient sur des hectares. »

Je ne veux pas ici dénier à maints bâtisseurs d'empire leur bravoure et leur génie. Constatons simplement que l'histoire de l'impérialisme est la rencontre d'intérêts égoïstes et du développement technologique. Dans le cas de l'Empire britannique, cependant, il y avait la conviction que l'entreprise répondait à un impératif moral, un dessein divin qui commandait de conquérir et de coloniser des contrées qui avaient eu l'infortune de ne pas naître sous le drapeau impérial. La conscience de sa propre supériorité est devenue le credo d'une nation. Lorsque les États-Unis ont donné l'impression de se lancer dans l'aventure impériale avec l'annexion des Philippines en 1898, Kipling les a salués en les reconnaissant parmi les pays dont la destinée était de « supporter le fardeau de l'Homme blanc ».

L'Empire a donné aux Anglais l'opportunité de se sentir bénis du ciel, et plus sa puissance s'étendait, plus ils se considéraient récompensés. À la fin du XIXe siècle, la méthode britannique – ou anglaise – était devenue un modèle pour le monde entier. Les étrangers de passage à Londres s'extasiaient devant sa grandiose prospérité, qu'ils mettaient souvent en relation avec l'exigence éthique de la nation : « l'Angleterre est à l'organisation politique et morale de l'Europe ce que le cœur est à l'organisme humain », expliquait l'exilé polonais D. O. Sypniewski à ses compatriotes asservis, « la richesse de ce pays est désormais proverbiale, ses réserves monétaires inépuisables, son capital immobilier, investi ou navigant sur les océans, si gigantesque qu'il dépasse l'entendement ». Tout ceci contribuait à persuader la métropole de l'Empire que les autres peuples rêvaient tout bonnement de se convertir en bons Anglais.

Bien avant qu'ils n'étendent leur pouvoir à travers la planète, les Anglais ont intrigué les voyageurs étrangers par leur particularisme. Isolés sur leur île, ils étaient à l'abri des mouvements de pensée qui pouvaient balayer l'Europe : une tempête intellectuelle sur le continent n'était plus qu'une brise inconséquente une fois la Manche traversée. Il n'est donc pas surprenant que le fait de se retrouver avec le principal Empire mondial leur soit monté à la tête. Naître anglais, proclamait Cecil Rhodes, c'était gagner le gros lot à la loterie de la vie. Même des penseurs tels que John Ruskin, tout en caressant des chimères de réforme sociale, se laissaient prendre par l'euphorie d'une prédestination divine réservée à leur peuple : « Il est un destin qui nous est maintenant offert, le plus solennel jamais proposé à une nation, et que nous pouvons accepter ou refuser », affirmait-il devant les étudiants d'Oxford en 1870. « Notre race, issue d'une rencontre des meilleurs sangs nordiques, est encore à l'abri de la dégénérescence. L'Angleterre a un devoir à accomplir, ou bien elle périra : elle doit fonder des colonies aussi vite et aussi loin que possible, issues de ses hommes les plus valeureux, [dont la] première mission sera d'étendre le pouvoir de l'Angleterre sur les terres et sur les mers. » À quoi Cecil Rhodes surenchérissait en décrétant tout de go : « Il se trouve que nous sommes le meilleur peuple au monde, doté des plus grands idéaux d'honnêteté, de justice, de liberté et de paix. » Ces pompeuses déclarations ignoraient bien entendu une ou deux vérités de base quant au projet impérial, et notamment que son principal ressort n'était pas quelque dessein messianique mais la conjonction d'ambitions personnelles chez des hommes jeunes et résolus, qui y voyaient une source d'aventure et de richesse.

S'ils nourrissaient un complexe de supériorité toujours plus affirmé, lesdits jeunes hommes n'en restaient pas moins de simples humains et ressentaient donc, de temps à autre, le besoin de baisser le pantalon. Les employés anglais de la Hudson's Bay Company au Canada, ainsi, n'avaient pas tardé à découvrir l'hospitalité sexuelle locale et à en profiter, se mettant souvent en ménage avec des femmes indiennes qu'ils continuaient à soutenir financièrement, avec leur éventuelle progéniture, une fois de retour en Angleterre. Sir James Brooke, devenu rajah du Sarawak pratiquement tout seul, proclamait sans détour son intention d'« amalgamer les races » et décourageait donc fortement les fonctionnaires de l'Empire d'emmener leur épouse avec eux lorsqu'ils partaient en poste. La communauté coloniale de la côte orientale de l'Afrique présentait dès 1902 un relâchement des mœurs qui allait la rendre célèbre dans les années 1930. Un officier, Richard Meinertzhagen, remarquait ainsi à son arrivée que ses frères d'armes locaux étaient pour la plupart « des rebuts de l'armée, endettés jusqu'au cou. L'un boit comme un trou, l'autre préfère les petits garçons aux femmes et ne s'en cache pas. J'ai été profondément choqué de voir qu'ils amènent tous leur épouse indigène au mess ».

Une fois éloignés des conventions sociales anglaises, nombre de militaires allaient découvrir les délices prodigués par les courtisanes orientales, qui selon le capitaine Edward Sellon, basé en Inde vers 1830, « maîtrisent à la perfection l'art de l'amour, sont prêtes à satisfaire tous les goûts et dépassent toutes les autres femmes du monde en grâce physique [...]. J'ai eu des Anglaises, des Françaises, des Allemandes et des Polonaises de toute extraction sociale mais aucune, absolument aucune ne supporterait la comparaison avec ces houris sublimement salaces. » Devant pareille description des plaisirs du service impérial, on a du mal à croire sir Charles Dilke lorsqu'il affirme avoir constaté « l'antipathie envers les races de couleur partout manifestée par les Anglais ».

Plus la mission impériale s'éloignait de la griserie de la conquête pour devenir une routine de gouvernement, plus la bureaucratie au pouvoir ressentait la nécessité de préserver la « pureté » des Anglais. Au fur et à mesure que la colonisation s'étendait, la bonne moralité était réaffirmée en métropole. La réaction évangéliste du début du XIXe avait déjà purgé la vie publique d'une grande part des mœurs licencieuses du siècle précédent et la vague puritaine des années 1880 a encore confirmé la tendance. En janvier 1909, après un scandale d'abus de pouvoir impliquant un fonctionnaire blanc au Kenya, le secrétaire d'État aux Colonies, lord Crewe, allait signer une recommandation bientôt connue sous le nom de « Manifeste moral », ou « Circulaire de la Concubine », dans laquelle l'usage d'entretenir des maîtresses indigènes était dénoncé en termes choisis, et le principe de « donner un exemple d'honorabilité autour de soi » recommandé à tous les membres de l'administration.

L'approche française du même problème était radicalement différente, puisque les hauts responsables à Paris allaient parvenir à la conclusion qu'il était plus facile, et plus hygiénique, d'encourager leurs fonctionnaires en Afrique de l'Ouest à contracter des mariages temporaires avec des femmes du cru. En 1902, le directeur des Affaires africaines au bureau des Colonies citait l'avis d'un certain docteur Barot en ce sens, selon lequel ces unions transitoires étaient la meilleure protection contre « l'alcoolisme ou la débauche sexuelle, malheureusement si fréquents dans les pays chauds ». En prenant épouse, le Blanc se gagnait aussi la sympathie des indigènes mâles, rassurés quand au fait qu'il ne chercherait pas à séduire leurs femmes. Un argument de realpolitik était même avancé : « Il convient de rappeler que la plupart des traités signés avec d'importants chefs nègres ont été confirmés par un mariage entre un Blanc et l'une des filles » du dignitaire noir. Aucune permanence n'était suggérée – « Avant le retour en France, on renverra la jeune dame à sa famille, non sans lui avoir offert un cadeau qui lui garantira immédiatement un nouveau mari » – mais les conséquences prévisibles étaient assumées sans fard : deux écoles seraient subventionnées par l'administration coloniale pour accueillir les enfants issus de ces unions mixtes car, comme le soulignait le sage docteur, « c'est en créant des races métisses que nous rendrons française l'Afrique de l'Ouest le plus facilement ».

Lord Crewe, dont le passe-temps favori était l'élevage expérimental de vaches Durham, aurait sans doute vu là un nouvel exemple de la turpitude morale de ces satanés Français. À l'exception de l'Inde, où une classe métisse anglo-indienne allait se développer et servir d'intermédiaire entre autorités et « indigènes », l'élite coloniale britannique récusait tout mélange de races, voyant dans l'Empire une sorte de mission religieuse en vue de l'avancement de l'humanité, le « gouvernement d'immenses populations dans le but de les conduire graduellement à un plus haut niveau de civilisation », pour reprendre les termes de lord Hugh Cecil en 1912. La seule solution tolérable était donc que les fonctionnaires nommés aux confins de l'Empire partent avec leur épouse légitime : dès que les memsahibs arrivaient sur place, les portes se fermaient. Ce qui allait faire écrire à un Australien témoin de la situation en Nouvelle-Guinée, James McAuley, que « la femme blanche est peut-être la véritable perdition de tous les empires ».

À ce moment de leur histoire, ce peuple avait donc contracté le virus mortel de se croire les héritiers d'on ne sait quel don de Dieu. Pour citer le poète Ogden Nash, « Chaque Anglais est convaincu d'une chose, à savoir / Qu'être Anglais, c'est appartenir au club le plus fermé de l'histoire ». La preuve ? Elle était là, patente. L'Empire britannique était le plus grand du monde, et c'était l'Angleterre qui le dirigeait, *ergo* les Anglais étaient supérieurs à toutes les autres races. Si le club n'avait pas été fermé à ce point, si les idéaux anglais ne s'étaient pas retrouvés aussi intimement liés aux exigences de la construction impériale, les Anglais se seraient peut-être résignés plus facilement à voir le prestige mondial de leur pays se réduire si brutalement. Avec cette disposition d'esprit, au contraire, la fin de l'Empire leur a paru indiquer qu'il n'y avait désormais plus de place pour les Anglais en ce monde.

Michael Wharton, le « Peter Simple » du *Daily Telegraph*, me reçoit dans le salon de son cottage. Dehors, le vent agite les hêtres du Buckinghamshire. Depuis quarante ans, il envoie au journal son billet hebdomadaire, non sans ignorer tout à fait que la direction du *Telegraph* le conserve comme une sorte de pièce de musée, un message nostalgique aux rangs de plus en plus clairsemés des vétérans de ses lecteurs, ceux qui se souviennent du temps où l'Angleterre était un autre pays. Reléguée aux pages fourre-tout du quotidien, la contribution de Peter Simple fait penser à la petite cabane qu'un jeune couple ayant hérité d'une somptueuse propriété aurait laissée à un vieux parent un peu toqué. Il ne sait plus vraiment qui lit ses billets, ni même si quiconque leur prête attention. De temps à autre, pourtant, une secrétaire officiant dans la pyramide des docks de Londres où la rédaction a été depuis peu exilée lui fait suivre une lettre de lecteur : « Un cinglé quelconque, en général. Ils pensent que je veux réinstaurer la pendaison et le fouet à l'école. Et ils détestent les Irlandais. » Si ces fanatiques correspondants ressentent une communion d'âme avec Peter Simple, c'est parce que son idée de l'Angleterre est une véritable complainte, une ode à un peuple disparu, une succession de tirades dans le genre de celle-ci : « Au cours des cinquante dernières années, les Anglais ont assisté au dénigrement et au rejet de tout ce qui faisait leur spécificité. Ils ont vu les maux surgis des égouts de l'Amérique, feuilletons ineptes, musique pop dégénérée, féminisme, discours "politiquement correct", empoisonner leur pays. Ils ont vu leurs bonnes manières et leurs traditions bafouées. Ils ont vu les perversions sexuelles recevoir l'approbation et même l'encouragement officiels. Ils ont vu des régions entières colonisées par les immigrés, et des lois leur interdire de s'inquiéter ouvertement des conséquences… »

En chair et en os, ce chevalier de l'Apocalypse paraît cependant plus déconcerté que furibond. Pendant notre entretien, il se montre courtois, posé. « Le multiculturalisme ? », répond-il lorsque je l'interroge à ce sujet. « C'est un mot que répètent sans cesse les hommes politiques, les évêques et autres mais qui n'a absolument aucun sens pour la majorité des Anglais. C'est un concept vide, dont on nous a gavés mais que personne n'a avalé. L'Anglais est un être docile, pas contrariant. Je crois que c'est la raison essentielle. » À cet instant, son vieux labrador aveugle entre dans la pièce et se cogne contre le poste de télévision, dissimulé sous un grand napperon brun.

L'Angleterre de Peter Simple, c'est essentiellement celle de sir Arthur Bryant, l'historien nationaliste le plus populaire du siècle dernier, auteur d'au moins quarante ouvrages vendus à plus de deux millions d'exemplaires. Le pas est vite franchi entre cette Angleterre à la Bryant, un monde de châtelains, de pasteurs, de fermiers, de péquenauds buveurs de cidre, tous à la peau plus blanche que neige, et la conviction que les immigrés de couleur ne peuvent qu'apporter désastre et confusion. Tout en reconnaissant l'apport des exilés européens à la culture anglaise – des Blancs, évidemment –, Arthur Bryant pouvait écrire en mars 1963, dans l'*Illustrated London News*, que « l'afflux d'hommes et de femmes de race étrangère, avec d'importantes différences de pigmentation et de physionomie, mais aussi de coutumes et de convictions, serait hautement indésirable ».

Ses thèses n'ont jamais eu vraiment d'écho dans les cercles influents. Chaque automne, le congrès du parti conservateur entendait certes des motions indignées réclamant l'arrêt de l'immigration, que la hiérarchie écoutait avec distraction et décidait d'ignorer. En 1963 et en 1968, la pression d'extrémistes tels qu'Enoch Powell l'avait forcée à promettre de réduire les quotas, mais le discours de 1968 dans lequel celui-ci brandissait le spectre de « fleuves de sang » dans une référence douteuse à l'*Énéide* avait relégué Powell dans un désert politique qui, selon ses fidèles, était une nouvelle preuve de la conspiration libérale destinée à masquer la réalité au « peuple ».

Il serait stupide de nier que des secteurs significatifs de la population anglaise continuent aujourd'hui, comme Enoch Powell, à tenir l'immigration pour la source de tous les maux, la raison pour laquelle le pays « est parti à vau-l'eau ». Les relations interethniques en Grande-Bretagne sont cependant loin d'être catastrophiques. Un exemple : après l'accession de leur pays à l'indépendance, deux millions d'Irlandais résidant au Royaume-Uni ont conservé le droit de vote, politesse que les autorités irlandaises se sont refusées à rendre pendant soixante-dix ans. Nombre de citoyens irlandais ont combattu dans les forces britanniques durant la Seconde Guerre mondiale malgré la neutralité affichée par leur gouvernement. Toutefois, ceux qui brandissent le « problème racial » ne pensent évidemment pas aux Irlandais, mais aux « gens de couleur ».

On doit reconnaître qu'ils ont raison sur au moins un point : la soudaineté et la rapidité du changement. En quarante ans, entre le recensement de 1951 et celui de 1991, la population originaire des Caraïbes et du Sud-Est asiatique en Grande-Bretagne est passée de quatre-vingt mille personnes, regroupées dans quelques ports et quelques quartiers, à plus de trois millions. Le terme d'explosion démographique n'est pas trop fort. Autre phénomène : cette forte minorité est principalement concentrée en Angleterre, où elle dépasse déjà les 6 % de la population totale, alors qu'elle demeure marginale en Écosse ou au pays de Galles. Plus des deux tiers de tous les immigrés au Royaume-Uni se retrouvent dans le Sud-Est anglais et l'Ouest des Midlands. Dans des zones entières de Londres, Leicester ou Birmingham, le multiculturalisme est désormais bien plus qu'un « concept creux » ressassé par les évêques et les hommes politiques : une réalité tangible, où les églises ont été remplacées par temples et mosquées, le petit marchand de légumes traditionnel détrôné par les boucheries halal et les magasins de saris. À Spitalfields, dans l'Est londonien, où les réfugiés huguenots avaient installé des fabriques de soie il y trois siècles, 60 % des habitants sont désormais d'origine bangladaise. Dans certaines zones de Bradford, plus de la moitié sont pakistanais. Même à Northcote (Ouest londonien) où les Blancs ne forment que 10 % de la population, aucune zone du pays n'a atteint la situation des États-Unis et ses multiples quartiers exclusivement peuplés de Noirs.

Les règles de naturalisation sont relativement libérales, également : tout enfant né sur le territoire britannique de parents ayant le statut de résidents peut devenir citoyen. Le contraste avec l'Allemagne est saisissant : sept millions deux cent mille immigrés, soit 9 % de la population, doivent attendre au moins quinze ans avant d'être seulement autorisés à demander la naturalisation, et sans garantie de l'obtenir rapidement. Des décennies après Hitler et sa repoussante lecture du même concept, les officiels allemands demeurent persuadés qu'ils agissent au nom d'un « Volk » défini avant tout par le sang. Si vous vous appelez Schmidt ou Müller, peu importe que votre famille ait vécu au Kazakhstan depuis des générations : vous obtiendrez un passeport allemand à la minute. C'est une citoyenneté génétiquement déterminée.

En matière de relations interethniques, les Anglais ont globalement de quoi être fiers d'eux. Des vagues migratoires aussi rapides et aussi importantes, sans réelle préparation du pays, auraient pu provoquer des tensions autrement plus graves que celles qui se sont produites, et ce constat ne vise bien sûr pas à minimiser les difficultés que rencontrent encore les minorités ethniques en Grande-Bretagne. Des facteurs très divers ont aidé à l'intégration. Ainsi, la vitalité des accents régionaux anglais est telle qu'il sera impossible de deviner au téléphone si l'inconnu aux intonations de Liverpool ou de Birmingham est blanc, noir ou métis. La « culture jeune », si vivace en Angleterre, se moque des distinctions de couleur.

Une nuance intéressante, cependant : alors qu'il est courant d'entendre quelqu'un se revendiquer « Noir britannique » ou « Britannique Bengali », la formule « Noir anglais » est des plus rares. Bernie Grant lui-même se dit Britannique parce que le terme « regroupe d'autres peuples opprimés, comme les Gallois ou les Écossais ». Et d'ajouter : « Je ne peux même pas imaginer me présenter comme "Anglais", le mot me resterait en travers de la gorge. » D'autres expliqueront qu'ils peuvent se sentir Britanniques en tant qu'immigrés – et ce quelle que soit leur race – mais que pour se revendiquer Anglais il faudrait être né dans le pays. Bref, le terme de « Britannique » paraît plus consensuel, capable d'intégrer les origines ethniques de chacun, que l'on soit écossais ou somalien.

Les préjugés raciaux perdurent, évidemment, mais ce qui frappe surtout est le joyeux optimisme que leur pays d'adoption inspire à tant d'immigrés. C'est un fait que très peu d'entre eux envisagent de retourner à leur terre d'origine ; c'en est un autre, encore plus remarquable, qu'ils soient si nombreux à apprécier ce qu'ils ont trouvé en Angleterre. Quand les enquêteurs du *Daily Telegraph* ont demandé à plusieurs immigrés de s'exprimer sur leur intégration en janvier 1998, la tonalité positive des réponses a constitué une agréable surprise : Zaki Badawi, le président du Conseil des imams et mosquées de Grande-Bretagne, estimait qu'il n'y a pas de meilleur endroit au monde pour vivre sa foi musulmane ; Surinder Gill, épicier à Oxfordshire, s'émerveillait d'avoir découvert des policiers qui n'acceptaient pas les pots-de-vin ; Abi Rosenthal, un musicologue ayant fui l'Allemagne, citait l'honnêteté et la discrétion comme les principales qualités qui font de l'Angleterre « un pays extrêmement civilisé » ; Omnia Mazouk, pédiatre à Liverpool, appréciait que « le mérite soit ici récompensé » ; Hari Shukla, professeur hindou arrivé du Kenya en 1973, estimait qu'aucune nation européenne n'était allée aussi loin dans la pratique et l'idéal multiculturels…

Nous sommes parvenus bien loin de l'univers de Peter Simple, dont la plupart des lecteurs, j'en suis sûr, n'ont sans doute jamais parlé à un Asiatique ou à un Antillais. Ceux-là étaient prêts à accepter que les immigrés viennent occuper les emplois dont les Anglais ne voulaient pas, mais ils ne s'attendaient pas à les voir arriver en si grand nombre, ni à ce qu'ils apportent leur culture et leurs traditions avec eux. On croirait presque qu'ils envisageaient de voir surgir des gens qui, s'ils n'étaient pas nés ailleurs, auraient très bien pu être… anglais.

Sans même qu'ils s'en doutent, leur mentalité est plus proche qu'on ne le soupçonnerait d'abord de la conception du fait britannique telle que la développe un Bernie Grant. Au fond d'eux-mêmes, il y a cette conviction qu'un Anglais ou une Anglaise est avant tout un être libre né dans une société de liberté. Les nouveaux venus peuvent devenir « britanniques », mais ce n'est pas de la même chose qu'il s'agit. Ce qui les heurte le plus, c'est que certaines opinions soient devenues « inexprimables », seulement marmonnées dans un coin ou aboyées par des voyous en bottes de motard, et le scepticisme à l'égard du multiculturalisme en est une. L'élite au pouvoir a illégalisé les préjugés racistes, son esprit de tolérance s'est globalement imposé. Mais certains, comme l'écrivain Simon Raven s'exprimant devant moi un jour en sirotant un calvados en plein Londres, y voient surtout une raison pour la nostalgie :

« De proclamer qu'on ne peut plus dire ceci ou cela, c'est tout bonnement le contraire de l'Anglais. La liberté d'expression est essentielle à la vie intellectuelle, dans notre pays. Quand j'étais à Cambridge, nous avions deux ou trois étudiants noirs, des princes ou autres. Mais c'était des gentlemen. En général, les Anglais étaient contents de voir des Noirs. Et ils étaient contents de les voir s'en aller, aussi. »

Cette dernière remarque pourrait sortir tout droit d'un billet de Peter Simple-Michael Wharton. Le dédain interloqué que ce dernier voue à la nouvelle Angleterre apparue au cours du demi-siècle où il a rédigé sa chronique hebdomadaire a de quoi laisser perplexe, cependant. Il s'explique peut-être par un secret personnel : apparemment Anglais jusqu'au bout des ongles, Wharton est en réalité à moitié allemand, descendant de marchands de laine juifs à Bradford. C'est souvent le cas chez ceux qui brandissent si ostensiblement leur anglicité : Peregrine Worsthorne, éditorialiste du *Sunday Telegraph* qui dans les années 1980 plaidait à grands cris pour l'intégrité ethnique de l'Angleterre, était le fils d'un certain colonel Koch de Gooreynd ; Stephen Fry, parvenu à la célébrité en incarnant pendant des années le rôle de Jeeves, cet archétype du majordome anglais, est en partie juif hongrois ; Edwin Luytens, l'architecte que l'on a dit exprimer « la quintessence de l'Angleterre », était issu d'une famille du Schleswig-Holstein ; nombre de dirigeants conservateurs qui tempêtaient contre la volonté supposée de l'Union européenne de s'emparer de la pauvre Albion étaient des descendants d'immigrés, tels que Michael Howard ou Michael Portillo ; les vers qui ouvrent ce chapitre, cette histoire de « demeurer avant tout un Anglais », ont été mis en musique par sir Arthur Sullivan, dont la mère venait d'une vieille famille italienne...

Une manière de revenir au point de départ de cette réflexion pour constater que W. S. Gilbert avait raison quand il soulignait la nécessité de résister à la tentation de devenir « quelqu'un d'autre », d'appartenir à une nation différente. Être Anglais, on l'a vu, est *vraiment* une affaire de choix.

5. Nous, si peu nombreux

Les gens d'Angleterre sont au comble de la joie quand vous leur dites qu'ils sont ruinés.
ARTHUR MURRAY, *Le Tapissier* (1758)

Si l'anglicité est essentiellement un état d'esprit, une question s'impose d'emblée : qu'est-ce que les Anglais eux-mêmes pensent avoir pour signes caractéristiques distinctifs ? Pour commencer à y répondre, je me suis rendu à Cheltenham, dans les bureaux du trimestriel le plus vieux jeu de tout le pays. Lancée en 1967 avec le slogan « Aussi revigorant qu'une bonne tasse de thé ! », la revue *This England* (Cette Angleterre) affirmait son ambition d'« approcher l'âme véritable du pays à chaque numéro ». Avec un titre inspiré de la tirade finale de John de Gaunt dans *Richard II* (« Cette contrée bénie, cette terre, ce royaume, cette Angleterre, cette mère nourricière, cette matrice grouillant de souverains royaux... »), elle offrait maintes réflexions construites sur le balancement classique de la lamentation funèbre – « Il y a un siècle... mais maintenant » –, une abondance d'illustrations de style Norman Rockwell du pauvre et des histoires comme celles d'« Edwards, un cockney déluré de l'avant-guerre qui vous offre toutes ses confessions de jardinier chez les riches ! »

La formule, remarquablement insipide, n'a pas empêché un succès étourdissant, avec des ventes tournant autour des deux cent cinquante mille exemplaires. Trente ans après sa fondation, *This England* avait une plus grande diffusion que les quatre principales revues « de référence » prises ensemble. Le rédacteur en chef de ce magazine résolument provincial décrivait ainsi ses lecteurs : « Non seulement des ducs mais aussi des éboueurs, des retraités de l'East End, des juges et des capitaines de ferry, des femmes de pasteur dans de lointaines missions évangéliques, des nobles et des midinettes, des garçons et des filles du Lancashire et de toute la planète [...]. De braves et simples croisés élevés dans la crainte du Seigneur, qu'ils portent la mitre ou la minijupe ».

Indifférente aux railleries des snobs de la capitale, l'équipe a appris à garder les yeux sur la courbe rassurante des ventes, les jolis bénéfices ajoutés par les cravates Saint-Georges ou les pins, et les sacs de courrier qui lui parviennent chaque semaine. À première vue, on pourrait croire que ce machin est entièrement écrit par ses lecteurs, aucun d'entre eux n'ayant perdu son temps dans une école de journalisme. On y trouve beaucoup de souvenirs de guerre et un constant enthousiasme pour tout ce qui touche à la couronne, aux coutumes ancestrales et à l'esprit de clocher. Son style sans prétention et sa devise un peu nunuche (« La plus chouette revue britannique ») masquent en réalité une ligne éditoriale d'une fermeté d'airain. Derrière la mièvrerie, la protestation gronde ; sous la mièvrerie, une étonnante découverte vous attend : si c'est bien le « pays profond » qui s'exprime ici, non seulement il faut constater qu'il continue à regarder en arrière mais qu'il se délecte de se sentir persécuté. Il y a les photos, choisies pour rassurer – moutons broutant devant de bucoliques églises, torrents miroitant à travers de coquets villages, hallebardiers en tunique écarlate et or... –, et puis il y a les articles et leur apocalyptique message : l'Angleterre est en train de disparaître, et à jamais.

Lisez plutôt : « Nous assistons à un complot soigneusement organisé depuis des années, qui vise à la mise en place d'un super-État européen au fonctionnement comparable à celui d'une république populaire socialiste. Cela signifie un gouvernement pléthorique mais non-élu, un parlement-croupion, une armée fédérale, une banque centrale, une monnaie unique et une Cour suprême. Notre chère monarchie sera remplacée par un Président continental, notre Union Jack sera proscrite en faveur de cet affreux torchon bleu avec ses douze stupides étoiles jaunes, et nous serons forcés d'entonner le nouveau chant européen aux accents de l'*Hymne à la joie* beethovénienne... sauf que le titre véritable sera *Adieu, Grande-Bretagne.* »

La paranoïa galopante ne s'arrête pas là. Une rubrique régulière, « Nos héros anglais », est consacrée à des vies aussi édifiantes que celle du jeune marin perdu en mer qui reçoit la Victoria Cross à titre posthume. Ailleurs, on apprend que la Commission européenne veut interdire le bulldog anglais car « ils préfèrent le petit caniche français qui obéit à tout ce qu'on lui dit ». Ou bien les lecteurs sont invités à conférer « la croix d'argent de saint Georges » à des preux comme le petit commerçant qui, bravant les nouvelles réglementations européennes, continue à vendre la paraffine au gallon et non au litre. Même la « Bataille pour les vrais comtés d'Angleterre », une campagne visant à rétablir les anciens noms des districts anglais, prend l'allure d'une lutte à mort contre des adversaires surpuissants, « pouvoir, service des postes, hommes politiques, journalistes, enseignants, présentateurs de la télévision » qui feignent de croire que la réforme administrative est pour le bien du pays.

Le véritable ennemi, on le comprend vite, c'est le temps. Pas un de ces articles ne se place dans la perspective de l'avenir. La revue a aussi développé une lucrative collection de cassettes musicales, le principal succès de vente étant « un triple album exceptionnel d'anecdotes et de chansons qui ont guidé le peuple britannique à la Victoire durant la Seconde Guerre mondiale ».

À mon arrivée, Roy Faiers, l'inventeur de ce produit aussi bizarre que populaire, est assis à son bureau devant une tranche de cake du Women's Institute. La maison victorienne de Cheltenham où la rédaction est installée n'a pas été difficile à trouver : c'est la seule dont le toit soit orné du drapeau britannique. Je ne saurais dire qui je m'attendais à découvrir : un mélange de G. K. Chesterton et Gengis Khan, sans doute. J'avais encore en tête cette lettre de fidèle lecteur expliquant que *This England* était pour lui « l'équivalent britannique du *Mein Kampf* d'Hitler, mais fondé sur les principes chrétiens, bien entendu ». Au contraire, j'ai eu devant moi un monsieur affable et grisonnant, à l'élocution plaisamment tranquille parfois interrompue par de brusques apartés comme : « Ah, la Reine Mère ! Nous la chérissons tous... » Une photo de la souveraine est accrochée au mur, non loin d'une croix de saint Georges, de trois Union Jack et d'étagères de livres, nombre d'entre eux consacrés à la danse. Lorsqu'il me confiera qu'il a été jadis chargé de la rubrique « chasse et pêche » au *Grimsby Telegraph*, je ne serai pas étonné.

À sa manière, Roy Faiers est lui aussi parvenu à la conclusion que l'anglicité n'est pas une question de race. Sa revue se vend à vingt mille exemplaires en Australie et à des milliers d'autres à travers l'ancien Empire, cultivant la nostalgie d'un pays qui n'est plus parmi les expatriés, mais Faiers a conclu depuis longtemps que point n'est besoin d'être « physiquement » anglais pour être un Anglais : « Prenez par exemple James Stewart, l'acteur. Il était Américain mais il y avait de l'Anglais en lui. Il n'était pas vantard, ni envahissant. Il n'a eu qu'une femme dans toute sa vie. Vous pouviez laisser votre portefeuille à côté de lui. C'est ça, être Anglais. » Ou du moins c'est ainsi que les Anglais aiment se voir. Cet idéal du gentleman impeccablement élevé ne suffit pas à répondre à notre question initiale. L'anglicité ne peut se résumer à une affaire de classe.

« Pendant des années, George Formby a été l'artiste le plus populaire de Grande-Bretagne, poursuit Faiers. Il n'aimait pas étaler sa richesse, il ne faisait pas toute une histoire de sa célébrité. Sa femme, par contre, ne s'en gênait pas. Pas modeste du tout, elle. Mais il était anglais et elle ne l'était pas. » Je vois bien où il veut en venir, même si je le trouve un peu injuste envers l'épouse de Fromby : alors que ce dernier avait reçu l'ordre de Lénine tant il était apprécié par le prolétariat russe, elle détenait une récompense authentiquement anglaise, elle, puisqu'elle avait été championne du monde de danse en sabots... Alors, l'anglicité ? ai-je insisté auprès de mon interlocuteur. « Ah, c'est quelque chose de très profond. C'est un état d'esprit, l'esprit de saint Georges. Et toute l'idée de saint Georges, c'est le combat contre le Mal. »

Qu'elle soit pertinente ou non, la remarque est intéressante. Les raisons pour lesquelles Georges est devenu le saint patron de l'Angleterre demeurent un mystère. De nos jours, on ne retient plus le portrait qu'Edward Gibbon a tracé de lui, celui d'un marchand de bacon et fournisseur véreux des troupes romaines avant d'être catapulté archevêque d'Alexandrie et de terminer victime d'une émeute populaire. L'histoire des saints catholiques le présente sous un jour autrement plus favorable, c'est-à-dire périssant en martyr après avoir été affreusement torturé pour s'être élevé contre l'exécution de chrétiens ordonnée par l'empereur Dioclétien. Il semble avoir été vénéré pour son courage en Angleterre bien avant l'arrivée des Normands, mais ce sont des chevaliers de retour des Croisades qui ont diffusé le mythe de Georges terrassant le dragon, peut-être une version chrétienne de la légende de Persée sauvant Andromède d'un monstre marin. Il a apparemment rallié une sincère adhésion puisque le roi Édouard III, après l'avoir choisi pour saint patron de l'ordre de la Jarretière, lui a dédié une chapelle à Windsor. Pourtant, Georges n'a jamais mis les pieds en Angleterre et il est aussi le protecteur officiel du Portugal, tout en servant occasionnellement de gardien spirituel à Malte, à la Sicile, à Gênes, à Venise, à Aragon, à Valence, à Barcelone...

C'est un saint somme toute ordinaire, sans grande portée théologique, mais lorsqu'on revient à l'idée que les Anglais cultivent d'eux-mêmes, on comprend pourquoi il offrait toutes les qualités requises pour devenir leur patron. Ce qui les a séduits chez ce héros d'adoption, c'est sa courageuse intégrité dans une lutte inégale. La représentation de toutes les principales batailles menées par l'Angleterre dans son histoire, depuis celle contre l'Armada espagnole en 1588 jusqu'au Blitz de 1940, présente une constante très significative : à chaque fois, il s'agit dans l'imaginaire collectif de David contre Goliath. Justifiée ou non, l'idée que, comme saint Georges, ils ont été arrachés à une vie paisible et bucolique pour vaincre des monstres séduit les Anglais.

Le cri de guerre que Shakespeare place dans la bouche d'Henri V lorsqu'il encourageait ses hommes avant l'attaque de Harfleur est devenu immortel : « Dieu avec Harry ! Angleterre et saint Georges ! » C'est le quadrinome patriotique réduit à sa substantifique moelle : Dieu, le monarque, la patrie et les principes moraux du saint. Harfleur, cependant, ne tombera qu'après avoir été affamée par un long siège. Ensuite, Henri décide de rallier avec ses troupes la garnison anglaise de Calais, mais il tombe en route sur un important déploiement militaire français entre les villages d'Azincourt et de Tramecourt. Si la propagande anglaise, que Shakespeare connaissait bien, a sans doute exagéré la supériorité numérique des Français, des études historiques récentes estiment cependant que les quelque six mille hommes d'Henri avaient à faire face à quarante ou cinquante mille soldats ennemis. Le barde d'Avon aborde alors le thème de la « bravoure contre toute attente ». À la veille de la bataille d'Azincourt, le roi surprend une conversation angoissée entre ses principaux officiers : les Anglais sont non seulement en sous-nombre mais épuisés, il faudrait des renforts… Henri les interrompt en proclamant qu'il ne veut pas un homme supplémentaire, car plus nombreux ils seront, plus il faudra partager l'honneur de la victoire. Celui qui « manque de cœur au ventre » peut rentrer au pays sur le champ, car il préfère ne pas risquer sa vie aux côtés d'un tel couard. Mais ceux qui resteront seront élevés à une commune dignité : verser son sang en compagnie du roi, c'est devenir son frère. Dans le contexte social fortement hiérarchisé de l'époque, l'idée est très audacieuse. « Nous, si peu nombreux, nous, une poignée de frères », est le cri de ralliement qui allait synthétiser l'idéal de l'héroïsme anglais.

Azincourt a constitué une écrasante victoire. Acculés entre deux collines, les Anglais ont lancé l'attaque sur les deux flancs tandis que leurs archers déclenchaient un déluge de flèches sur un adversaire mal organisé et peu discipliné. Il n'a fallu que trois heures pour l'emporter et les Français allaient perdre trois ducs, près d'une douzaine de comtes, mille cinq cents chevaliers et plus de cinq mille hommes de troupe. La tradition anglaise affirme que les pertes d'Henri ne dépassaient pas le chiffre de quarante, deux cents ou trois cents en réalité selon les estimations disponibles aujourd'hui. Parce qu'il craignait l'arrivée de renforts français, ou pour d'autres raisons qui restent ignorées, le souverain anglais devait ordonner l'exécution de la plupart des prisonniers. À Londres, devant le Parlement, l'évêque Beaufort allait affirmer que la défaite des Français était une punition divine.

La version moderne de la harangue d'Henri V a été donnée par Winston Churchill le 20 août 1940, lorsqu'il a rendu hommage aux pilotes de chasse britanniques de la Bataille d'Angleterre. Deux mois plus tôt, les Allemands s'étaient emparés des îles de la Manche. L'« Opération Otarie », le plan d'invasion de l'Angleterre conçu par le commandement nazi, était lancé. La première mission de la Luftwaffe était de neutraliser l'aviation anglaise et de contrôler les pistes d'envol avancées, à partir desquelles la RAF pourrait lancer une contre-offensive. Avec près de trois mille appareils à sa disposition, plus ceux qui se trouvaient sur la côte française à vingt-cinq minutes de vol, le général Goering calculait que cette phase ne lui demanderait que quatre jours. Sa supériorité en moyens paraissait confirmer un tel optimisme.

La résistance rencontrée le premier jour allait surprendre les Allemands, qui devaient perdre soixante-quinze avions contre trente-quatre pour la RAF, mais les vagues d'assaut continuaient néanmoins à se succéder. Le poste d'observation préféré de Churchill était la salle d'opérations du commandement de la 11e division aérienne. Le général Ismay, son conseiller militaire, a rapporté cet instant du 16 août, quand « toutes les escadrilles disponibles étaient engagées, sans aucune relève possible alors que sur la table de contrôle on voyait de nouvelles formations ennemies passer la côte. J'étais malade de peur. À la tombée de la nuit, les combats se sont arrêtés et nous avons quitté le QG en voiture. Les premiers mots de Churchill ont été : “Ne me dites rien. Je n'ai jamais été aussi bouleversé de ma vie." Après cinq minutes environ, il s'est penché vers moi et m'a déclaré : "À aucun moment de l'humanité, dans aucun conflit, un si grand nombre n'a été aussi redevable à si peu". Ses mots se sont inscrits en lettres de feu dans mon cerveau. »

Et il y avait de quoi, car c'est la phrase qui a eu le plus grand retentissement de toute la Seconde Guerre mondiale. Churchill, qui portait une extrême attention à la rédaction de ses discours et qui allait passer les jours suivants à ciseler celui qu'il devait prononcer le 20 août devant le Parlement, l'a utilisée mot pour mot, et certes elle résumait tout, le courage de ces pilotes dans leurs fragiles appareils mais aussi la petite île assaillie, encerclée par le danger et cependant invaincue. En réalité, l'inégalité numérique n'était pas aussi spectaculaire : sous la direction du ministre de la Construction aéronautique, lord Beaverbrook, les usines britanniques produisaient alors trois fois plus de Spitfire et de Hurricane que les Allemands de Messerschmitt. Comme le souligne l'historien John Keegan, « en dépit de la magnifique rhétorique de Churchill, le commandement aérien britannique a mené la Bataille d'Angleterre pratiquement sur un pied d'égalité avec l'ennemi, parvenant à aligner quotidiennement six cents chasseurs alors que la Luftwaffe n'a jamais réussi à concentrer plus de huit cents Messerschmitt 109 contre eux ».

L'issue n'en était pas moins très serrée. Le 30 août, cent trente kilomètres de côte allaient se trouver privés d'électricité, ce qui paralysait sept stations radar et plaçait toute la détection préventive dans les seuls yeux et oreilles des membres du Service d'observation aérienne. Hangars, salles d'opérations, pistes, chaînes de fabrication, allaient être détruits par de nouveaux bombardements. Dans le ciel, les Britanniques manquaient non tant d'appareils que de pilotes. Et c'est à cet instant qu'Hitler, qui avait confié à ses généraux qu'il ne lancerait l'attaque décisive que s'il était certain de la victoire, a décidé le brusque changement de tactique que l'on sait, donnant aux Anglais l'occasion de manifester une autre facette de leur génie collectif.

Dans la nuit du 24 au 25 août, Londres subissait son premier bombardement. Renonçant à neutraliser la machine de guerre britannique, les nazis se fixaient pour objectif de raser la capitale et de casser ainsi le moral de la nation. Lancé le 7 septembre, le Blitz allait durer cinquante nuits mais l'effet obtenu a été l'inverse de celui que Goering attendait : au lieu de saper la détermination populaire, il n'a fait que la renforcer. Les enfants avaient déjà été évacués en province, deux millions d'abris individuels distribués à la population, chaque entreprise de plus de trente personnes avait pour obligation d'assurer sa garde anti-incendie pendant la nuit. Les bombes devenaient un défi à relever. « Un dernier appel à la raison par Adolf Hitler », traduction du discours prononcé par le Fürher devant le Reichstag le 19 juillet, pouvait pleuvoir des avions allemands : les Londoniens ramassaient le tract et en faisaient des gorges chaudes. D'après le *Times*, une habitante de la capitale avait eu l'idée de vendre ces feuilles de propagande en tant que souvenir, et de collecter ainsi des fonds pour la Croix-Rouge.

Jour après jour, l'image édifiante d'une capitale indomptable et de sa courageuse population prenait plus d'ampleur. « Chaque matin, aussi intenses que les bombardements aient pu être la veille, les transports fonctionnent, le courrier arrive dans les boîtes aux lettres, le pain et le lait sont déposés devant nos portes, les confiseurs reçoivent leurs stocks et les étals des marchands de légumes se remplissent », s'émerveille ainsi le *Evening News*. Le gouailleur cockney et la pieuse cousine de province communiaient dans la certitude qu'on pouvait toujours choisir de « bien faire les choses ». Et miraculeusement, même ceux qui les bombardaient semblaient gagnés par cette grâce, capables de manifester une certaine civilité. Un pilote allemand abattu au-dessus de la campagne au sud de l'Angleterre surgissait devant un fermier, mains en l'air, et murmurait en anglais : « Une cigarette et une tasse de thé, s'il vous plaît. » Le *Daily Express* affirmait qu'un autre aviateur ennemi, étendu au sol non loin des restes de son Messerschmitt, avait vu une Mrs Betty Tylee et une Miss Jean Smithson s'approcher de lui. Il avait la croix de fer nazie autour du cou. « Vous allez me tuer ? », avaient été ses premiers mots, à quoi Mrs Tylee avait répondu : « Non. Nous ne faisons pas ce genre de choses en Angleterre. Voudriez-vous une tasse de thé ? »

S'attarder sur la Seconde Guerre mondiale présente un net intérêt dans notre propos, d'abord parce que les situations extrêmes ont tendance à faire ressortir ce qui cimente le sentiment national, ensuite parce qu'il s'agit du plus récent moment où l'Angleterre a pu avoir une idée très précise de son identité collective. L'image que l'on retire de cette période est celle de gens paisibles, qui auraient préféré se passer des tracas de la guerre et qui ont attendu le tout dernier moment pour assumer son caractère inévitable. Des êtres qui se considéraient scrupuleux de la loi, civilisés, avec assez de confiance en eux pour se moquer des nazis plutôt que de les détester et qui, malgré la peur, se sentaient fiers d'avoir le désavantage en nombre.

Cette idée de la « poignée » face à un ennemi innombrable revient souvent dans l'approche populaire de l'histoire nationale. Certes, ce sont les gouvernants qui choisissent d'immortaliser telle ou telle victoire militaire, fournissant une occasion de prendre une pinte de bon sang avec d'anciens ennemis. Feu Woodrow Wyatt, parlementaire travailliste et éditorialiste du *News of the World*, a répondu un jour au réceptionniste d'un hôtel français qui lui demandait d'épeler son nom : « Waterloo, Ypres, Azincourt, Trafalgar, Trafalgar. » Mais les événements de l'histoire militaire qui ont eu le plus grand retentissement dans l'imaginaire collectif ne sont pas forcément des triomphes, au contraire. De toute la campagne indienne, ainsi, il n'est resté pratiquement dans la mémoire populaire anglaise que le siège de Lucknow, c'est-à-dire la désastreuse charge de la Brigade légère. De même, la seule page des guerres contre les Zoulous qui ait retenu l'attention est la bataille de Rorke's Drift en Afrique du Sud, où cent trente-neuf soldats de l'Empire résistèrent à quatre mille assaillants. Et quel souvenir est-il resté de l'expédition contre les Français au Canada sinon la mort du général Wolfe, ou celle de sir John Moore dans la bataille de La Corogne, ou celle du général Gordon dans les combats pour le contrôle de Khartoum ? Quel moment de la guerre des Boers plus significatif que le siège de Mafeking, de la Première Guerre mondiale que la débâcle de la Somme et la perte absurde de quarante et un mille soldats à Gallipoli ? En fin de compte, c'est la retraite de Dunkerque plus que la prise de Berlin qui symbolise la Seconde Guerre mondiale pour les Anglais.

Au-delà du mythe, présent en germe dans chacun de ces souvenirs, leur fil conducteur réfère à l'esprit de sacrifice dans un contexte pratiquement désespéré. Les calculs et les intérêts qui ont conduit les combattants en ces contrées lointaines ne comptent plus devant l'image d'un petit peuple faisant noblement face au danger. En remontant aussi loin que la guerre de Cent Ans, le fait que les Anglais aient remporté la victoire alors qu'ils luttaient à un contre trois face aux Français à Crécy, voire peut-être à un contre cinq à Poitiers, a fini par être perçu comme une récompense venue de Dieu. En 1945, le gouvernement britannique a subventionné la version cinématographique d'*Henri V*, avec Lawrence Olivier dans le rôle-titre, non seulement à des fins propagandistes internationales mais aussi dans le but de cultiver une mentalité de citadelle assiégée dans ses frontières. Due au photographe du *Daily Mail* Herbert Mason, la célébrissime photographie de la cathédrale Saint-Paul, cette « église paroissiale de l'Empire » s'élevant au-dessus de Londres en ruines, a été publiée pour la première fois dans ce journal avec pour légende : « La fermeté du Bien face à l'Injustice ».

Il existe bien entendu une dimension religieuse à cette conviction d'être spécialement persécuté mais aussi particulièrement choyé par la Providence. L'origine n'est cependant pas à rechercher dans la Bible mais dans le *Livre des Martyrs* de John Foxe, un pamphlet relatant avec un luxe d'épouvantables détails les souffrances des Protestants sous le règne de la reine Marie Tudor, qui avait cherché à ramener l'Angleterre sous la tutelle spirituelle de Rome. Publié pour la première fois en 1563, ce texte, véritable Troisième Testament de l'Église d'Angleterre, devait atteindre en trois ans, c'est-à-dire au moment de l'excommunication d'Élisabeth, les proportions d'un volume de deux mille trois cents pages qui n'épargnaient au lecteur aucune des sanguinolentes turpitudes commises par les catholiques romains. Toutes les chapelles anglicanes étaient censées en posséder un exemplaire, avec le commandement d'en faire la lecture aux analphabètes, et pendant des siècles le livre a été exposé dans les nefs, symbole de la détermination des Anglais et des Anglaises à mourir pour leur foi. À la fin du XVIIIe siècle, il avait été réédité à maintes reprises, souvent sous la forme de feuilleton, et c'était certainement l'ouvrage le plus diffusé dans le pays après la Bible.

Par sa description ultra-réaliste des souffrances protestantes, John Foxe entendait démontrer que les Anglicans étaient les continuateurs de « l'ancienne Église du Christ », et que les hérétiques étaient à Rome, non à Londres. Le christianisme, avançait-il, était apparu en Angleterre sous le règne du roi Lucius de Colchester, soit bien avant les missionnaires romains. L'arrivée de Marie Tudor sur le trône et son parti pris catholique n'étaient donc qu'une aberration historique, une folie qui allait donner l'occasion à l'évêque de Worcester, Latimer, de lancer à son homologue londonien Ridley une phrase devenue légendaire, alors qu'ils se trouvaient sur le bûcher : « Soyez rassuré, maître Ridley. En ce jour, la chandelle que nous allons allumer par la grâce de Dieu en Angleterre ne pourra, j'en suis sûr, jamais plus être éteinte. »

Se référant à des événements réels et jouant sur des appréhensions non moins tangibles, entouré d'une aura de respectabilité historique, le livre de Foxe constitue un remarquable instrument de propagande qui ne répugne pas, parfois, à terroriser ses lecteurs. Sa relation de l'exécution de Katherine Cawches, envoyée au bûcher avec ses deux filles en 1556 à Guernesey, précise que le ventre de l'une des deux jeunes femmes, enceinte, a explosé sous l'effet de la chaleur, projetant hors du brasier le bébé sur le point de naître. La foule l'avait ramassé mais déjà un bailli se précipitait, l'arrachait aux mains de ses sauveteurs et jetait à nouveau dans les flammes cet enfant « né et mort en martyr, laissant à un monde qu'il n'a jamais pu voir le spectacle de la cruauté digne d'Hérode de cette maudite engeance papiste, et ce pour leur honte éternelle ».

L'influence de cette œuvre a dû être d'emblée considérable puisque, comme le remarque l'historien Owen Chadwick,

« identifiée au pillage des églises, à l'irrévérence et à l'anarchisme religieux cinq ans plus tôt seulement, la cause protestante rimait soudain avec la moralité, la décence et la résistance de loyaux Anglais à un gouvernement à moitié étranger ». Car c'est la force du *Livre des Martyrs* que d'associer la notion de bravoure aux Anglais, plus encore que celle de tyrannie à l'Église catholique romaine. Il suffisait à n'importe quel citoyen d'entrer dans une chapelle protestante pour tout apprendre de la cruauté de potentats étrangers mais aussi du courage anglais, pour se sentir partie prenante d'un peuple opprimé et en éprouver de la fierté.

On a parfois l'impression que les Anglais ont « besoin » de se percevoir menacés par le reste du monde. Selon la vision caricaturale qu'offre la revue *This England*, « l'ennemi » est un monstrueux conglomérat d'urbanistes sans cœur, de promoteurs du système métrique, de bureaucrates jamais élus, de squatteurs, de vandales, de médecins avorteurs, de publicitaires impudiques, de journalistes arrogants, et surtout de veules politiciens prêts à livrer le pays aux griffes de l'Union européenne, le traître numéro un ayant été le premier ministre conservateur Edward Heath, maître d'œuvre de l'entrée de la Grande-Bretagne dans le Marché commun. Le rédacteur en chef de *This England*, comme sans doute les centaines de lecteurs qui lui écrivent chaque jour, souhaite que son pays sorte de ce qu'il considère comme un piège tendu par les Allemands pour obtenir par la perfidie ce qu'ils n'ont pu réussir avec leurs Messerschmitt en 1940 : « Rien qu'un marché de dupes dans lequel nous finirons colonie allemande. C'est nous qui avons gagné la guerre mais c'est eux qui remporteront la paix. »

Nous voici de retour à l'univers de Peter Simple, où les Barbares sont aux portes de l'Angleterre pendant que son peuple reste endormi à l'intérieur. Exactement ce qu'aiment les Anglais.

6. La paroisse des sens

Un Anglais pense qu'il est moral
quand il est seulement mal à l'aise.
GEORGE BERNARD SHAW, *Homme et Surhomme*

Tout le monde sait que Dieu est anglais. Sans cela, comment ses compatriotes se seraient-ils retrouvés à la tête du premier Empire véritablement mondial de l'histoire ? Inspectant le carnage à la fin de la bataille de Waterloo, le duc de Wellington affirme sentir « la main de Dieu au-dessus de [lui] ». Cette idée d'élection divine a pour lointaine racine l'invraisemblable hypothèse selon laquelle Jésus a visité l'île dans sa prime jeunesse – « Est-ce qu'au temps jadis ces pieds ont foulé l'herbe des montagnes d'Angleterre ? », écrit William Blake dans son *Jérusalem*, poème qui, nous l'avons vu, occupe une place centrale dans la mythologie collective. Au XIVe siècle, les dévots anglais appelaient leur pays « la Dot de Notre Dame ». En 1554, le cardinal Pole, revenu de Rome avec les encouragements du Pape à poursuivre l'extermination des Protestants, expliquait à la reine Marie que l'Angleterre avait été distinguée du reste des nations par le Seigneur.

L'influent auteur élisabéthain John Lyly parlait carrément de « peuple élu », et quelques siècles plus tard les Anglais avaient fini de se convaincre qu'à l'instar de l'ancienne Israël, une « alliance » privilégiée avait été conclue entre le Créateur et eux. Lorsque Isaac Watts a entrepris sa traduction des Psaumes en 1719, le terme « Israël » pouvait être aisément remplacé par celui de « Grande-Bretagne ». Dans son oratorio *Judas Macchabée*, Haendel n'hésite pas à comparer la boucherie perpétrée par le duc de Cumberland contre les irrédentistes écossais lors de la bataille de Culloden à la lutte du rebelle juif contre les envahisseurs séleucides. Pour le couronnement du père de Cumberland, George II, il allait composer quatre hymnes, dont le plus célèbre, *Zadok the Priest* – autre grande figure de l'Ancien Testament –, a été exécuté à toutes les cérémonies d'intronisation de 1727 à 1953. L'écrivain Emanuel Swedenborg, qui a compté à un moment William Blake parmi ses disciples, est allé encore plus loin : en raison de leur particulier génie, soutenait-il, les Anglais disposent dans l'au-delà d'un paradis réservé à leur usage exclusif. Les missionnaires du XIXe siècle étaient sincèrement convaincus de parler au nom de la Nouvelle Jérusalem anglaise devant les masses colonisées. Un pas de plus et nous avons les élucubrations d'un Edward Hine qui, lors d'une conférence à Chelsea en 1879, soutenait que l'Angleterre était Israël, l'Amérique la tribu perdue de Manassé, les Irlandais les Cananéens, et que la pierre de Jacob se trouvait vraiment à Westminster Abbey. Son explication était sans appel : emmenés en captivité par le roi assyrien Sargon, les juifs de l'ancienne Israël avaient émigré à travers l'Europe jusqu'à donner naissance aux Anglo-Saxons. Cette théorie de la « tribu perdue » était encore professée aux États-Unis dans les années 1960.

Qu'un peuple soit convaincu d'avoir Dieu de son côté n'a rien d'exceptionnel : l'image des aumôniers bénissant leurs troupes de chaque côté de la ligne de front est partie intrinsèque de l'histoire de la guerre. Ce qu'il y a de surprenant dans l'approche anglaise, cependant, c'est que cette certitude d'avoir été divinement choisis a produit une pratique religieuse des plus souples, sans aucun dogmatisme. Bâti sur l'assertion que les juifs sont le peuple élu, le judaïsme orthodoxe constitue l'une des religions les plus contraignantes qui soit. L'Église anglicane, pour sa part, n'a pratiquement rien de normatif.

J'ai demandé un jour à l'évêque d'Oxford ce en quoi il fallait croire pour se considérer un membre à part entière de sa tradition. « Étrange question », a-t-il remarqué non sans laisser passer une expression étonnée sur ses traits, comme si le problème ne lui était jamais venu à l'esprit. On imagine mal un rabbin orthodoxe ou un curé réagir de la sorte. Et il a finalement poursuivi par l'inévitable préambule anglais : « Eh bien, cela dépend... Cela dépend de l'Église que vous fréquentez. Une communauté évangéliste vous dira que le principal est de s'être sincèrement converti ; une paroisse anglo-catholique vous offrira un enseignement très proche de la pensée catholique romaine... » On ne peut réellement appeler cela une foi exigeante, si ? « L'Église d'Angleterre ne croit pas en la nécessité de règles d'airain, a-t-il poursuivi. Elle préfère laisser aux gens leur espace et leur liberté. L'effort de se déplacer et de participer à la communion suffit à prouver son engagement. »

Cette étonnante souplesse a de quoi rendre fous les critiques de l'Église anglicane : quelle est donc cette organisation qui ne demande pratiquement rien à ses adhérents et se montre aussi accessible que le bureau de poste local ? « Je ne suis pas vraiment pratiquant », telle est la remarque typique des Anglais lorsqu'ils doivent s'exprimer sur leurs convictions, et ils ne sont pas loin de prendre un air gêné dès qu'il est question de thèmes un tant soit peu spirituels. C'est pourtant cette même Église qui a si profondément modelé le tempérament national anglais. Au début du *Tom Jones* d'Henry Fielding, une controverse éclate entre l'humaniste M. Square et le révérend Thwackum, véritable Père Fouettard : la vertu est-elle possible sans engagement religieux ? Alors que M. Square explique que juifs et musulmans sont respectivement convaincus de la portée morale de leur foi, le révérend s'insurge : « Quand je parle de religion, j'entends le christianisme, et non seulement le christianisme mais le protestantisme, et non seulement le protestantisme mais l'Église anglicane ! » La certitude que celle-ci a seule été capable de mouler l'argile brute anglo-saxonne en ce parangon de moralité qu'est le digne Anglais, est exprimée ici par Fielding avec une telle véracité que l'on peut penser qu'il a lui-même entendu cette formule de la bouche de quelque vicaire. Et c'est en effet très possible, car l'Église d'Angleterre est un monument de paradoxe qu'il faut appréhender en entier.

Elle ne se résume pas à l'anti-papisme, en tout cas, même si nombre des commémorations établies après la Réforme avaient un contenu ouvertement sectaire : le 1er août marquait l'avènement du pouvoir hanovrien protestant, les feux de joie du 5 novembre célébraient l'échec du complot papiste de Guy Fawkes, décidé à assassiner le roi James Ier et à incendier le Parlement, et on se rappelait à la même date le débarquement en 1688 de Guillaume d'Orange, venu délivrer le pays de James II. Dans ce dernier cas, la « Nuit des bûchers » pouvait approcher de l'émeute anti-catholique, la foule se jugeant autorisée à rançonner les fidèles de l'Église de Rome et à attaquer leurs maisons. Sur le plan officiel, les lois sur les « réfractaires » imposaient aux catholiques de payer une amende s'ils ne participaient pas aux cérémonies anglicanes. Jusqu'à la moitié du XVIIIe siècle et plus, ils étaient soumis à de lourds impôts, ne pouvaient avoir accès au système scolaire et n'avaient pas le droit de posséder une arme personnelle. Un siècle plus tard, il leur était encore interdit de briguer un poste au Parlement, de devenir fonctionnaire de l'État et même de voter. À deux reprises, en 1688 et 1714, les règles de la succession dynastique ont été bafouées dans le seul but d'empêcher cette abomination : un catholique sur le trône d'Angleterre ! En 1701, une loi fondamentale interdisait à un catholique, voire à l'époux d'une catholique, de prétendre à la couronne. Elle est formellement encore en vigueur de nos jours...

Il y avait une évidente dimension politique à tout cela : face à ses ennemis catholiques séculaires, l'Espagne et la France, manifester son protestantisme était une forme d'affirmation nationale pour l'Angleterre. Mais quelque chose de plus profond était à l'œuvre, également. Au cours de la Première Guerre mondiale, un soldat de retour du continent devait remarquer : « Ce que j'ai du mal à avaler avec cette fichue Europe, c'est toutes ces images sanguinolentes de Jésus-Christ et de ses parents derrière ces fichus bouts de verre. » Non que l'Église d'Angleterre n'ait pas eu ses reliques, ses bouts de manteau sacré, ses vieilles dents ou ses bouts d'os présumés appartenir à saint Pierre et avoir des effets miraculeux, mais tout ce bric-à-brac avait été éliminé ou rendu obsolète par la Réforme. Le fait que les Anglicans ont toujours été plus inspirés par Érasme que par Luther les a sans doute ancrés dans le monde réel et les a mieux équipés que les catholiques romains pour faire face aux découvertes scientifiques qui allaient changer le monde : le catéchisme catholique précède non seulement le darwinisme mais aussi le siècle des Lumières. Ainsi, l'Église anglicane comptait plus dans la vie des gens pour ce qu'elle rendait possible que pour ce qu'elle professait. D'une certaine façon, on peut dire que l'invention de l'Église anglicane a été l'invention de l'Angleterre elle-même. Cela ne signifie pas que les Anglais soient des grenouilles de bénitier. Ils aiment que leur religion soit comme jadis leurs vêtements et leurs voitures : discrets, fiables, toujours là quand on en a besoin.

Dans un certain sens, l'Angleterre n'est pas du tout un pays protestant. N'importe quel écolier sait que l'Église nationale a été fabriquée dans le seul but de permettre à Henri VIII de divorcer. Fin observateur de sa patrie d'adoption, l'auteur Ralf Dahrendorf a noté que « se brouiller avec le Pape ne représente pas forcément une vraie Réforme ». Pragmatique, facile à vivre, l'Église anglicane est une institution qui ne s'impose jamais, et il peut paraître surprenant que tant d'écrivains anglais lui aient préféré les spectaculaires certitudes du catholicisme : il est tout bonnement impossible de composer quoi que ce soit de comparable à *La Puissance et la Gloire* de Graham Greene à propos d'une religion dont le principe est que tout peut toujours s'arranger autour d'une tasse de thé. Quatre siècles après l'âge d'or des prédicateurs réformés, les derniers fleurons de la littérature anglicane – Rose Macaulay, Dorothy L. Sayers, John Betjeman, Stevie Smith – n'ont pas la puissance d'un poète catholique tel que Gerard Manley Hopkins. Personne ne peut lire Trollope, ou même Barbara Pym, et se retrouver convaincu que l'Église anglicane se préoccupe des pauvres et des opprimés. Non, elle reste essentiellement ce qu'elle a toujours été : une commodité concoctée par les Tudor à des fins politiques, qui a étendu la Trinité à un quintette sacré où la monarchie et le Parlement ont la part belle. La grande réussite de l'anglicanisme, c'est d'avoir su dompter le farouche anticléricalisme de ce pays en associant intimement l'Église à la structure étatique.

Pour vérifier cela, il suffit de regarder passer la petite procession qui traverse le hall du Palais de Westminster chaque après-midi de l'année parlementaire, juste avant deux heures et demie. Aux cris de « Chapeau bas, Étrangers ! », les policiers s'empressent de retirer leur casque. Apparaît d'abord un individu affublé de drôles de guêtres, dont les talons résonnent sur le sol, suivi d'un général en retraite qui porte la masse d'armes cérémoniale. Derrière lui viennent le « Speaker » – le président de la Chambre –, puis l'aumônier du Parlement. La scène paraît sortie d'un opéra-comique de Gilbert et Sullivan. Une fois dans l'enceinte parlementaire, devant la poignée de députés qui ont daigné se déplacer, le prêtre recommande à Dieu les diverses délibérations, échanges d'insultes et escarmouches politiciennes du jour. Qu'est-ce que le Seigneur vient faire là-dedans ? se demandera-t-on. Toujours est-il qu'un cérémonial similaire est observé dans toutes les unités des forces armées britanniques, et que l'archevêque de Canterbury demeure celui qui posera la couronne sur la tête du prochain souverain. La liturgie anglicane, avec ses prières pour la reine et « tous ceux qu'elle a chargés d'autorité », est la voix d'une Église consciente de son rôle profondément conservateur et semi-séculaire dans la société anglaise.

Il serait donc erroné d'interpréter l'hostilité traditionnelle envers le christianisme comme une preuve d'adhésion enthousiaste au dogme protestant. Il suffit de se rappeler, pour s'en convaincre, le rejet par l'Église de ceux qui prenaient la Bible trop au sérieux : John Bunyan, l'auteur du roman religieux le plus célèbre de tous les temps, *The Pilgrim's Progress*, a passé des années dans les geôles de Bedford pour avoir prêché sans autorisation de la hiérarchie. L'anti-catholicisme naît de la certitude qu'une fois la Réforme accomplie il devenait impossible d'être à la fois catholique romain et patriote. Le fondateur de l'Église anglicane, Henri VIII, était pourtant un protestant tout à fait catholique, et il a fallu attendre qu'il repose dans son cercueil pour que les Anglicans adoptent deux mesures qui les éloignaient particulièrement du catholicisme romain, à savoir l'abolition du célibat des prêtres et l'adoption d'une liturgie en langue vernaculaire. Au cours des siècles suivants, l'Église anglicane a réussi à absorber en son sein les mouvements puritain, anglo-catholique, mystique celte, évangéliste, chrétien-socialiste et une bonne demi-douzaine d'autres doctrines. Souple, réaliste, confortée par ses privilèges, elle puise sa force non de la représentation de quelque aspiration spirituelle du peuple, mais de l'harmonie entre ses intérêts et ceux de l'État. En privé, ses notables vous diront cependant qu'il serait meilleur pour elle de couper les liens avec l'État, que son indépendance serait plus conforme à cette nouvelle Grande-Bretagne où les chapelles catholiques sont bien plus fréquentées que les anglicanes le dimanche, où cohabitent musulmans asiatiques, Sikhs et pentecôtistes des Caraïbes. Les représentants de ces dernières confessions, toujours en privé, exprimeront généralement l'avis contraire : en fait, ils apprécient l'idée qu'une certaine forme de spiritualité soit associée à la Constitution, et ils ne sont pas mécontents que ce soit la vénérable et si peu dogmatique Église anglicane qui occupe ce rôle.

Si la fameuse ballade du XVIIIe siècle à propos du vicaire de Bray, toujours prêt à changer de foi pour complaire au souverain du moment, est souvent utilisée pour railler l'Église d'Angleterre, il n'en reste pas moins que son refus de tout extrémisme est considéré comme tout à fait admirable par certains. « La "voie moyenne" constitue le véritable esprit de l'anglicanisme », a écrit T. S. Eliot. Dans sa persistance à rechercher un juste milieu entre la papauté et le presbytère, l'Église, sous Élisabeth, en est arrivée à représenter le meilleur du génie anglais » au XVIe siècle. Robert Runcie, ancien archevêque de Canterbury, tient le flou de ses positions pour une force, non une faiblesse : « D'autres Églises de la chrétienté se flattent de leur absence d'ambiguïté doctrinale, ou d'une interprétation monolithique de l'Évangile. L'anglicanisme est au contraire une synthèse, et toute synthèse réunit par nature la thèse et l'antithèse. »

En termes plus cyniques, on pourrait avancer que c'est l'Église d'Angleterre qui fournit aux Anglais leur extraordinaire aptitude à se croire autorisés à dire toute chose et son contraire. Remarquables sont les réserves d'hypocrisie dont disposent les peuples qui aiment se proclamer francs et sans détour. Prenons l'exemple de l'avortement : trente ans après sa légalisation aux États-Unis, le sujet donne toujours lieu à des confrontations exacerbées, et parfois violentes, dans ce pays. En Angleterre, par contre, ce n'est pas que les questions éthiques soulevées soient de moindre ampleur, mais simplement que personne n'a envie d'en faire tout un plat. Tout en sachant que le recours à l'interruption de grossesse s'est développé de manière spectaculaire – 177 225 avortements pratiqués en 1996, c'est-à-dire un fœtus détruit pour quatre enfants nés dans le pays –, les Anglais préfèrent ne pas se focaliser sur le problème. Synthétiser la thèse et l'antithèse, diraient certains…

Au XIXe siècle, le premier ministre lord Melbourne a bien résumé l'affaire. Déplorant un jour que la nomination des évêques anglicans fasse partie de ses attributions, il devait s'exclamer : « Enfer et damnation, encore un évêque qui meurt… J'ai vraiment l'impression qu'ils font ça juste pour m'embêter ! » Et, en une autre occasion : « Il faut que les choses aillent très mal pour qu'on laisse la religion envahir sa vie privée. »

Durant la Seconde Guerre mondiale, quelque responsable de la BBC a eu l'idée d'inviter des écrivains à enregistrer une série de causeries destinées à remonter le moral des troupes britanniques dans le monde. Parmi eux, il y avait Somerset Maugham et Hugh Walpole mais aussi une romancière depuis lors tombée dans l'oubli, Clemence Dane, nom de plume d'une ex-actrice, Winifred Ashton. Le pseudonyme lui avait été inspiré par l'église St Clement Danes du Strand londonien. « La Grande-Bretagne est un pays d'une extraordinaire constance », remarquait-elle en préambule à son intervention, avant de décrire la beauté paisible du printemps anglais sur la route vers sa maison de campagne du Kent. Après cette évocation bucolique plutôt convenue, comme si les chasseurs allemands ne faisaient pas pleuvoir leurs bombes sur Londres au même moment, elle allait changer soudain de cap en remarquant : « Qu'est-ce donc que la Grande-Bretagne, pour qu'elle parle autant à nos cœurs ? Je crois que la réponse est la suivante : c'est la Bible anglaise ! »

Suivait une courte histoire de la traduction des Saintes Écritures en anglais, puis l'auteur expliquait qu'une amie, dont l'époux s'était porté volontaire après avoir servi au cours du premier conflit mondial, lui avait montré une lettre expédiée d'Afrique du Sud par ce dernier, dans laquelle il demandait des nouvelles de leurs trois enfants et qu'il avait terminée par un post-scriptum « tracé par une main plus habituée à manier la bêche que la plume : "Ayez courage, mes très chers !" » Clemence Dane avait reconnu la formule, venue de l'Évangile selon saint Matthieu dans la traduction autorisée, lorsque le Christ apparaît devant ses disciples en marchant sur l'eau. Elle s'exclamait alors : « Et ce "Ayez courages, mes très chers !" a fait écho à travers les siècles, de sorte qu'un humble travailleur anglais de notre époque peut l'utiliser encore, et ainsi c'est la voix de l'île tout entière qui parle au monde britannique, la voix des innombrables femmes et hommes, connus et anonymes, qui ont fait la Grande-Bretagne, qui *sont* la Grande-Bretagne ! Et le même message palpite toujours : "Ayez courage, mes très chers !" »

Il y a de multiples raisons qui rendraient impossible un tel développement aujourd'hui : l'Angleterre ne partage plus vraiment une foi commune, et encore moins une pratique liturgique reconnaissable par tous ; la connaissance du texte biblique est bien moins répandue ; les versions modernes de l'Évangile ont perdu la charge poétique de jadis... Pensant que je me trompais peut-être, toutefois, j'ai appelé la secrétaire de la Société du Recueil à son domicile dans la banlieue londonienne d'Edgware. Margot Lawrence mène un combat incessant pour maintenir vivante la liturgie du *Recueil de prières* anglican qui, en plus d'être la pierre angulaire de l'Église d'Angleterre pratiquement depuis sa fondation, constitue après la Bible le principal réservoir d'images et d'expressions populaires anglaises. Ce jour-là, elle venait de vivre une expérience à la Clemence Dane qui l'avait plongée dans le ravissement. Son plombier lui avait annoncé que son chauffe-eau fonctionnerait à nouveau en ces termes : « Vous allez être bientôt de retour au pays des vivants. » « Cette formule, m'a-t-elle assuré avec la plus grande joie, vient directement de notre livre de prières. »

La Société du Recueil n'est pas un puissant groupe de pression, ni une association dans laquelle les célébrités se doivent de figurer. Apparemment, ses huit ou dix mille membres – il n'y a pas de fichier central des adhérents mais la feuille d'informations est envoyée à sept mille adresses – ressemblent à Mrs Lawrence : des gens simples et droits qui, à l'automne de leur vie, conduisent de vénérables autos anglaises. Leur cause est religieuse mais aussi culturelle. Le *Recueil de prières*, publié pour la première fois en 1662 et pour l'essentiel fruit du travail entrepris par Thomas Cranmer un siècle plus tôt, utilise une langue sans prétention mais assez riche pour faire paraître éloquent le plus introverti des ministres de la foi. Il a tellement imprégné le vocabulaire populaire que l'on retrouve pas moins de cinq cent quarante-neuf de ses expressions dans le *Dictionnaire des citations d'Oxford*, comme « le vieil Adam », « les griffes de la mort », « dépasser l'entendement humain », « tenir pour perdu », etc.

Officiellement, le *Recueil* reste le guide de la pratique religieuse anglicane, mais là encore on nage plutôt dans le flou puisqu'il est seulement demandé aux candidats à la prêtrise une « connaissance suffisante » du livre, ainsi que des trente-neuf articles de foi de l'Église d'Angleterre. Dans la plupart des paroisses, les vieux tomes reliés de noir ont été mis au placard, remplacés par de minces fascicules aux couleurs vives qui permettent aux ouailles d'ânonner quelques prières chaque dimanche, dans un rituel largement « modernisé ». D'après Margot Lawrence, « il y a des gens qui font plus de cinquante kilomètres en voiture pour participer à un office selon le *Recueil de prières*. Et le clergé se montre tellement peu scrupuleux. Jusqu'à la malhonnêteté, parfois. L'autre jour, on m'a parlé d'un fidèle de Portsmouth qui mariait sa fille. Les deux jeunes avaient préparé la cérémonie avec le vicaire en précisant très clairement qu'ils voulaient que le *Recueil* soit utilisé à cette occasion. C'est seulement quand la mariée a remonté l'allée au bras de son père qu'elle a entendu le prêtre commencer un service totalement différent. Elle en a été navrée mais que pouvait-elle faire, la pauvre ? »

Si la Société prétend « monter la garde » en défense de l'ancienne liturgie, les paroisses où le rituel selon le *Recueil* persiste voient de nouveaux vicaires arriver et introduire une liturgie différente « à titre expérimental ». Dans l'Église anglicane, cependant, même « l'expérimental » prend un caractère permanent. En renonçant au *Recueil*, les clercs cherchent à donner une « pertinence » à la pratique religieuse dans le contexte moderne, mais ils érodent aussi un patrimoine linguistique qui a appartenu aux Anglais pendant des siècles. S'il n'y a en principe rien de mal à vouloir « adapter » la liturgie aux réalités d'une époque, ils renoncent à une source d'expressions qui frappent l'imagination, de tournures spécifiques dont toute communauté a besoin, ne laissant à leurs ouailles qu'une série de formules creuses ressassées par la télévision.

Lorsque j'ai interrogé le très révérend David Edwards, auteur de plus de trente livres sur le christianisme moderne, sur ce qu'il pensait de l'état spirituel de l'Angleterre, il s'est borné à répondre sombrement : « Les Anglais ont perdu toute notion de ce qu'est la religion. » C'est possible, mais on doit alors se demander si l'immense majorité d'entre eux en a jamais eue. L'Église d'Angleterre a connu son apogée il y a deux cents ans, quand Jane Austen voyait le jour dans un presbytère du Hampshire, sixième d'une famille de sept enfants. De nos jours, les presbytères ont été rachetés par les écrivains à succès ou les hommes d'affaires richissimes, et les ministres de la foi habitent des bungalows au fond de ce qui était jadis le potager. Après l'exaltation religieuse de la guerre civile, la nation s'est peu à peu cantonnée à un rituel confortable, dépassionné, sans véritable aspiration messianique. Même les Anglicans les plus célèbres ne sont pas passés à la postérité pour leur particulière dévotion mais parce qu'ils étaient de bons mémorialistes comme Francis Kilvert ou James Woodforde, des naturalistes distingués tels que Gilbert White, de fortes personnalités comme Cosmo Lang ou des philosophes tels que Sydney Smith.

Jouissant de privilèges sans précédent, l'Église d'Angleterre a été incapable de s'enraciner dans la vie urbaine. La paroisse anglicane typique est rurale, l'évêché typique une cathédrale provinciale à Salisbury, Hereford ou Winchester. Son clergé n'a pas su entendre assez tôt le terrible réquisitoire de Dostoïevski, selon qui « les ministres et évêques anglicans prospèrent dans de riches diocèses et font de la graisse avec la conscience la plus tranquille du monde [...]. C'est une religion de nantis, et qui ne s'en cache pas [...]. Ils vont partout dans le monde, s'immiscent au plus noir de l'Afrique pour convertir un seul sauvage et oublient les millions de sauvages qu'il y a à Londres, parce que ceux-là n'ont rien à leur offrir en retour. » À l'époque victorienne, le journaliste Henry Mayhew demandait à un marchand des quatre saisons s'il savait ce qu'était Saint-Paul dans la capitale : « Il paraît que c'est une église, mais je ne suis jamais allé à l'église moi-même », devait répondre le camelot. Une enquête réalisée le dimanche 30 mars 1851 révélait que deux tiers des Londoniens n'assistaient jamais à l'office dominical, tandis que les chapelles des quartiers sud et est de Londres restaient les moins fréquentées du pays.

Lorsqu'on appelle l'Église anglicane « the Established Church », l'Église établie, on se réfère donc essentiellement à ses privilèges constitutionnels, à ses relations avec la monarchie et à son influence dans les comtés de province. Dans la plupart des villes et des banlieues, là où vivent la grande majorité des Anglais, elle est pratiquement absente. Les prêtres anglicans qui partagent héroïquement l'existence des quartiers pauvres, organisent les soupes populaires et les refuges de sans-abri, sont des travailleurs sociaux moitié moins payés que leurs homologues civils. Leur action est un témoignage de leur foi mais ils préfèrent ne pas faire allusion à cette dernière, craignant que la référence à la religion ne vienne entraver leur travail. Dans la pièce de David Hare, *Racing Demon* (1990), le révérend Lionel

Espy, convoqué par son évêque qui lui reproche de négliger l'aspect religieux de son activité, lui explique : « Dans notre zone, je ne dirais même pas que l'Église est une plaisanterie : c'est un anachronisme. Aucune relation avec la vie réelle des gens. » Et quand j'ai suggéré au chanoine Donald Gray, aumônier de la Chambre des communes, que l'Église anglicane avait perdu les grandes villes, sa réponse a été : « Ce n'est pas que nous les avons perdues. Nous ne les avons jamais eues. »

Alors que des confessions moins conformistes comme les méthodistes ou l'Armée du Salut tentaient de répondre aux problèmes de la vie urbaine, alors que les immigrés irlandais apportaient avec eux leur foi catholique, les vastes nefs construites par les Anglicans dans les cités industrielles sont toujours restées vides ou presque. Un siècle plus tard, froides, abandonnées, elles semblent attendre d'être vendues pour se transformer en temple sikh ou en night-club. Malgré toute leur bonne volonté, le révérend Lionel Espy et ses semblables n'ont aucune chance de regagner du terrain.

La contradiction actuelle de l'Église d'Angleterre, c'est que ses qualités supposées, modération, tolérance, compassion, sont sapées par une criante absence de rigueur intellectuelle. Confrontés à des fidèles qui en général ne sont jamais allés plus loin que le livre de récits bibliques d'Enid Blyton, l'auteur du *Club des cinq*, les ministres anglicans sont encore obligés de prêcher chaque dimanche comme s'il fallait prendre chaque mot de la Bible au pied de la lettre et non y voir une allégorie ou un conte. Les théologiens qui se risquent à laisser entendre que les choses pourraient être plus complexes s'exposent à des hurlements indignés. Et puisqu'elle est tellement « établie », chacun se sent libre de critiquer l'Église anglicane. Les parlementaires les plus avisés préfèrent faire vœu de silence, s'estimant peu qualifiés pour intervenir sur des questions religieuses, mais cette discrétion laisse la voie libre aux crétins. Même le prince Charles paraît avoir perdu toute motivation à remplir prochainement le rôle de « Défenseur de la foi » que le Pape avait initialement confié à Henri VIII : « J'espère être capable de protéger *les* convictions religieuses », a-t-il déclaré lors d'une interview, comme si jaïnisme, sikhisme, catholicisme, druidisme et médecine astrale étaient tous d'égale importance. Il n'avait sans doute que de bonnes intentions mais sa remarque est significative du fouillis général : l'enseignement religieux à l'école, assumé par des diplômés de collèges pédagogiques dans lesquels l'Église anglicane a englouti des millions, est aujourd'hui un ragoût insipide dans lequel on trouve de tout, depuis le gourou Nanak jusqu'au créationnisme.

L'étymologie du mot « religion » demeure sujette à discussion mais l'explication la plus répandue le fait dériver du latin *religare*, lier, unifier. Une nation qui prie ensemble forme un bloc solide. Un esprit pessimiste en conclura que la disparition d'une expression commune prouve qu'il n'y a plus de conviction partagée, et qu'une société qui a perdu son ciment est vouée à la perte. Pourtant, il y a encore une autre dimension de l'Église d'Angleterre qui a profondément défini le peuple anglais en tant que tel, et c'est elle que nous allons maintenant examiner.

Chacun sait que la rupture avec Rome allait entraîner le pillage systématique de l'Église catholique, un fait historique pudiquement désigné dans les manuels scolaires anglais par le titre : « 1536, la Dissolution des monastères ». Cette gigantesque entreprise de vandalisme collectif, cependant, signifiait bien plus que s'emparer des biens matériels des « papistes », de leurs terres, de leurs maisons, de leurs richesses : entraînant la destruction de milliers d'œuvres d'art, elle allait aussi avoir de sérieuses répercussions culturelles. Dans son *Histoire de l'art britannique*, Andrew Graham-Dixon a montré comment toute la tradition médiévale de peinture et de sculpture qui devait subsister dans le reste de l'Europe a été pratiquement effacée en Angleterre. Entre 1536 et la mort de Cromwell plus de cent vingt ans plus tard, les zélotes ont partout annihilé les formes d'art sacré qu'ils tenaient pour de l'idolâtrie romane. Ils ont même envisagé à un moment de raser Stonehenge ! Il est évidemment difficile de prouver que c'est à ce moment que l'Angleterre s'est exilée volontairement de la tradition artistique européenne, puisque cette orgie de destruction n'a presque rien épargné du passé. Un rare exemple, le sublime Christ de pierre découvert par des ouvriers à Mercer's Hall dans les années 1950 symbolise selon Graham-Dixon « deux morts, celle de Dieu et celle de tout un passé culturel » dans une œuvre « créée à la veille d'une Renaissance anglaise qui ne s'est jamais produite ».

Rien ne pouvait mieux indiquer la direction prise par le pays que le choix de remplacer les fresques d'autel par de simples panneaux en bois sur lesquels était gravée la liste des dix commandements. De par ses conséquences, le geste, en consacrant la primauté du verbe sur l'image, annonçait un mouvement des Lumières anglo-saxon qui devançait son équivalent continental de plus d'un siècle. Nous ne saurons jamais si l'Angleterre aurait été en mesure d'avoir son Titien, son Raphaël ou son Michel-Ange, mais il est sûr que la Réforme et ses conséquences ont produit ses William Shakespeare, ses Christopher Marlowe et ses John Milton.

La tradition littéraire qui a suivi ces maîtres, avec ses variantes américaine, australienne et asiatique, aurait-elle été aussi riche et durable si l'Angleterre était restée un pays catholique ? Là encore, la question reste ouverte mais il est certain que les Anglais sont devenus un peuple obsédé par les mots alors que leur intérêt pour la musique et les arts plastiques variait considérablement, au point qu'ils ont pu être appelés « un peuple sans musique », et qu'en 1905 le compositeur national par excellence, Elgar, déplorait avoir « hérité d'un art qui n'a pas eu les faveurs de notre peuple et qui n'est pas considéré avec respect à l'étranger ». Au contraire, l'adoration anglaise du verbe se manifeste jusqu'à aujourd'hui dans l'absurde surproduction éditoriale qui met cent mille titres annuels sur le marché, soit plus encore qu'aux États-Unis, dans la prolifération de la presse écrite, dans l'inépuisable « courrier des lecteurs » que reçoit chaque journal, dans la passion pour les anagrammes, le scrabble, les mots croisés, dans la vitalité du théâtre britannique et celle des bouquinistes. Un ambassadeur longtemps en poste à Londres devait avancer que « les livres, ici, font figure de monnaie nationale ».

Et la peinture ? Même dans le genre du portrait, les grands peintres qui ont vécu la Réforme ou l'ont suivie, Holbein, Van Dyck, Lely et Kneller, étaient étrangers. D'aucuns ont avancé que le climat anglais n'était pas favorable à cet art, que la grisaille permanente ne pouvait qu'inspirer des paysages désolés, mais c'est aussi le cas de la Hollande et ce pays a produit toute une série de peintres exceptionnels. De plus, la lumière du Nord est bien plus nuancée que celle de l'Europe du Sud, écrasée par le soleil. La véritable raison semble donc plutôt résider dans les priorités de la Réforme, avant tout politiques et rationalisantes, et dans son substrat théologique qui s'attachait à la « signification », c'est-à-dire aux mots.

Même avant le tournant de la Réforme, l'art anglais s'était centré sur l'observation de la nature. Les fresques des cathédrales et les enluminures donnaient la part belle à la vie quotidienne, aux animaux domestiques, aux travaux agricoles, voire aux parties de football ! Que l'aristocratie et non plus l'Église soit devenue le principal mécène de la peinture ne suffit pas à expliquer que la tradition anglaise se soit exprimée dans le portrait et le paysage plutôt que dans l'allégorie baroque. On retrouve là un trait de caractère national : « Je préfère le portrait d'un chien que je connais à tous les tableaux édifiants que l'on pourra me montrer », déclarait Dr Johnson. Constable, Turner, Gainsborough, Reynolds, toute l'école anglaise de peinture s'intéresse à la nature, non à une thématique spirituelle. Et il faut reconnaître qu'elle est l'une des moins originales des traditions d'art plastique en Europe : les Anglais étaient trop occupés à écrire pour peindre.

Cette transformation en « peuple du verbe » a eu d'importantes conséquences politiques. La volonté de disposer d'une Bible en langue anglaise représentait une prise de position révolutionnaire. En 1407, l'archevêque de Canterbury menaçait d'excommunier ceux qui oseraient traduire les textes sacrés, tandis que la secte des Lollard se réunissait dans le plus grand secret pour entendre les versets bibliques en anglais. La version anglaise de la Bible offerte par William Tyndale et Miles Coverdale a donc été un triomphe du radicalisme sur les intérêts égoïstes du clergé, dont le prestige a été le premier à pâtir de cette nouveauté : à quoi bon une hiérarchie de prêtres se faisant fort d'interpréter la Bible si tout un chacun était en mesure de la lire à sa guise ? Mais les répercussions allaient encore plus loin : le Livre étant la parole de Dieu, qui conférait son autorité au roi ou à la reine, son accessibilité au commun des mortels avait une charge subversive évidente. La consigne d'exposer une Bible anglaise dans chaque paroisse allait être révoquée en 1543, sous prétexte que « la piétaille » abusait de ce privilège. Il était stipulé que « nulle femme, nul artisan, apprenti, journalier, soldat ayant rang de hallebardier ou inférieur, fermier ou laboureur ne devra lire la Bible ou le Nouveau Testament à lui-même ou à d'autres, en privé comme ouvertement ». Cette restriction ne serait supprimée qu'après la mort d'Henri.

La version « autorisée », dite Bible du Roi James – celle dont Clemence Dane allait percevoir les échos dans une humble lettre venue d'Afrique du Sud –, publiée en 1611, était le fruit de trois ans et demi d'efforts de la part de quarante-sept lettrés, mais avant tout l'œuvre de William Tyndale. Son effet immédiat a été de démocratiser l'étude des textes sacrés et d'offrir une réserve d'histoires et de phrases à la mémoire collective anglaise. Le peuple n'avait peut-être pas d'origine ethnique unifiée mais il comptait désormais sur un héritage intellectuel commun. Le philosophe hollandais Hugo Grotius constatait en 1613 que « la théologie règne » en Angleterre, et le XVIIe siècle a certainement été l'âge d'or du sermon anglais. Mais le principal résultat de la traduction de la Bible a été d'inscrire dans la mentalité anglaise la conscience des droits de chaque individu. Pour les puritains, la Bible constituait l'autorité suprême sur tous les sujets. Par elle, Dieu s'adressait aux hommes et ainsi le langage de la foi, débarrassé de la médiation des papes ou des évêques, donnait-il à chacun des droits dont il n'avait même pas soupçonné l'existence auparavant.

L'importance donnée à l'individu dans la « nouvelle alliance » explique aussi, sans doute, l'attirance des Anglais pour le romantisme utopique. Depuis les « Diggers » du XVIIe jusqu'au Parti travailliste du XXe siècle, et formulée par William Blake, Robert Owen et des dizaines d'autres écrivains, la conviction que l'humanité était perfectible a prospéré. La crédulité américaine devant le premier filou prêchant avec un sourire béat devant les caméras de télévision vient tout droit de ce passé britannique. Les « pères fondateurs » des États-Unis n'étaient-ils pas à la poursuite de leur propre Utopie ? L'historien W. H. G. Armytage, étudiant le foisonnement des mouvements spiritualistes dans le Lancashire de l'époque victorienne, recense « les extases à Manchester de Mère Anne, fondatrice des Shakers, la persistance à Accrington de la métaphysique swedenborgienne, le temple d'Ashton dédié à John Wroe, les recrues de Salford et Rochdale pour la colonie "communaliste" de Manea Fen, puis la "révélation" de Heber C. Kimball à Preston... » Ce dernier avait convaincu un nombre non négligeable d'admirateurs qu'il ne mourrait pas avant la seconde venue du Christ sur terre, et que la mer s'assécherait entre Liverpool et l'Amérique dans les dix ou quinze ans à venir. Aucune de ces prophéties ne s'est réalisée.

Si cet attachement aux droits individuels ne s'était pas enraciné avec une telle profondeur, les Anglais auraient-ils fait leur révolution un siècle plus tôt que la majeure partie du reste de l'Europe ? Contrairement aux soulèvements postérieurs, l'insurrection anglaise, loin de rejeter la religion, est venue à son secours. Pour démontrer qu'il était juste de couper la tête au roi, John Milton part de l'idée que Dieu a créé l'homme à son image et que l'autorité des souverains et des princes est donc « uniquement dérivée et confiée par le peuple, pour le bien commun de tous ». « Je connais mes droits », le commandement anglais par excellence, vient de la conviction que c'est la liberté, et non la royauté, qui est la volonté divine. Au temps où l'Angleterre était déchirée par la guerre civile, les rebelles s'identifiaient aux Hébreux, finissant par tenir Cromwell pour un Josué ou un Moïse modernes. Lui-même ne reculait pas devant la comparaison, affirmant en 1654 que « le seul parallèle au dessein que Dieu a pour nous [...] est selon moi l'appel d'Israël à sortir d'Égypte et, guidée à travers le désert par maints signes et miracles, à trouver son havre ». C'est dans le combat contre l'Église et contre l'État, d'abord pour avoir accès à la Bible dans sa langue puis pour définir ses relations avec le pouvoir selon les principes bibliques, que nous voyons l'individualisme anglais s'affirmer. C'est l'une des raisons pour lesquelles les Anglais n'ont jamais ressenti le besoin de déposer leur identité entre les mains de l'État, et cela explique également que ce pays ait produit tant d'excentriques.

7. « Home »

La vie anglaise à terre est une continuation de l'existence en mer : sécurité et monotonie sont ses maîtres mots.

Elias Canetti, *Foules et pouvoir*

En 1835, un jeune Anglais, Alexander Kinglake, décidait de mieux se connaître avant de quitter Cambridge et d'embrasser une carrière d'avocat en traversant le désert syrien à dos de chameau. En route pour Le Caire avec pour seule compagnie « une paire de pistolets et deux serviteurs arabes », il allait voir un jour trois autres montures émerger du néant dans sa direction. De plus près, il était apparu que le troisième dromadaire était seulement chargé de bagages, et que l'un des deux cavaliers portait une veste de chasse britannique et avait des traits distinctement européens. Kinglake n'était pas enchanté par cette rencontre au milieu de l'immensité : « Tandis que la distance entre nous se réduisait, je me suis demandé s'il serait opportun que nous nous parlions. Il était probable que l'étranger allait m'aborder, et dans ce cas j'étais enclin à me montrer aussi sociable et causant que mon caractère me le permettait, et cependant je ne voyais rien de particulier à lui dire [...]. Je ne ressentais guère l'envie de m'arrêter et de faire la conversation comme un matinal visiteur dans ces vastes solitudes. »

Par chance pour Kinglake, « l'étranger » était un autre Anglais, un officier qui avait terminé son service en Inde et s'en retournait au pays. Arrivés à hauteur l'un de l'autre, « nous avons porté la main à notre casquette, nous nous sommes adressé un signe de courtoisie et nous avons chacun continué notre chemin d'aussi loin que si nous nous étions croisés sur

Pall Mall. Pas un mot n'a été échangé ». La farouche réserve anglaise devait toutefois être contredite par les chameaux d'Arabie qui allaient piler sur place, refusant de renoncer à la rencontre, et leurs cavaliers avaient donc été contraints de s'adresser la parole, finalement : « Il a pris l'initiative mais, trop poli pour s'adresser à moi en m'attribuant un vain désir de sociabilité ou la légèreté d'esprit d'un civil toujours prêt à parler pour ne rien dire, il a aussitôt supposé que mes avances n'avaient pour but qu'une louable soif d'informations statistiques et en conséquence, sitôt que nous avons été à portée de voix, il a lancé : "Je parie que vous voulez savoir où en est la peste au Caire ?" »

D'où vient cette curieuse répugnance des Anglais à converser ? Rares sont les visiteurs étrangers à ne pas être parvenus à la conclusion qu'il était impossible de lier connaissance avec eux. Lorsqu'ils ont bon caractère, comme l'Américain Max O'Rell voyageant dans l'Angleterre de la fin de l'ère victorienne, ils peuvent simplement s'en amuser : « Indiquez à un Anglais dans un compartiment fumeurs que des cendres de cigare sont tombées sur son pantalon et il vous répondra sans doute : "Voici dix minutes que j'ai vu une boîte d'allumettes prendre feu dans la poche de votre manteau mais je ne vous ai pas importuné pour autant." » Ce qui pour les Anglais n'est que respect pour la vie privée d'autrui peut facilement être interprété comme du dédain. Au temps où ils dominaient le plus vaste empire du monde, ce trait de caractère passait pour extrêmement arrogant, mais il devient tout bonnement incompréhensible de la part d'une Angleterre réduite à un modeste rôle dans le concert des nations. Un siècle après la rencontre avec le fumeur de cigare, un autre Américain, Michael Lewis, exultant à l'idée de quitter l'Angleterre en 1992 après huit années passées à essayer de s'y faire des amis, parvenait à la conclusion que si ce pays n'a jamais été envahi pendant un millénaire, c'est tout simplement parce qu'il n'en valait pas la peine. Feindre l'indifférence était, d'après son expérience, le seul moyen d'être accepté : « Que peut-on conclure d'une société qui ne tolère que ceux qui ne se soucient guère d'en faire partie ? Tout d'abord, que les Anglais ne cherchent pas à être appréciés. Ils préfèrent la compagnie d'autres misanthropes. Et comme aucun misanthrope digne de ce nom ne chercherait à se joindre à un club, les candidats de bonne foi doivent être impitoyablement snobés. »

L'auteur de ces lignes ne peut imaginer l'intense plaisir qu'il aura donné à certains Anglais, car si la Grande-Bretagne ne règne plus sur les océans, ses habitants arrivent encore à traiter de haut les étrangers. C'est une vérité qu'il dénonce, mais ce qu'il appelle « misanthropie » signifiera « respect de la vie privée» pour d'autres, et c'est là une caractéristique des Anglais dont les autres peuples se plaindront à jamais. Plus que les extraordinaires capacités du grand détective, ce qui frappe l'imagination dans les aventures de Sherlock Holmes est la tranquille torpeur de Baker Street, cette aimable monotonie dont son ami le docteur Watson et lui sont soudain tirés par un visiteur venu implorer son secours. Le problème, avec le reste du monde, c'est qu'il ne cesse de venir troubler la paix domestique.

Même les étrangers venus travailler en Angleterre découvriront que leurs collègues anglais ne les inviteront à dîner chez eux que la veille de leur départ définitif. Au contraire d'autres cultures où la maison peut accueillir la vie sociale, les Anglais ont une vision très protectionniste de leur foyer, et préfèrent donc le restaurant ou le pub. Être invité à prendre un verre chez un Anglais acquiert ainsi une résonance toute spéciale, mais il y a encore une autre conséquence : le secret qui garde les maisons anglaises peut nourrir les suspicions les plus horribles chez ceux qui n'y ont pas accès. C'est pourquoi tant d'adresses sont inscrites dans l'imaginaire anglais : 10 Rillington Place, la lugubre pension de Notting Hill où le nécrophile John Christie a assassiné une demi-douzaine de femmes ; 23 Cranley Gardens à Muswell Hill et 195 Melrose Avenue à Cricklewood, où Dennis Nilsen a dépecé quinze jeunes garçons pour les faire disparaître dans les égouts ; 25 Cromwell Street à Gloucester, où Fred et Rose West allaient torturer et massacrer au moins dix femmes... Si tous ces crimes ont pu prospérer de telle manière, d'ailleurs, c'est parce que les voisins ont scrupuleusement observé la réserve et la discrétion de rigueur en Angleterre. « Nous n'aimons pas mettre le nez dans les affaires des autres », devaient-ils déclarer aux journalistes avides de détails tandis que des policiers en combinaison noire retiraient des restes humains par sacs entiers de la maison d'à côté...

Alors qu'il exprime l'un des principes fondateurs de la société anglaise, le mot *privacy* n'a même pas de véritable équivalent en français ou en italien. À première vue, il peut sembler curieux que l'Angleterre n'ait pas de loi garantissant ce droit fondamental au respect de la vie privée, mais c'est qu'une garantie constitutionnelle de la vie privée n'est nécessaire que dans une société où l'individu passe après l'État. Ici, tout est affaire de *privacy*, depuis la logique législative jusqu'à l'habitat. À l'exception de quelques monumentales tentatives, comme le Blenheim Palace des Vanbrugh, les riches Anglais aiment dissimuler leurs manoirs derrière de hauts murs ou des haies touffues, voire entre deux collines pour les rendre encore plus discrets. Le même état d'esprit se retrouve chez les classes moyennes. Sur le continent européen, la vie se déroule généralement dans la rue : c'est là qu'on mange, qu'on boit, qu'on échange des potins, qu'on flirte, qu'on passe le temps. En Angleterre, c'est le jardin derrière la maisonnette qui occupe cette fonction. Ici, le commerce avec le reste des humains ne se fait que sur invitation. L'idéal anglais, c'est l'intimité sans la solitude, la petite maison et son lopin de terre. Le concept d'un ensemble immobilier mettant à profit un espace commun pour bénéficier par exemple d'une piscine ou d'un terrain de jeux n'attire pas les Anglais. Dans les années 1990, près de la moitié des logements construits en France, en Allemagne ou en Italie étaient des appartements, lesquels atteignaient à peine 15 % du nouveau parc immobilier en Angleterre. Cela en dit assez long sur le désir non de s'attarder dehors à la fin de la journée mais de rentrer dare-dare chez soi, et de fermer la porte sur le reste du monde.

En octobre 1896, le personnel de l'ambassade allemande à Londres se voyait complété par un nouvel attaché spécialement chargé d'étudier une spécificité anglaise : Hermann Muthesius, lui-même architecte accompli, voulait analyser dans le plus grand détail comment les Anglais construisaient leurs maisons. Ainsi qu'il l'écrivait au grand-duc Charles-Alexandre de Saxe-Weimar, « il n'y a rien de plus caractéristique dans l'architecture anglaise que la maison [...], et aucune nation n'y accorde autant d'importance, car aucune ne se reconnaît autant dans la notion de domicile privé ». Le grand-duc avait répondu en l'encourageant vivement dans ce projet, notant que « pour des raisons historiques, hélas, la vie et le confort domestiques ont moins retenu l'attention de notre Patrie que celle de l'Angleterre ». Revenu en Allemagne sept ans plus tard, Muthesius publiait les résultats de sa recherche dans une étude intitulée *Das Englische Haus* (La Maison anglaise), forte de trois tomes parus à Berlin en 1904 et 1905. Une seconde édition serait donnée entre 1908 et 1911 mais c'est seulement en 1979 que son travail a été rendu accessible au public anglais dans une version abrégée, peut-être encore une preuve du peu d'intérêt que les Anglais portent aux analyses étrangères de leur mode de vie.

La grande admiration que l'architecte allemand vouait à l'Angleterre n'est pas dénuée de critique. Il déplore ainsi « les hectares de pavillons tous semblables les uns aux autres, projets immobiliers dictés par une spéculation sans goût », ou les banlieues « aux façades conçues en dépit du bon sens ». L'Angleterre était cependant le seul pays développé où la majeure partie de la population continuait à habiter des maisons individuelles, ce qui la rendait cent fois plus intéressante que l'Allemagne d'un point de vue architectural. C'est la simplicité, le naturel de l'habitat anglais qui enthousiasme le plus Muthesius. Qu'un peuple aussi prospère ait choisi de rechercher le plus grand confort possible au lieu d'être obsédé par le luxe et l'ostentation offre selon lui la preuve qu'il s'agit là d'une civilisation supérieure.

Évidemment enclin à concentrer son attention sur le travail de collègues anglais tels que Lutyens, Bidlake ou Norman Shaw, Muthesius n'en néglige pas pour autant de réfléchir aux raisons objectives qui confèrent sa spécificité à la maison anglaise. Comme d'autres visiteurs étrangers, il insiste bien sûr sur le climat, « l'humidité de l'air et le ciel toujours chargé » qui poussent la famille anglaise à se réfugier sous un toit alors qu'elle aurait pu passer plus volontiers sa vie sociale à l'extérieur dans d'autres contrées. Plus encore, c'est la longue tradition d'autosuffisance et l'indépendance d'esprit des Anglais qui font de la maison individuelle l'habitat idéal. Complétées par un conservatisme instinctif, une constante recherche de stabilité, ces préférences s'harmonisent bien avec leur « sociabilité peu développée, qui les distingue tant du continent » et « les encourage à trouver naturelle la solitude de leur demeure ». Leur intérêt pour la chose domestique découle aussi du fait qu'ils aient été souvent propriétaires de leur maison, perçoit-il justement.

Cela ne saurait faire oublier les millions d'Anglais qui vivaient encore en location à l'époque, et pour lesquels la seule version atteignable de ce rêve de confort domestique était l'alignement de maisonnettes en mitoyenneté, si typiques de la cité industrielle anglaise. Il y a à Manchester une petite rue de ce genre, tout près de la première usine mécanisée de l'histoire de l'humanité, qui porte un nom très inhabituel dans le paysage urbain britannique, Anita Street. L'explication est la suivante : au temps de sa construction, ce complexe immobilier avait été la grande fierté des édiles de Manchester car chaque maison disposait d'une installation de plomberie complète, un confort alors inouï pour les prolétaires de l'industrie textile, et la rue avait été solennellement baptisée Sanitary Street, rue des Sanitaires, mais par la suite les résidents, gênés par cette publicité donnée à leurs fonctions défécatrices, avaient demandé que le nom soit raccourci en « Anita ».

Le bénéfice psychologique que Muthesius voyait dans cette passion anglaise pour l'univers domestique était la « plus grande vigueur spirituelle » que les Anglais retiraient en restant près de la terre et du jardinage, empêchant ainsi que les vertus acquises à la faveur de l'existence campagnarde soient « ruinées par le tumulte de la vie urbaine ».

La richesse nationale progressivement mieux répartie, l'accession à la propriété s'est répandue dans le pays. De nos jours, deux tiers des Anglais possèdent le logement qu'ils occupent, ce qui est bien supérieur à la moyenne européenne et près de deux fois plus qu'en Allemagne. Il serait dangereux d'en tirer des conclusions hâtives – la Grèce et la Norvège sont aussi des pays européens où le nombre de propriétaires est très élevé, et qu'ont-ils en commun ? –, mais le fait que les Anglais choisissent de s'imposer une charge aussi contraignante, au-delà du calcul logique selon lequel il vaut mieux investir dans la brique et le mortier que gaspiller son argent en loyer, révèle l'importance de la propriété individuelle dans l'histoire et la mentalité locales.

Jadis, la participation à la vie politique était liée au statut de propriétaire. Jusqu'en 1832, un Anglais ne pouvait voter que s'il payait plus de quarante shillings de taxe foncière à l'année, et si ce seuil allait être abaissé au cours du XIXe siècle, la condition demeurait d'être un chef de famille ayant pignon sur rue. La banque Abbey National est née de la réunion de deux firmes : l'une, Abbey Road, avait pour ambition déclarée d'aider les jeunes Anglais à acheter une maison et donc à devenir électeurs, tandis que l'autre, la National Building Society, entendait les convaincre qu'ils avaient mieux à faire de leur argent que de le dépenser au pub. Margaret Thatcher, qui savait parfois discerner les instincts les plus profonds du peuple anglais – sans avoir vraiment la même finesse vis-à-vis des Écossais ou des Gallois –, a bien perçu ce besoin inhérent lorsqu'elle a forcé les autorités municipales à accorder à leurs locataires le droit d'achat prioritaire sur les logements qu'ils occupaient.

Autre preuve de l'attachement pulsionnel des Anglais à leur foyer : il suffit de sillonner n'importe quelle banlieue en voiture pour constater que pratiquement tout le monde a donné un nom à sa maison. Un numéro de rue suffit pour recevoir chaque jour son courrier, évidemment, mais « le Pré fleuri », « Mon Repos » ou « Dunroamin » proclament un attachement affectif, une « individualité ». Et voyez ce que les Anglais font « physiquement » à leur cher logis ! Des villas edwardiennes qui ne demandaient rien se voient affligées d'un tartinage de crépi, d'une profusion de fenêtres de toit et de bardages pseudo-Tudor. Chaque week-end, les maris abandonnent leurs femmes et les pères leurs enfants pour empoigner le marteau, la scie, la perceuse, afin de laisser leur marque sur le cube de briques qu'ils habitent. Cette obsession du bricolage s'est développée en bruyante passion nationale depuis la Seconde Guerre mondiale pour d'évidentes raisons : la démocratisation de la propriété foncière, l'éthique de la débrouillardise suscitée par les années de rationnement, la cherté des artisans professionnels après-guerre, le désir de moderniser un stock immobilier plutôt décati... Mais ces explications rationnelles ne peuvent faire oublier la motivation première, à savoir l'histoire d'amour que chaque Anglais entretient avec sa maison. Dès les années 1960, la télévision a rendu célèbres d'ennuyeux bonhommes « en marcel » qui expliquaient pendant des heures comment poser des joints dans une baignoire. La première grande surface de bricolage, Do It Yourself, a ouvert ses portes en 1969. Moins de trente ans plus tard, ses deux créateurs, Richard Block et David Quayle, étaient à la tête de deux cent quatre-vingts magasins. À ce stade, les Britanniques dépensaient chaque année quelque huit milliards et demi de livres sterling à « le faire soi-même ».

Insularité de la nation, dévotion collective pour les valeurs domestiques, recherche individuelle de l'« intimité » : s'agirait-il du même phénomène exprimé à trois niveaux différents ? Et si c'est le cas, quelle est son origine ? Dans *Traits du caractère anglais* de l'Américain Ralph Waldo Emerson, je tombe sur une explication météorologique de l'anglicité. « Née sous un rude et pluvieux climat qui la maintient à l'abri quand elle est au repos, la nation pousse ses vigoureuses branches à partir de la racine pivot de la vie domestique. La fin et les moyens de son activité est de protéger l'indépendance et l'intimité de ses maisons. » Du coup, je me suis demandé si le climat anglais pouvait détenir la clé.

Du Surinam à Casablanca, de Port Moresby à l'île de l'Ascension et à l'Antarctique, les ondes apportent jusqu'ici leur message de pluie et de nuages. À travers le monde, dirigeables et satellites, navires-météo et receveuses des postes des montagnes écossaises, des milliers d'informateurs scrutent le ciel dans le même but. Et qu'advient-il de cette masse de données climatologiques en provenance des jungles, des déserts, des banquises ? Elles affluent à Bracknell, dans le Berkshire, une ville qui est plutôt un collage d'autoroutes et de parkings, une ville qui s'enorgueillit d'être le centre de distribution des magasins Waitrose mais qui a des supermarchés pour tous les goûts, et sans doute, quelque part, un supermarché où l'on peut trouver un guide de toutes les grandes surfaces du pays.

J'aurais dû me douter que la mission que je m'étais fixée en me transportant jusqu'à Bracknell était sans espoir. Il n'est certes pas absurde de supposer que le climat conditionne non seulement le comportement mais aussi le tempérament des individus, et que la passion des Anglais pour leur « chez soi », leur culte de l'intimité, peuvent donc s'expliquer par les conditions météorologiques qu'ils doivent endurer. Ses longs et pluvieux hivers, en forçant les adolescents à rester claquemurés au lieu d'aller à la plage ou au ski, disent sans doute pourquoi le pays a été capable de développer une musique rock intéressante. Mais peut-on aller plus loin ? Sommes-nous autorisés à avancer qu'un climat somme toute tempéré, sans froid rigoureux ni chaleur torride, a aidé à modeler un peuple aux aspirations modérées, un peuple raisonnable ?

Le philosophe américain George Santayana, auteur du *Dernier Puritain* en 1935 et anglophile invétéré, estime que le paysage anglais, « charmant, placide, éminemment "habitable", semble presque trop domestique, comme s'il ne pouvait accueillir que des passions quotidiennes et des âmes corsetées. Mais portez un instant votre regard par-dessus les toits et les arbres, et la grandeur qui vous manquait sur terre se déployer somptueusement devant vous ». Santayana est souvent abscons, pour ne pas dire incompréhensible, mais on croit comprendre où il veut en venir ici : parfois, les Anglais semblent manquer d'intensité. D'accord, ils manifestent une remarquable facilité à produire de la bonne littérature, mais durant les deux siècles qui se sont écoulés entre Purcell et Elgar il n'y a pas eu un seul compositeur d'origine anglaise vraiment bouleversant. L'Angleterre a abrité un artiste de portée révolutionnaire, J. M. W. Turner, mais elle n'a pas eu son Michel-Ange, ni son Rembrandt, ni son Dürer, ni son Velázquez, ni son Picasso. Et pourtant, chaque été, le pays est pris d'une urticaire d'expositions de peintres amateurs qui envahissent les entrées d'église. C'est un peuple porté sur l'aquarelle plutôt que sur la peinture à l'huile, sur la miniature plutôt que sur le monumental. Décidément, il serait curieux que le climat sous lequel vivent les Anglais n'ait aucune influence...

Il y a deux cents ans, Dr Johnson remarquait que « quand deux Anglais se rencontrent, leur premier sujet de conversation est le temps qu'il fait ». Ce constat n'a pas perdu une once de véracité. Si l'on veut une autre preuve de la permanence de cette obsession nationale, indiquons que les bulletins météo télévisés, qui répercutent les analyses élaborées à Bracknell sur des plateaux remarquablement dépouillés, et par la voix de présentateurs ou présentatrices remarquablement privés de charisme et de glamour, retiennent chaque jour une audience de six, sept ou huit millions de téléspectateurs. Pour leurs voisins habitués aux extrêmes du climat continental, cette manie anglaise du baromètre est tout bonnement stupéfiante : « Aucun de ces phénomènes qui partout ailleurs rappellent à quel point la nature peut se montrer fascinante, imprévisible et dangereuse, tornades, moussons, blizzards, orages assourdissants, n'affecte généralement les îles Britanniques », observe l'essayiste Bill Bryson, « et j'en suis pour ma part fort aise. J'aime porter le même genre de vêtements toute l'année ». La question n'est pas là : les Anglais ne sont pas obsédés par le climat à cause de ses gesticulations mais au contraire parce qu'il est à l'image de la campagne anglaise : spectaculairement anodin. Leur intérêt est retenu non par les phénomènes climatiques eux-mêmes mais par ce qu'ils ont d'imprévisible.

Dr Johnson, encore lui, a parfaitement compris que cette fixation anglaise provenait d'une angoisse authentique : « Sur notre île, chacun va se coucher sans pouvoir deviner s'il contemplera le lendemain matin un ciel serein ou menaçant, si son repos sera bercé par une pluie fine ou troublé par la tempête. »

Point de cyclone tropical, donc, mais le fait de vivre à la limite d'un océan et d'un continent vous installe dans une incertitude climatique permanente. Une atmosphère si changeante est-elle en partie à l'origine des traits les plus immuables du tempérament anglais ? L'aspect le plus immédiat, c'est que « notre humeur change comme la couleur du ciel », pour citer toujours Johnson. Les Anglais sifflotent au moindre rayon de soleil, s'assombrissent sous la pluie. John Bull, cet archétype de l'Anglais inventé par John Arbuthnot en 1712, a un caractère « qui dépend beaucoup de la pression atmosphérique : son moral s'élève et s'abaisse avec le mercure ». Pour d'autres, c'est exactement le contraire : le nombre de suicides augmente en Angleterre avec le retour des beaux jours. Quand ils caricaturent d'autres peuples, les Anglais veulent croire que leur climat les a rendus énergiques et vigoureux tandis que les Arabes, par exemple, sont la proie de la fameuse indolence due à la chaleur. Et le contraire est vrai, là encore : les voyageurs français du XVIIIe siècle estimaient que les Anglais étaient particulièrement enclins à la mélancolie en raison d'un excès de viande rouge dans leur alimentation et du sempiternel crachin britannique.

Une évaluation de l'influence du mauvais temps sur le caractère national est-elle seulement pertinente ? Tout en reconnaissant que j'avais là un sujet de recherche intéressant, un professeur de l'université de Salford m'avait déjà prévenu que la communauté scientifique ne verrait pas d'un bon œil cette tentative. D'où mon expédition au siège tristement fonctionnel du Service météorologique de Bracknell, autre monument à la gloire de l'esprit puritain, lequel stipule que l'argent public ne peut être dépensé que pour des immeubles dont la morne sobriété est un manifeste de rectitude morale. L'institution a gagné ses lettres de noblesse au cours de la Seconde Guerre mondiale en sauvant la vie à des milliers de combattants, en premier lieu les aviateurs, par sa capacité à prévoir un ciel nuageux qui les protégerait de la DCA allemande, ou à les prévenir de forts vents contraires qui les obligeraient à charger plus de carburant s'ils ne voulaient pas s'abîmer en mer du Nord sur la route du retour.

Devant la porte, par un après-midi de février, je croise une quadragénaire blonde qui serre le col de son manteau sur son cou « Oh ! mais quel froid ! », s'exclame-t-elle à la cantonade. Ses cheveux teints, aux racines plus sombres révélées par sa frange, suggèrent quelque chose de russe, et pendant une seconde je me demande si les Soviétiques ont jamais essayé d'infiltrer le service de la météo, qui relève encore de nos jours du système de défense nationale. Mais non, cette dame ne pouvait être russe : aucune Slave ne songerait à remarquer qu'il fait froid en plein hiver. La capacité à s'étonner sans cesse du climat est un trait spécifiquement anglais. Ainsi qu'un Américain l'a déploré un jour, « tout ce qu'ils savent faire, en Angleterre, c'est parler du temps, mais personne n'est fichu de proposer quoi que ce soit pour en changer ».

Ici, l'obsession se réduit au traitement de chiffres à vitesse supersonique. Dix minutes après que la receveuse des postes perdue dans les montagnes écossaises a établi son relevé de précipitation et de température, une carte météorologique de tout le Royaume-Uni est prête. Trois heures après avoir reçu les informations de Sainte-Hélène, Dar es-Salaam, Papeete ou Cayenne, l'énorme processeur numérique de Bracknell a produit ses prévisions pour la planète entière. C'est une fascinante activité mais le spectacle de ces rangées de sages techniciens observant leur écran d'ordinateur n'a rien de très excitant. « On a un peu une réputation de ringards », admet le chef de vacation lorsque je l'interroge sur la motivation de ses troupes, et il serait difficile de ne pas l'approuver lorsqu'on contemple cette salle remplie de messieurs bien élevés qui portent des vestons juste un peu trop courts aux manches et que l'on imagine s'adonner le week-end aux saines joies de la radio-amateur, de la randonnée pédestre et de la culture des hortensias.

En repartant, je ne peux m'empêcher de trouver l'endroit terriblement britannique : calme, pratique, baigné de civilité forcée. C'est un univers de cruciverbiste, occupé à réduire chaque jour des forces surhumaines en clichés confortables, à traduire une gigantesque masse d'air polaire par un « N'oubliez pas votre petite laine demain ». La seule fois dans son histoire récente où le service a eu à se confronter à quelque chose qui sortait un peu de l'ordinaire – un ouragan arrivant sur le pays en 1987 – Michael Fish, le météorologue en chef, s'est déplacé jusqu'aux studios de télévision pour expliquer aux gens qu'ils n'avaient pas à s'inquiéter, leur fournissant après coup une occasion de manifester la formidable capacité des Anglais à rouspéter en silence. Les plaintes du public n'atteignent pas les hommes et les femmes de la météo, tout comme les protestations des usagers excédés ne peuvent plus émouvoir les employés d'un service ferroviaire en pleine décadence. Même ces professionnels du climat sont agacés par trop de certitudes. Lors de ma visite à Bracknell, le responsable m'a confié qu'il se sentait déprimé dès qu'il voyait un changement climatique devant se produire cinq jours plus tard : il voulait que cela arrive là, tout de suite ! Et c'est encore une autre raison pour laquelle les Anglais aiment se plaindre de leurs météorologues : en réalité, ils sont ravis que le temps les surprenne.

N'allons pas croire que tous les étrangers considèrent les Anglais comme d'épouvantables misanthropes. Arrivée en Europe de son Missouri natal en 1930, la journaliste américaine Martha Gellhorn allait couvrir la guerre civile espagnole, épouser Ernest Hemingway, entrer à Dachau avec les libérateurs du camp de concentration, être envoyée spéciale au Vietnam et, à 81 ans, le premier correspondant étranger à parvenir à Panama après la chute du dictateur Noriega. Quand j'ai fait sa connaissance, environ une année avant sa mort, sa vue avait été gravement affectée par « un imbécile de chirurgien, le meilleur de Londres, d'après lui » et elle n'était donc pratiquement plus en état d'écrire, mais elle avait encore de longues jambes bien galbées, des cheveux d'un blond naturel, des mains élégantes et des opinions pleines de vivacité sur tous les sujets. Pendant la Seconde Guerre mondiale, elle avait laissé Hemingway s'abrutir d'alcool à Cuba pour gagner Londres et voir de son balcon de l'hôtel Dorchester les premières bombes hitlériennes tomber sur Park Lane. Plus tard, après avoir vécu à Paris, au Mexique et en Afrique, elle allait acheter un appartement à Knightsbridge, partageant son temps entre la capitale anglaise et un petit cottage perdu à la frontière galloise.

Alors que je lui demandais un jour pourquoi elle avait choisi l'Angleterre, elle ne m'a donné aucune des raisons habituelles, ni le bon niveau du théâtre londonien, ni le grand choix de liaisons aériennes, ni la qualité relative de la presse. Ce qu'elle aimait ici, c'était la totale indifférence du pays : « Je peux aller passer six mois dans la jungle, revenir, entrer quelque part et personne ne me posera la moindre question, ne cherchera à savoir où j'ai été, ce que j'ai fait… Les gens diront simplement : "Quel plaisir de vous voir. Vous prenez un verre ?" » À mon objection qu'il pouvait s'agir d'une certaine froideur naturelle, ou d'une discrétion sourcilleuse, elle a répondu en invoquant « l'intimité de l'indifférence », ajoutant : « Je crois que les Anglais ont un complexe de supériorité. Les Allemands vous demandent tout le temps : "Qu'est-ce que vous pensez de nous ?" Ça les intéresse, vous comprenez. Mais les Anglais, eux, s'en fichent. Ils sont tellement sûrs d'être les meilleurs que l'avis des autres n'a aucune espèce d'importance. »

Cette formule, « l'intimité de l'indifférence », a réveillé en moi un souvenir que j'ai identifié quelques jours plus tard : l'écrivain français André Maurois a utilisé une tournure similaire dans son chaleureux portrait du tempérament national anglais, *Les Silences du colonel Bramble*, fruit de son expérience d'officier de liaison avec l'armée britannique au cours de la Première Guerre mondiale. À un moment, il conseille à ses lecteurs de ne jamais avoir peur de faire une réflexion à un Anglais, car ce peuple est bien trop fier pour être chatouilleux. Grâce à sa durable prospérité, « l'Angleterre n'a pas de complexe d'infériorité […]. Grâce à Dieu et à sa marine de guerre, elle n'a jamais été envahie. Le seul sentiment que lui inspirent les autres nations est une immense indifférence ». Si Maurois avait pu parvenir à cette conclusion en 1918, n'était-elle pas encore plus vraie après que les Anglais eurent triomphé dans un autre conflit mondial ?

On dit qu'il est impossible d'avoir deux convictions entièrement contradictoires en même temps mais les Anglais paraissent y parvenir sans effort. Depuis longtemps habitués à la perte de leur hégémonie, ils n'en sont pas moins restés attachés à la certitude d'être incomparables. Au cours des années 1930, l'expression française « égoïste comme un Anglais » s'était universellement imposée. Dans son livre *Je découvre les Anglais* (1934), l'institutrice française Odette Keun s'émerveille cependant : « Courtoisie, gentillesse, serviabilité, tolérance, modération, flegme, esprit fair-play, cordialité, excellentes manières, stoïcisme, et une société ayant atteint un très haut niveau de civilisation : tels sont les admirables aspects que j'ai découverts chez les Anglais. » Mais la médaille avait son revers, évidemment : leur tendance innée à rechercher le compromis rendait les Anglais incapables de prendre la moindre décision et, pire encore, ils se montraient d'un snobisme insupportable. À un moment de son voyage, Odette Keun raconte s'être retrouvée devant des toilettes publiques munies d'un panneau indiquant « Gentlemen, un penny / Hommes, gratuit », et d'un autre près de la seconde entrée, « Ladies, un penny / Femmes, gratuit ». Alors qu'elle restait bouche bée devant les implications de ce système de caste urinaire, elle a eu le réconfort de se voir abordée par un policier qui lui a demandé poliment si elle avait besoin d'un penny…

À cette époque, les Anglais offraient un modèle social admiré et imité dans le monde entier. Fierté et confiance en soi étaient leur devise depuis des siècles. À l'abri de leur île, ils considéraient de haut les peuples moins fortunés, affligés par le désavantage chronique de ne point être anglais. Au temps des Tudor, déjà, leur arrogance ne cessait de stupéfier les étrangers qui, comme Michelet, trouvaient qu'ils étaient « l'orgueil incarné en une nation ». Emerson, pour sa part, remarquait à propos des Anglais de l'ère victorienne qu'ils « tiennent carrément le reste de l'univers pour un tas d'ordures », et dans les années 1950 encore, Harold Macmillan était capable d'affirmer : « Nous pouvons nous déprécier sans cesse mais nous savons que globalement ce pays est le meilleur du monde. »

L'ignorance entêtée de tout ce qui n'est pas l'Angleterre atteint des sommets d'agressivité quand il s'agit du peuple que Martha Gellhorn comparait aux Anglais, les Allemands, alors que pour de multiples raisons ce devrait être, avec les Hollandais, celui dont ils se sentent les plus proches. L'Allemagne peut leur paraître bureaucratique et sans humour mais c'est un fait qu'elle a su se réinventer et se donner une nouvelle prospérité après deux guerres terribles et le fléau du nazisme, et c'est pourquoi les Allemands accordent de l'importance à ce que les autres pensent d'eux. Au contraire, les Anglais ont manifestement échoué à trouver un nouveau souffle et ils n'ont fait que s'appauvrir : une livre sterling valait onze marks en 1955, seulement trois en 1995. Il faut un aveuglement particulièrement obstiné pour s'enorgueillir de tels résultats, certes, mais la caricature de la nation anglaise que George Orwell a si bien raillée a survécu jusqu'à nos jours, sans changement ou presque. En 1990, lassé par les incessantes sorties antiteutonnes de la presse populaire britannique, l'ambassadeur allemand à Londres avait décidé de prendre le taureau par les cornes et de répliquer aux préjugés par la finesse : il avait organisé une rencontre avec le rédacteur en chef de l'un des principaux titres à scandale, *The Sun*. Pour son malheur, cependant, l'ambassadeur était parent d'un as de l'aviation allemande au cours de la Première Guerre mondiale, Manfred von Richthofen dit « le Baron Rouge ». Patiemment et, avait-il cru, éloquemment, il avait expliqué à son interlocuteur que les intentions de Berlin n'étaient pas de fonder un quatrième Reich dont les îles Britanniques seraient une lointaine colonie d'esclaves. Le lendemain, il avait ouvert le journal pour trouver un compte rendu de son offensive pacifique sous le gros titre : « Le Hun parle au *Sun* ».

D'où vient cette superbe indifférence des Anglais ? Leur sens de l'humour développé les y encourage certainement. L'esprit germanique est construit de façon différente, ainsi que Wittgenstein devait le découvrir quand il allait renoncer à son projet d'ouvrage philosophique entièrement construit sur des bons mots après avoir constaté qu'il n'avait aucun sens de l'humour. L'intelligence allemande, tout le monde le sait, ne donne pas dans la rigolade, et c'est seulement au bout de plusieurs jours que l'ambassadeur évoqué plus haut a fini par sourire au titre du *Sun*. Ce qui sauve les Anglais, au contraire, c'est leur capacité à rire d'eux-mêmes, laquelle doit forcément s'appuyer sur une grande confiance en soi. Et comme les résultats obtenus par l'État britannique durant les cinq dernières décennies n'ont rien eu de très brillant, il faut chercher la clé de cette autosatisfaction au niveau de chaque individu. Les Anglais, en effet, ne tirent pas fierté des accomplissements de leurs gouvernants, sachant que ces derniers sont au mieux des « personnages », au pire des charlatans. Si un premier ministre britannique s'adressait à son peuple comme le font les présidents des États-Unis – « Mes chers compatriotes... » –, les téléspectateurs se rouleraient par terre de rire.

Il suffit de prendre le TGV de Paris à Londres pour se convaincre de l'indifférence des Anglais envers leur propre nation. C'est un voyage d'une ville qui célèbre la planification urbaine par ses grands boulevards et ses avenues à une autre qui se développe dans tous les sens. Paris demeure une cité où les autorités peuvent encore développer de *grands projets** comme la Grande Arche de la Défense ou l'Opéra-Bastille, quand l'érection d'une simple statue provoque des controverses sans fin à Londres. En service depuis décembre 1994, la ligne de chemin de fer elle-même illustre ces différences. Décidé à mener à bien son ambition, le gouvernement français a construit le tronçon de Paris à la côte, sur lequel les trains peuvent atteindre les 300 km/heure. Après le tunnel, lorsqu'ils débouchent dans la campagne du Kent, ils doivent réduire leur vitesse de plus de la moitié. Pour excuser son retard vis-à-vis des partenaires français, les autorités britanniques ont invoqué la plus grande densité démographique du Kent ou le fait qu'il s'agisse de la région la plus prospère d'Angleterre face au Nord plutôt désertifié de la France. La véritable raison, cependant, réside dans la différence des rapports entre l'État et les individus. Le gouvernement français est plus disposé à imposer ses volontés :

s'il a décidé de construire une ligne à grande vitesse ou une centrale nucléaire, peu lui importe d'empiéter sur les jardins de ses citoyens. Les Anglais, pour leur part, n'augmenteront pas les impôts afin de rendre le projet faisable et lanceront des enquêtes préliminaires dans lesquelles toutes les objections du propriétaire lambda seront soigneusement soupesées. On ne saurait imaginer une approche plus contrastée des priorités, entre les besoins proclamés par l'État et les inquiétudes individuelles du citoyen. Les Britanniques pensent avoir achevé leur portion de ligne en 2007, peut-être...

Appartenant à un peuple naturellement enclin à la mélancolie, certains Anglais s'affligent de cette situation : comment se fait-il qu'un projet aussi simple se conclue par l'occasion donnée aux Français de se vanter de leur supériorité industrielle ? Ils pourraient certes se consoler en se félicitant de vivre dans un pays où le gouvernement ne peut pas piétiner les plates-bandes citoyennes. Il est tentant de conclure que si les Français croient que l'État, c'est « nous », les Anglais diraient plutôt que l'État, c'est « eux ».

Si je devais citer les qualités qui m'impressionnent le plus chez ce peuple – détachement, tolérance, bon sens, besoin de faire des histoires, aisance à accepter les compromis, vision profondément politique d'eux-mêmes –, je crois que je placerais au premier rang la mentalité du « Je connais mes droits », cet attachement viscéral à certaines libertés chèrement acquises. C'est ce même esprit qui a inspiré la lutte pour l'obtention de la Grande charte, de l'*habeas corpus*, du jury populaire, de la liberté de la presse et du vote. Les héros de ces combats forment une tradition d'agitateurs aucunement intimidés d'exiger des droits qui partout ailleurs auraient demandé de véritables révolutions. Ce qui frappe dans ces victoires, c'est qu'elles ont été dues à l'action de fortes individualités mais aussi à la capacité de l'État à accepter la protestation de l'individu. Si chaque cause a son Robespierre, en Angleterre l'État a su, avec plus ou moins de réticence, les accueillir en son sein.

Même ce fanatique de l'autorité qu'était Napoléon semble avoir décelé ce que le sens anglais de la liberté avait de fondateur. Dans la marge de sa traduction de la somme de John Barrow, *Une nouvelle et impartiale Histoire de l'Angleterre depuis l'invasion de Jules César jusqu'à la signature des Préliminaires de Paix, 1762*, il devait noter : « Le roi peut sans doute s'arroger pendant une longue période plus de pouvoir qu'il ne devrait en avoir, et même s'en servir pour commettre des injustices, mais les pleurs de la nation se transforment bientôt en clameur et tôt ou tard le roi doit s'incliner. » Quand sa propre volonté de puissance a été défaite à Waterloo, Napoléon a remis son sort aux Anglais et à leur notion de la liberté car, devait-il dire, il ne voulait pas être « à la merci des caprices d'un monarque. En me rendant à l'Angleterre, je me place à la merci d'une nation ». Et puis, apprenant que les autorités britanniques entendaient le remercier de sa confiance en l'expédiant à l'île de Sainte-Helène, il exprime son indignation : « J'exige d'être accueilli en tant que citoyen anglais. Je sais fort bien que je ne peux prétendre derechef aux droits d'un Anglais. Quelques années sont demandées pour être autorisé à la domiciliation. » Il faut reconnaître que l'aplomb est assez admirable.

Culte de la vie privée, individualisme politiquement motivé : les Anglais ne sont pas un peuple facile à gouverner. Ils n'apprécient guère les exhortations, et plus ils vivent loin de la capitale, plus leur esprit de contradiction est en éveil. Dans les plaines du Norfolk, par exemple, l'esprit libertaire triomphe. L'évêque de Norwich pouvait ainsi accueillir son successeur en ces termes : « Bienvenu dans le Norfolk. Si vous voulez avoir un tant soit peu d'autorité ici, voyez d'abord où les gens vont, et mettez-vous ensuite à leur tête. » Cet irrédentisme atavique, à l'œuvre depuis des siècles, a produit les John Locke et les Thomas Hobbes, donné aux Anglais assez de confiance en eux pour mener rapidement leur révolution, détrôner leur roi et le décapiter, puis changer de dynastie régnante à leur guise. Resurgi dans l'aventure américaine et sa glorification de l'individu, il a inspiré Adam Smith, Herbert Spencer et John Stuart Mill.

Au XVIe siècle, le mouvement radical des « égalitaires » invoquait un âge d'or mythique « avant le joug normand », et l'on sait que le respect des droits individuels est une très ancienne tradition dans un pays où les rois ont toujours gouverné par consensus plutôt que par diktats : le code juridique d'Alfred de Wessex témoigne de cet appétit de liberté dès 871, formulant le principe de responsabilité individuelle dans l'exercice de l'autorité et affirmant le droit à la liberté pour tous. Le sens de la légalité était si profondément ancré dans les mœurs anglaises que Guillaume le Conquérant, après avoir envahi l'Angleterre en 1066, s'est contenté de demander à ses nouveaux sujets de continuer à observer les lois édictées par Édouard le Confesseur, qu'il allait lui-même compléter. Contrairement à la vision marxiste, l'historien Alan Macfarlane avance que la notion de liberté personnelle existait en Angleterre bien avant la Réforme : le droit de propriété était déjà garanti par la loi, régi par l'achat et la vente, et donc les relations entre individus étaient d'ordre contractuel, non déterminées par le statut social. Loin des rigides structures de classe féodales ou semi-féodales qui survivaient dans des pays comme la France, l'Angleterre a inventé une organisation sociale dont la souplesse était aussi la force qui lui a permis de survivre à toutes les crises. Même si les préjugés sociaux persistaient, la mobilité de l'individu a atteint un niveau remarquable très tôt dans l'histoire. Et l'Angleterre a certes eu sa part de révoltes populaires, depuis le soulèvement paysan de Wat Tyler au XIVe siècle jusqu'au mouvement des Chartistes au XIXe, mais ils ne sont jamais accompagnés de terribles massacres et de violences comme sur le continent européen.

Ainsi, l'Angleterre se distinguait du reste de l'Europe sur les plans économique, social et politique dès l'époque des Tudor. Le fait qu'une population aussi peu nombreuse – le pays était moitié moins peuplé que l'Espagne, quatre fois moins que la France – ait joui d'une telle prospérité a bien sûr aidé l'Angleterre à se singulariser. Sa richesse s'est développée, littéralement, sur le dos des moutons puisque les Anglais sont devenus les principaux producteurs de laine de qualité supérieure en Europe, au point qu'un voyageur, constatant avec envie l'opulence des marchands de laine, voyait ici « le pays de la Toison d'Or ». L'Angleterre a été capable d'assurer son salut en hypothéquant sa production de laine à venir pour financer une armée particulièrement bien équipée dans la guerre de Cent Ans. Pétrarque, le grand poète de la Renaissance, devait ainsi s'émerveiller : « Dans ma jeunesse, les Anglais étaient tenus pour la plus timorée de toutes les races peu civilisées mais ils sont, aujourd'hui, les guerriers suprêmes. Ils ont détruit la réputation de la France par une série de victoires retentissantes. Les hommes qui étaient jadis encore plus bas que les misérables Écossais ont écrasé le royaume français sous le feu et l'acier. »

Cette période de prospérité se donne encore à voir dans les centaines de somptueuses demeures qui subsistent du temps des Tudor. Il est possible que le snobisme soit devenu le « mal anglais » par excellence mais le système de classe en Angleterre n'a jamais été aussi rigide que les marxistes voulaient le croire. Si cela avait été le cas, les classes supérieures auraient été massacrées ou se seraient éteintes depuis des siècles. Au contraire, l'élite sociale a été constamment rafraîchie par du sang neuf, par la liberté laissée à l'esprit d'entreprise. Ce que la Réforme a accompli, c'est de nier l'idée d'un pouvoir terrestre fondé sur l'autorité du Pape pour la remplacer par un modèle social fondé sur la preuve que l'initiative individuelle pouvait prospérer. La concrétisation la plus frappante de cette ambition, c'est l'exemple des monastères soustraits de force à l'Église pour être donnés à quelque « nouveau riche » de la Réforme. Comme les tyrans du monde entier l'ont appris, le peuple est enclin à exiger ses droits dès que la richesse s'étend dans un pays. L'Anglais modèle est un type humain qui s'est peu à peu défini sans que le fait d'être « bien né » joue un rôle essentiel. Alan Macfarlane cite l'archevêque Cranmer lorsque, plaidant pour que des élèves de toutes origines sociales soient admis au séminaire de Canterbury, il remarquait : « Aucun d'entre nous n'a été gentleman au berceau, nous le sommes devenus à partir d'une basse extraction. » Ajoutons que les institutions chargées de produire les « gentlemen » à la chaîne, qu'il s'agisse des lycées ou des facultés d'Oxford et de Cambridge, ont été le plus souvent créées par des bienfaiteurs privés plutôt que par l'État.

L'une des conséquences de ce passé semble d'avoir donné une forte conscience politique aux Anglais. En 1782, le voyageur allemand Carl Philip Moritz écrivait à un ami : « Lorsqu'on voit l'intérêt que porte ici le dernier charretier à la chose publique, et la manière dont les enfants acquièrent l'esprit de la nation dès le plus jeune âge, et comment chacun se considère l'égal de son roi et des ministres de son souverain, cela vous inspire des pensées fort différentes de celles qui nous viennent quand nous regardons les soldats faire l'exercice à Berlin. » À première vue, ce trait national peut paraître contredire le principe de l'individualisme anglais. Après ses voyages en Angleterre dans les années 1830, Alexis de Tocqueville était parvenu à la conclusion que « l'idée d'individualité est la base du tempérament anglais ». Comment, se demandait-il, ces gens arrivent-ils à être aussi attachés à leur singularité et en même temps à créer sans cesse de nouveaux clubs et associations ? Sa réponse était que les Anglais se regroupent lorsqu'ils n'arrivent pas à obtenir ce qu'ils veulent par le seul effort individuel, puis cherchent à le garder pour eux-mêmes. L'individualisme induit une compétition accrue entre les citoyens mais, pour cette raison même, le besoin de mettre les ressources en commun. Tocqueville a demandé un jour à John Stuart Mill, l'auteur de l'essai *De la liberté*, s'il pensait que les Anglais pourraient jamais choisir une forme de gouvernement hautement centralisé. Réplique de l'Anglais : « Ni nos coutumes, ni la nature de notre tempérament ne nous poussent vers de grandes idées. Or, ce sont celles-ci qui inspirent la centralisation, la recherche d'un pouvoir qui réponde d'une manière uniforme aux besoins présents et futurs de la société. Nous n'avons jamais considéré le gouvernement sous un angle aussi ambitieux. »

L'organisation sociale de l'Angleterre a peu changé depuis le temps de Mill. Certes, les responsabilités de l'État se sont multipliées, et le volume d'argent pris aux citoyens sous forme d'impôts a spectaculairement augmenté, mais l'utopie de l'interventionnisme étatique de l'après-guerre a fait long feu, et la réaction thatchérienne à ces tendances dans les années 1980 n'a pas eu plus de succès : les Anglais ont continué à croire en un « juste milieu » dans lequel le choix individuel garderait autant d'importance que possible. Si ce peuple n'a jamais été attiré par le fascisme ou le communisme, c'est aussi parce qu'il considère les réelles capacités de l'État avec le plus grand scepticisme.

Il est intéressant de noter que le rang le moins élevé dans l'armée britannique est celui de « private soldier » (soldat privé, littéralement), un terme qui remonte à plus loin encore que Shakespeare, quand son homologue français est le « soldat de deuxième classe ». On ne demande pas au fantassin anglais de jurer fidélité à son pays – et certainement pas à son gouvernement ! –, mais à son roi ou à sa reine, et elle va d'abord à son régiment, qui jusqu'à aujourd'hui est censé représenter l'ancienne organisation territoriale en comtés. C'est la méfiance instinctive des Anglais envers toute armée de métier qui a conduit les autorités à habiller les policiers en bleu, à les doter d'un uniforme qui ressemblait plus à la tenue civile qu'à celle des militaires. Dans les années 1880, le *Times* pouvait soutenir que « le policier, tenu dans les villes étrangères pour ennemi non seulement par les classes criminelles mais par les classes travailleuses en général, et qui dans les périodes de troubles sociaux devient la première victime de la haine populaire, est en Angleterre plutôt considéré comme un ami du peuple ». Cette image, déjà quelque peu idyllique en son temps, a certes changé depuis que Margaret Thatcher a envoyé les policiers contre les mineurs en grève, que les feuilletons télévisés les présentent comme des durs à cuire imbibés de whisky et que les citadins les voient passer dans de puissantes voitures qui paraissent toujours arriver trop tard, mais la réaction première à chaque fois qu'il est question de criminalité demeure d'exiger de « remettre un *bobby* à chaque coin de rue ». Ce n'est pas là l'exigence d'un peuple qui a perdu confiance en sa police.

Dans une société d'individualistes, on est fidèle aux groupes que l'on a choisi de former par affinités. Fréquenter autrui est une démarche délibérée : les Anglais créent des clubs. « Qui gouverne ce pays ? », a demandé un jour l'écrivain John Betjeman :

« la Société royale pour la protection des oiseaux. Ses membres se trouvent derrière la moindre haie. » Il faisait cette remarque bien avant que la RSPB (Royal Society for Protection of Birds) ait dépassé le million d'adhérents, son vertigineux succès actuel. Les Anglais s'associent pour observer les oiseaux mais aussi pour aller pêcher, soutenir leur équipe de football, jouer aux cartes, jardiner, faire de la confiture et même pour partir en vacances. Ce sont eux qui ont eu l'idée de transformer l'ancienne confrérie des bâtisseurs en franc-maçonnerie, créant la première Grande Loge au monde en 1717, et bien qu'ayant perdu de son influence elle revendiquait encore récemment quelque trois cent cinquante mille membres. D'autres associations inventées par les Anglais, comme les scouts ou l'Armée du Salut, ont été exportées à travers toute la planète. Même de grandes causes humanitaires ou politiques ont eu pour origine un regroupement volontaire d'individus, telle que la Société anti-esclavagiste du parlementaire William Wilberforce (1759-1833).

« Home », la maison mais aussi le pays, est ce qui tient lieu de patrie pour les Anglais. Le concept de « Vaterland » allemand ou de « nation » française leur semble donner trop d'importance à l'État, aux notions de race et de reproduction. « Home », « chez soi », c'est là où réside l'individu mais c'est aussi un espace imaginaire, une demeure spirituelle. Curieusement, cela peut aussi indiquer que « l'Angleterre » que les Anglais gardent dans leur esprit est très différente de leur réalité quotidienne.

8. Il y a toujours eu une Angleterre

Un arpent dans le Middlesex vaut mieux
qu'une principauté en Terre d'Utopie.
LORD MACAULAY

À la veille de la Saint-Georges de 1993, le premier ministre britannique de l'époque, John Major, devait prononcer un discours peu évident. Il s'agissait de convaincre un parti à la discipline sérieusement ébranlée, avec une opposition de droite survoltée, de lui accorder sa confiance dans les négociations avec l'Union européenne. La question de l'Europe divisait alors les conservateurs depuis les membres du gouvernement jusqu'à la plus obscure section locale, et plus on descendait vers la base, plus les sentiments anti-européens s'exacerbaient. Au bout de quatre années d'amères et tonitruantes dissensions, le gouvernement conservateur allait finir par sombrer dans le néant électoral en mai 1997.

John Major pouvait pressentir tout cela. Comparée aux slogans réducteurs de la droite du parti, sa position essentiellement pragmatique, sans contenu idéologique affirmé, était difficile à défendre. S'il partageait avec la plupart de ses amis politiques les mêmes convictions en matière de souveraineté nationale et de liberté du commerce, il n'était pas prêt à diaboliser les autres pays européens dont il respectait les dirigeants. Que pouvait-il faire ? Anglais jusqu'au bout des ongles, il aurait dû comprendre instinctivement les inquiétudes de « son » peuple, mais il était enfermé depuis trop longtemps dans le petit monde de Westminster, et puis il n'avait guère d'éloquence : le journaliste Dave Hill, qui l'avait suivi dans sa campagne de 1992, estimait que ses envolées les plus passionnées faisaient penser à « un pauvre type en colère qui ramène chez le marchand un grille-pain déficient ».

La majeure partie du discours, cependant, coulait de source. Après le récapitulatif convenu des multiples réussites du gouvernement, cet exercice d'autosatisfaction qui accompagne toujours l'opportunisme politique, il y aurait beaucoup de blabla sur la volonté des autorités britanniques à se placer « au cœur de l'Europe » quand la plupart de leurs actions les situaient plutôt à sa queue, puis la proclamation que rien ne serait tenté pour mettre en danger la souveraineté du pays, puis la reconnaissance que de toute façon ce dernier n'avait pas d'autre choix. Mais il lui manquait une péroraison, de quoi laisser son auditoire sur une image finale de permanence nationale. Le résultat allait être extraordinaire : « Dans cinquante ans, devait proclamer John Major, la Grande-Bretagne sera toujours le pays des arbres projetant leurs ombres sur les pelouses publiques, de la bière tiède, des banlieues à jamais vertes, des amoureux des chiens et, pour citer George Orwell, de "vieilles demoiselles pédalant vers la sainte communion dans la brume du matin". »

D'où avait-il tiré ce fatras ? Quel coin du pays pensait-il pouvoir accueillir encore cette existence idyllique ? La dernière fois qu'un premier ministre avait fait étalage de clichés lyriques à propos de l'Angleterre, c'était dans les années 1920, avec le conservateur Stanley Baldwin, qui malgré un grand-père écossais et une grand-mère galloise posait en Anglais pur-sang, et qui avait juré que son rêve était de se retirer dans le Worcestershire pour « mener une vie honnête et élever des cochons ». Avec sa simplicité toute en pipe de bruyère et costume en tweed, que les snobs de la capitale croyaient entièrement fabriquée, il avait gagné sa popularité en jouant au brave fermier craignant Dieu, autre subterfuge puisqu'on était forgeron de père en fils dans sa famille et qu'il n'avait jamais possédé plus que quelques ares autour de la forge paternelle. Baldwin nageait lui aussi en pleine illusion, affirmant que « rien n'est plus anglais que la campagne et rien n'est plus campagnard que l'Angleterre » à une époque où la civilisation britannique était avant tout urbaine depuis plus de soixante-dix ans. Et le râle des genêts qu'il aimait évoquer avec nostalgie avait entièrement disparu du paysage anglais, tué par l'agriculture intensive, lorsque John Major s'est lancé dans sa baldwinesque tirade, dans laquelle il admettait certes qu'il y avait des banlieues en Grande-Bretagne, pour s'extasier aussitôt sur leur verdoyant aspect.

Véritable manne pour les satiristes empressés à voir dans cette imagerie passéiste encore un signe du peu de cas que le premier ministre faisait de la réalité, le discours de 1993 constituait encore un souvenir cuisant pour lui lorsque je l'ai interviewé trois ans plus tard et que je lui ai demandé quelle mouche l'avait alors piqué. D'après lui, son propos avait été mal interprété – il avait ajouté très typiquement : « Et j'en suis peut-être responsable. » Il avait seulement voulu « citer un peu de poésie » pour illustrer que « les traits essentiels de notre pays ne disparaîtraient pas en raison de relations accrues avec l'Europe ». Le message, pour résumer grossièrement, était : « Contrairement à ce que redoutent tant de gens, les Français et les Allemands ne feront pas la loi ici ! » Passons sur la fiction soigneusement entretenue selon laquelle les dirigeants politiques écriraient eux-mêmes leurs discours, et qu'il a involontairement trahie en disant avoir cité de la « poésie ». Le fait est que, malgré tous les sarcasmes, John Major a été ce jour-là entendu : son auditoire a reconnu l'Angleterre dans le tableau qu'il en proposait. La question est : pourquoi ?

Il s'est produit quelque chose de remarquable dans l'idée que les Anglais ont de leur pays, et John Major a juste lancé un seau dans le puits de l'inconscient collectif, ramenant des images d'une autre Angleterre, non celle qu'ils habitent mais celle dans laquelle ils s'imaginent évoluer. Elle peut se juxtaposer au pays réel en certains points mais c'est avant tout une contrée idéale. Ce qui s'est passé, c'est que les Anglais sont devenus des exilés dans leur propre patrie. Et les sentiments qu'ils éprouvent envers cette Arcadie sont ceux d'expatriés rêvant à leur pays natal.

La puissance de cette image vient de ce qu'elle offre un véritable refuge aux Anglais. Le critique Raymond Williams a avancé que le romantisme champêtre était directement lié au service de l'Empire dans des contrées lointaines, une sorte de refuge nostalgique fantasmé par le brave gars parti au fin fond de la jungle pour complaire à sa reine : « Sa quiétude verdoyante contrastait avec le poste tropical ou désertique où il exerçait pendant des années [...]. Le pays natal devenait l'endroit où prendre sa retraite. » Au temps du discours de John Major, cette même idée pouvait valoir non seulement pour les victimes de la propagande du ministère britannique du tourisme mais aussi pour les millions d'Anglais réduits à la vie banlieusarde et imaginant de revenir un jour à la bucolique, éternelle Angleterre.

En période de crise, le recours à ce pays fantasmé est encore plus tentant. Les soldats de la Première Guerre mondiale, expédiés au front par convois entiers, avaient quitté les villes industrielles où ils trimaient en temps de paix mais leurs chères et tendres leur adressaient des cartes postales qui montraient des églises, des champs, des jardins et surtout des villages. « C'est pour cela que tu te bats », tel était le message implicite, et la défense de cet idyllique « chez soi » parlait bien plus aux cœurs que toutes les exhortations patriotiques. Sir Arthur Quiller-Couch, dont l'incontournable *Anthologie de la poésie anglaise* se trouvait dans le paquetage de plus d'un fantassin envoyé à l'Ouest, estimait qu'il n'était « guère anglais » de répliquer au *Deutschland über Alles* par le *Rule Britannia*. Ignorant superbement le fait que pour la plupart de ses compatriotes la campagne était un endroit que leurs ancêtres avaient fui et dont ils n'avaient qu'un souvenir des plus flous, il affirmait que chaque soldat dans les tranchées pensait à « sa verte jeunesse dans un coin du Yorkshire ou du Derbyshire, du Kent ou du Devon, où les gens sont lents mais où il y a un temps pour semer et un temps pour récolter ». La marine britannique était alors la plus puissante du monde, et les forces terrestres étaient bien entraînées, correctement équipées, étoffées par une conscription de masse qui touchait surtout le prolétariat urbain. Ce n'était en aucun cas l'« armée de paysans » que d'aucuns voulaient présenter, formée de laboureurs, de bergers et de maraîchers, une sorte de milice éthique. La plus célèbre transcription de cette idée a été donnée par Rupert Brooke, quintessence de l'Anglais sportif et courageux, engagé volontaire en 1914, dans son poème *Le Soldat*. Son succès immédiat venait de ce qu'il présentait toute la thématique de l'anglicité – générosité de la campagne, attachement à la maison, au pays – telle que les Anglais la concevaient. La mort affreuse du poète, agonisant sur un navire-hôpital français dans les Dardanelles, allait offrir un sombre contraste avec cette idéalisation de l'Angleterre, au moment où le corps expéditionnaire britannique était pratiquement décimé dans la bataille d'Ypres, perdant près de trois mille officiers et cinquante-cinq mille hommes. Un autre poète, Charles Sorley, avait déjà écrit : « Angleterre... Je ne peux plus supporter d'entendre ce mot. » Une fois assimilées l'ampleur des pertes et la maigreur des gains obtenus, les chimères bucoliques sonnaient creux. Sous la plume de Wilfred Owen ou de Siegfried Sassoon, le rêve de beaux héros mourant pour un pays d'aubépines en fleurs s'efface devant une vision beaucoup moins idyllique de l'humanité et de ses maux, et les écrivains de l'immédiat après-guerre, T. S. Eliot, Robert Graves, Aldous Huxley, confirmeront ce changement.

L'hypothèse que l'âme de l'Angleterre se trouvait dans ses champs avait la vie longue, cependant. En 1922, la pastorale évocation d'A. E. Housman, *Un garçon du Shropshire*, d'abord publiée à compte d'auteur, se vendait à vingt et un mille exemplaires. Des auteurs tels que H. J. Massingham, un citadin qui s'était réfugié dans les collines de Chiltern, produisaient des livres à la chaîne – quarante en trente ans, dans le cas de Massingham – pour répéter que la révolution industrielle avait « détruit la véritable Angleterre » et que la campagne était « la source de notre pain quotidien, l'indispensable fondement de notre bien-être national ». Même des observateurs dont on aurait pu attendre plus de lucidité comme sir Philip Gibbs, l'un des cinq (cinq !) correspondants de guerre accrédités par la force expéditionnaire britannique en 1915, se laissaient ravir par le mirage bucolique. Vingt ans après, Gibbs, Londonien de toujours, écrivait ainsi : « L'Angleterre est encore belle sitôt que l'on s'échappe du grondement des automobiles et de la dégradation industrielle [...]. Toute cette modernisation est à mon avis fort superficielle : elle n'a toujours pas atteint l'âme de l'Angleterre, ni empoisonné son cerveau. » Une visite chez n'importe quel bouquiniste permet de se convaincre de l'abondance et de la popularité d'une littérature qui, dans les années 1930, invitait les Anglais à tourner le dos à la ville et à parcourir la campagne. La compagnie pétrolière Shell engageait John Betjeman pour superviser sa série de guides consacrés aux comtés anglais. Le Conseil pour la protection de l'Angleterre rurale avait été fondé en 1926, suivi par la Société des randonneurs (1935) qui, dans leurs escapades bucoliques, pouvaient se loger à peu de frais dans les établissements de l'Association des auberges de jeunesse, créée en 1930 et comptant cinquante mille adhérents au bout de cinq ans d'existence seulement...

Ceux qui ne prenaient pas leur sac à dos et leurs chaussures de marche avaient toujours le recours de lire les récits de voyage. En 1927, *In Search of England* (À la recherche de l'Angleterre), le livre que H. V. Morton avait conçu en Palestine, alors qu'il se croyait mortellement atteint par une méningite, avait connu un succès retentissant. Personne ne s'étonnait que l'auteur, au lieu d'imaginer dans sa nostalgie la cathédrale Saint-Paul ou les paysages urbains de sa jeunesse, décrive une Angleterre de villages et de clochers, de fermettes au toit de chaume et de feux de bois... En 1933, J. B. Priestley, un enfant de la très industrielle Bradford, sillonnait le pays au volant de sa Daimler pour écrire son *English Journey* (Voyage anglais). Tout en reconnaissant que la préservation d'une Angleterre bucolique aurait obligé à liquider les neuf-dixièmes de la population de l'époque, il soutenait que « presque tous les Anglais sont, au fond de leur cœur, des gentlemen-farmers ».

Et ainsi de suite. En 1932, la Société du chant folklorique anglais fusionnait avec l'Association de défense des danses paysannes afin de mieux protéger le patrimoine culturel rural. *England is a Village* (L'Angleterre est un village) : le titre de l'ouvrage de C. Henry Warren destiné à stimuler le moral du pays en 1940 parle de lui-même. « La force de l'Angleterre réside toujours dans ses champs et ses hameaux, écrivait-il, et malgré tout le poids des armées mécanisées qui se préparent à les écraser ils finiront par triompher ». Le dernier roman de Virginia Woolf, *Entre les actes*, se déroule dans un village où la vie n'a presque pas évolué en l'espace d'un siècle : « 1833 était encore là en 1939. Aucune maison n'avait été bâtie, aucune ville n'avait surgi. Le manoir local, Hogben's Folly, était toujours éminent. Les champs, si plats, n'ont changé que par le fait que le tracteur a partiellement détrôné la charrue. » Elle ne donne même pas de nom à ce lieu, qui n'en a pas besoin puisqu'il s'agit du « cœur même de l'Angleterre ». Le premier « Miss Marple » d'Agatha Christie, *L'Affaire Protheroe*, publié en 1930, va jusqu'à offrir des cartes du village, lui aussi anonyme, où un colonel à la retraite va être assassiné dans son bureau. À l'époque, la mode littéraire de donner la mort à des officiers en retraite dans de coquets recoins de la campagne anglaise crée un style de village spécialement imaginé pour l'occasion. Selon Colin Watson, il lui faut notamment « une église et une confortable auberge, très pratique pour l'inspecteur de Scotland Yard et son adjoint qui s'y installent afin d'attendre le nouveau crime ».

Ainsi, au moment où le deuxième conflit mondial se profile, la vision de l'Angleterre comme un jardin bucolique se développe à nouveau, moins comme une fleur vivace que comme une mauvaise herbe particulièrement envahissante. Les fils des survivants de la grande boucherie marchent encore une fois vers le front en chantant :

> « Il y aura toujours une Angleterre
> Tant qu'il y aura un chemin de terre
> Une fermette et son enclos
> Un champ de blé, des coquelicots. »

Pour les Pâques de 1943, Peter Scott, le fils du héros de l'Empire Robert Falcon Scott – mort de froid dans sa quête du pôle Sud – s'exprimait sur les ondes de la BBC. Engagé volontaire dans la marine royale depuis le début de la guerre, il expliquait que l'Angleterre était pour lui et nombre de ses compagnons « l'image d'une campagne particulière, la campagne anglaise. Quand on passe beaucoup de temps en mer, cette association si particulière de champs, de haies et de bois qui est l'essence du pays acquiert une nouvelle dimension ». Et il racontait avec émotion comment, en regardant les côtes anglaises du pont de son destroyer en patrouille, il imaginait ces paysages bucoliques « que nous étions résolus à défendre contre l'envahisseur ». Il ne lui paraissait pas paradoxal d'évoquer cette Angleterre-là, précisément, au moment même où les bombes nazies visaient avant tout les ports et les agglomérations industrielles. Quelques mois plus tard, toujours sur la BBC, John Betjeman décrivait une visite à un village du Kent dans lequel le Women's Institute, cette institution intrinsèquement anglaise, organisait un concours de décoration de table en plein bombardement. Après s'être extasié sur le « calme obstiné » de ces femmes occupées à comparer les salières et les dessous-de-plat malgré les éclats d'obus qui volaient au dehors, il affirmait : « Pour moi, l'Angleterre signifie l'Église anglicane, les excentriques professionnels, les chapelles éclairées par de simples veilleuses, le Women's Institute, les modestes auberges de campagne, les discussions sur la qualité de la luzerne en plein office dominical, le bruit des tondeuses à gazon au début du week-end, les journaux de province, les enchères locales, la poésie de Tennyson, de George Crabbe et de Matthew Arnold, les peintres de village, les concerts sous les kiosques, une soirée au cinéma, les trains de banlieue, s'accouder à une barrière et contempler les champs… Pour vous, cela peut suggérer d'autres images, tout aussi bizarres pour moi que les miennes pourront vous apparaître, mais tout aussi vitales, car je sais que l'Angleterre à laquelle j'aspire de revenir n'est guère différente de celle où vous voulez vivre. S'il s'agissait seulement d'une fourmilière de verre, d'acier et d'autoroutes rêvée par certains, comment pourrions-nous l'aimer à ce point ? »

Un demi-siècle plus tard, il faut reconnaître que ce n'est pas la Luftwaffe qui a détruit cette Angleterre fantasmée mais une cohorte d'urbanistes sans scrupules et d'hommes politiques agenouillés devant les patrons de grandes surfaces et les promoteurs immobiliers. Il y a dix ans déjà, le Conseil pour la protection de l'Angleterre rurale constatait que la surface de macadam dans tout le pays équivalait à celle du Leicestershire, et que les parkings réunis occupaient un espace deux fois supérieur à l'étendue de Birmingham... Comment s'étonner alors que les Anglais se soient convaincus que l'Angleterre ne pouvait certainement pas être le pays qu'ils avaient sous les yeux ?

Un petit jeu, maintenant : postez-vous dans la grand-rue d'une ville du Surrey, observez les chalands du samedi matin et plus précisément un passant sur sept : statistiquement, vous avez de fortes chances d'avoir devant vous un adhérent du National Trust (Fonds de la Nation). Qu'il soit laveur de carreaux, policier, boursicoteur, retraité, criminel ou fou dangereux, un citoyen sur sept de ce comté prospère appartient à une organisation dont le but essentiel est de protéger farouchement le passé. Que cela se passe dans le Surrey n'est pas surprenant. Avec ses demeures edwardiennes rafistolées mais qui atteignent des prix exorbitants, ses terrains de golf luxueux et sa production incessante de députés conservateurs dont personne ne se rappelle le nom, la région était vouée à ce passe-temps de privilégié qu'est la protection du patrimoine national. Les pauvres gens, c'est bien connu, s'inquiètent plus d'un avenir meilleur. Le succès du National Trust dans le Surrey réside dans sa capacité à fonctionner comme un club dont on se doit d'être membre si l'on aspire à une vie sociale intéressante. Dans les enclaves de prospérité de l'ouest du Sussex et du Cheshire, la situation est similaire.

Depuis sa fondation en 1895 dans le but de protéger les zones de campagne que l'aristocratie foncière dédaignait pour ses jeux sportifs, le National Trust a évolué de façon spectaculaire. Le but était de créer de multiples « salons de plein air » qui permettraient aux pauvres d'échapper à l'air vicié des villes victoriennes. Ce faisant, il offrait un bouclier au « vieux pays » que les romans de Thomas Hardy montraient rapidement dévoré par les machines. Le magazine *Country Life*, lancé deux ans plus tard, reflète la mentalité de cette époque, quand la nation alors au sommet de son développement industriel jetait un regard nostalgique sur l'idyllique vie agricole. Edward

Hudson, son fondateur, allait être en mesure de réaliser le rêve que des générations de ses lecteurs devraient se contenter de caresser, achetant une série de maisons de campagne pour finir par s'installer au château de Lindisfarne. La renaissance musicale anglaise menée par des compositeurs tels qu'Edward Elgar, Ralph Vaughan Williams et Frederick Delius, supposait une redécouverte de la tradition des XVIe et XVIIe siècles mais aussi une réappropriation des mélodies folkloriques, et ce en dépit de la superbe formule d'Elgar, « je *suis* la musique folklorique ». Sur le plan architectural, le pavillon britannique Edwin Luytens à l'Exposition universelle de 1900 à Paris était une copie conforme de la maison de campagne du XVIIe siècle. Il faut souligner que même le vicomte de Chateaubriand, alors ambassadeur de France à Londres, évoquait dès 1822 le « vertige de mélancolie » qui le prenait lorsqu'il pensait à la disparition de l'Angleterre pré-industrielle.

En protégeant ce passé, le National Trust nourrit l'idée générale que le pire est encore à venir. Quoi de plus innocent, dira-t-on, qu'une sortie en groupe avec visite de jardins et de demeures historiques, conclue généralement par une tasse de thé ? Mais que des millions d'Anglais se joignent à ces activités nous indique d'abord la conscience historique très aiguë qui anime ce peuple. Elle n'est pas toujours des mieux documentées – un nombre surprenant d'Anglais hésite encore quand on leur demande combien Henri VIII a eu d'épouses – mais elle s'inscrit profondément dans l'anglicité, au même titre que le goût immodéré pour les mauvais romans d'amour, le culte de Shakespeare et un scepticisme tenace à l'encontre des dirigeants politiques européens.

Elle indique aussi le conservatisme viscéral des Anglais. Toute famille traditionnelle a ici une pièce, un placard, un grenier, une cave ou un garage bourrés de vieilleries, depuis le berceau de la grand-mère jusqu'à des rouleaux de papier peint qui remontent à vingt ans, en passant par des appareils électriques hors d'usage toujours dans leur boîte d'origine. Si leurs propriétaires proclament qu'ils gardent ce fatras parce que « ça peut toujours servir un jour », leur motivation est tout simplement qu'ils répugnent à s'en débarrasser. Après avoir passé deux décennies parmi ce peuple, Émile Cammaerts, l'auteur de *Découvertes anglaises*, estimait en 1930 que cet attachement aux choses du passé indiquait que « le présent n'est pas ici une ligne de démarcation bien définie entre deux mondes mais un aimable brouillard dans lequel [les Anglais] se déplacent à leur gré [...]. Ils voyagent dans le temps comme ils le feraient dans l'espace, traînant avec eux une masse de bagages inutiles ». Comment expliquer autrement la survivance de l'obsolète, l'attachement à des anachronismes comme la perruque des avocats, la peau d'ours sur le sol du salon, une Chambre des lords non-élue, la Parade du drapeau ou le recensement annuel des cygnes de la Tamise, ou encore des institutions au label archaïque telles que la Chancellerie du duché de Lancaster ? C'est une manie qui atteint tout le monde, et même ceux qui dans leur jeunesse s'étaient engagés avec passion en faveur de la modernisation du pays finissent par rêver d'un siège à la Chambre des lords.

La troisième raison, évidente, est le snobisme social inhérent aux Anglais. Les cent soixante mille visiteurs annuels de la maison de Churchill à Chartwell et les cent quarante mille de la résidence des Astor à Cliveden veulent voir comment les grands de ce monde vivaient, se mettre un instant à leur place. La duchesse du Devonshire chérit comme un trésor un commentaire laissé dans le livre d'or de son pied-à-terre de Chatsworth : « Nous avons vu le duc dans le jardin. Il a l'air plutôt normal. » Dans ces demeures patriciennes, la domesticité était souvent trois fois plus nombreuse que la famille fortunée, et pourtant fort peu de ces touristes du dimanche ne s'imagineront dans la peau d'un cuistot, d'une femme de chambre ou du douzième aide-jardinier.

Le succès remporté par le National Trust nous révèle encore une autre facette des Anglais. Alors qu'il lui a fallu dix ans pour atteindre les cinq cents membres, et seulement huit cents au moment du jubilée de 1945, il enregistrait de deux millions d'adhérents à son centenaire en 1995 et la progression n'a cessé de se confirmer depuis. Aucune organisation de ce genre au monde ne peut se targuer d'une popularité comparable, y compris aux États-Unis où la moindre résidence un peu ancienne fait figure de monument historique. Chaque année, dix millions de citoyens visitent les propriétés du National Trust en Angleterre et au pays de Galles. Cet engouement est le résultat du vieillissement de la population, du développement de la « civilisation des loisirs », mais c'est aussi sans doute plus qu'une coïncidence qu'il ait atteint de telles proportions à un moment où la crise d'identité nationale a atteint son apogée : la résidence patricienne de la campagne anglaise est devenue une métaphore de l'état général du pays.

Deux textes nous offrent des témoignages intéressants sur cet aspect de la question. Le premier est le récit raffiné du voyage autour de son pays que James Lees-Milne a entrepris en temps de guerre, passant d'une demeure ancestrale à l'autre, partageant d'épouvantables dîners avec de vieux gentlemen excentriques dans des salles à manger glaciales et écoutant leurs doléances en sa qualité de secrétaire du Comité des villégiatures rurales au National Trust. L'enjeu était qu'une fois le conflit mondial terminé, ce dernier rachèterait leur maison aux lords désargentés tout en leur permettant de continuer à les occuper. Le second, le *Retour à Brideshead* d'Evelyn Waugh dont les ventes tout comme la version télévisée en 1980 allaient connaître un énorme succès, illustre la fascination plébéienne pour les splendeurs de l'aristocratie et la puissance évocatrice de leurs demeures. Malgré la popularité du livre, son auteur devait finir par se distancier de l'obsession nécrophile du passé dont il témoignait, reconnaissant dans la préface de la réédition de 1959 qu'il s'agissait d'un « éloge funèbre prononcé devant un cercueil vide ». Car même si plus de mille de ces retraites campagnardes ont été détruites entre 1875 et 1975, il reste encore un plus grand nombre de grandes propriétés foncières en Angleterre. En quoi le déclin de ces symboles de prospérité familiale devrait-il affecter le gros de la population, d'ailleurs ? Il prouvait simplement l'incapacité des classes supérieures à faire face aux impôts grandissants, au déclin des revenus agricoles, à la destruction de toute une génération pendant la Première Guerre mondiale et aussi, très souvent, à leur manque de réalisme. En ce sens, le triomphe du National Trust traduit des aspirations très contradictoires : d'un côté, c'est une affirmation de la liberté individuelle, la preuve tangible de la victoire du petit peuple sur les latifundistes, dont les résidences sont maintenant visitées par des multitudes et appartiennent à la collectivité ; de l'autre, la fascination pour cet univers enfui résulte de l'authentique vénération que les Anglais vouent au féodalisme.

Ne cherchez pas la « fermette et le champ de blé » qui proclament qu'« il y aura toujours une Angleterre » au nord d'une ligne allant du centre du pays de Galles au fleuve Trent : l'Angleterre imaginaire qui nous occupe est avant tout méridionale. Et c'est une surprise, à première vue, parce que les comtés du Sud, en comparaison des régions du Nord fortement définies tels que le Yorkshire ou le Northumberland, n'ont guère d'identité. Malgré sa contribution essentielle à la prospérité du pays, et peut-être en raison de son éloignement de Londres, là où les modes se font et se défont, la partie septentrionale du pays n'a pas suscité une imagerie comparable à celle du Sud avec ses bourgs, ses anciens villages, sa légendaire « tranquillité ».

Le Nord de l'Angleterre est marqué par des villes au tempérament fortement contrasté. Distantes de cinquante kilomètres seulement, les différences sont notables – jusque dans l'accent – entre Manchester, industrieuse et protestante, et Liverpool, port de tradition plutôt catholique. Elles sont cependant toutes deux plus marquées par les vertus typiquement anglaises de tolérance, d'individualisme et d'humour que des cités comme Winchester ou Salisbury. En un sens, elles sont les plus authentiques dépositaires de l'« anglicité », mais à cause de leur ancestrale rivalité elles ont fini par donner l'image de cités en compétition entre elles, et avec un Sud fleur bleue.

Ce qui s'est passé, c'est qu'après avoir inventé la révolution industrielle, les Anglais ont procédé dans leur tête à une sorte de contre-révolution symbolique. Un bon exemple est donné par le poète Wordsworth qui, traversant en 1802 le pont de Westminster sur le toit de la malle-poste en route vers Douvres, s'émerveille de voir la capitale « scintiller dans l'air pur ». À ce moment, Londres était la plus grande agglomération d'Europe, quatre fois plus importante que Vienne et six fois plus que Berlin. Quelques années après avoir ravi le cœur romantique de Wordsworth, le paysage urbain de l'Angleterre allait atteindre une dimension sans précédent : pour la première fois dans l'histoire de l'humanité, une population nationale se retrouvait majoritairement dans les villes. Sous l'effet de l'émigration écossaise et irlandaise mais aussi d'un taux de natalité impressionnant, elle allait doubler entre 1801 et 1851, puis être encore multipliée par deux au recensement de 1911.

Cette énorme poussée démographique explique que les villes d'Angleterre comptent parmi les plus laides d'Europe, incohérentes masses urbaines ayant poussé comme des verrues sur le paysage. Quand la reine Victoria était montée sur le trône en 1837, cinq villes seulement dépassaient les cent mille habitants en Angleterre et au pays de Galles (Londres mise à part). En 1891, il y en avait vingt-trois et la logique d'urbanisation était devenue irréversible. C'est un Anglais, Thomas de Quincey, qui a été le premier à remarquer la nuance rougeâtre que la pollution industrielle donnait au ciel dans les grandes agglomérations. H. G. Wells, né à l'étage de la quincaillerie paternelle à Bromley, dans le Kent, a résumé la question mieux que quiconque : « Parce que le processus a demandé cent ans et non quelques semaines, l'Histoire manque de reconnaître la destruction systématique, le massacre, la dégénérescence et l'affront commis au XIXe siècle dans le seul but de loger les gens. » Fils d'un entreprenant industriel de Manchester, Friedrich Engels allait sillonner tout le nord du pays pour dépeindre un paysage d'immeubles noirs de suie, de rues envahies par les immondices et les déjections, de rivières puantes et de taudis infestés par la vermine. Inspiré par une visite à Preston, dans le Lancashire, Charles Dickens invente une ville dominée par « d'interminables serpents de fumée », avec un fleuve « teinté de pourpre nauséabond », habitée par des êtres « qui se ressemblaient tous, sortaient à la même heure et foulaient les mêmes pavés pour aller accomplir le même travail, chaque jour pareil à la veille et au lendemain, chaque année la réplique de la précédente et de la suivante ».

S'étonnera-t-on alors que les Anglais n'aient pas voulu voir l'essence de l'Angleterre dans un tel spectacle ? À la place, ils sont partis en quête du « pays vrai », épargné par la saleté urbaine. Richard Jefferies, fils de fermier et quintessence d'Anglais, a produit à la fin du XIXe siècle une série d'ouvrages délicieux à la gloire de cette contrée fantasmée, dont le très populaire *Wild Life in a Southern County* (Nature dans un comté du Sud). Au contraire, son roman fantastique *After London* (Après Londres) présente, en 1885, une capitale devenue un immonde marécage habité par des nains sans foi ni loi. À sa suite, Edward Thomas, « né accidentellement cockney » à Lambeth en mars 1878 mais ayant connu la campagne du Wiltshire au cours de ses vacances d'enfant, exprime le sentiment, partagé par d'autres écrivains tels que Thomas Hardy ou W. H. Hudson, selon lequel l'Angleterre est toujours plus habitée par des individus qui ont perdu le sens de leurs attaches, un nouveau pays de banlieusards sans repères. Comme tant d'autres, Edward Thomas allait être fauché par la Première Guerre mondiale, et en préfaçant son recueil de poèmes posthume en 1920 son ami Walter de la Mare affirme : « Avec sa mort dans les Flandres, c'est un miroir de l'Angleterre qui a été brisé, d'un cristal si pur et si vrai qu'on ne pourrait trouver un reflet plus clair ni plus sensible que dans cette poésie. » Mais ce n'est qu'une partie de l'Angleterre que ses vers réfléchissaient, bien entendu, celle qu'il appelait tout simplement « le Pays du Sud » et qui, selon la définition très précise qu'il en a donnée, incluait le Kent, le Sussex, le Surrey, le Hampshire, le Berkshire, le Wiltshire – principale inspiration de Richard Jefferies –, le Dorset et une partie du Somerset. Cette Angleterre « essentielle » a pu, avec le temps, s'étendre à des comtés « historiques » comme celui d'Oxford, sa limite septentrionale étant le Shropshire cher au poète A. E. Housman.

Il y a un grand trou noir dans cette mièvrerie pastorale, et c'est Londres. Ses bas quartiers, aussi sales que partout ailleurs, étaient rédimés par le fait qu'ils appartenaient à la capitale de l'Empire, mais pratiquement tous les visiteurs étrangers devaient célébrer sa splendeur tout en ayant un mouvement de recul devant la misère de ses parties honteuses. Fedor Dostoïevski, ainsi, devait retirer une série d'impressions contradictoires de la ville, à la fois enthousiasmé par son énergie, la richesse de sa vie publique, et horrifié par l'ivrognerie, la prostitution, tout ce que l'endroit avait de sordide. Il intitule son récit de voyage « Baal », voulant témoigner que de faux dieux régnaient ici, que « la perte de sensibilité est ici systématique, acceptée et encouragée ». Il décrit les tavernes du samedi soir où « tout le monde est saoul, mais d'une ivresse sans joie, morne et lourde ». Les Anglais « n'échappent jamais à la tristesse », écrit-il, approuvé par des esprits sensibles locaux tels que John Ruskin, qui a évoqué « cette grande et infecte ville de Londres », ou William Morris, qui la trouvait « hideuse ».

Même si elle confirmait l'idée de plus en plus acceptée que la vie urbaine déshumanise l'individu, Londres constituait cependant, et constitue plus encore maintenant, une exception. La capitale de l'Angleterre et de la Grande-Bretagne est, depuis la disparition de l'Empire, chaque jour davantage une ville qui n'appartient pas à un pays en particulier mais au monde entier. Siège de multiples institutions internationales, elle se consacre avant tout au commerce de l'argent, vivant à un rythme qui ne connaît pas de frontière nationale. Et elle n'échappe pas non plus à la conviction anglaise que le « vrai pays » est ailleurs. Lorsqu'ils veulent parler en bien de leur capitale, les Anglais disent que c'est « une réunion de villages », description qui peut expliquer son charme chaotique mais qu'aucun citadin vraiment fier de sa ville ne penserait formuler. Les Londoniens ont toujours été prêts à édifier des monuments comme Trafalgar Square, mais non à planifier un espace cohérent et vivable.

Ayant inventé la cité moderne, les riches élites anglaises ont non seulement reculé d'horreur devant leur créature mais lui ont dénié toute paternité. Lord Walsingham pouvait ainsi expliquer à H. Rider Haggard, l'auteur des *Mines du Roi Salomon*, que la vie urbaine précipitait la décadence des nations : « Sur ce plan comme sur tant d'autres, la Rome antique nous offre une grande leçon. » Au lieu de frayer avec ces hordes de barbares déracinés, les classes cultivées préféraient aller habiter ailleurs que dans cet univers de la ville anglaise qui allait inspirer à Gustave Doré sa vision de l'Enfer de Dante. Pour un Joseph Chamberlain tentant de développer l'esprit et la fierté civiques à Birmingham, il y avait des milliers de privilégiés qui se contentaient de prendre leur argent et de s'enfuir. Là encore, le contraste est frappant avec la France, pays qui a eu l'avantage de connaître son tournant industriel plus tard que l'Angleterre et donc d'apprendre des erreurs de cette dernière, où les villes ont été à la fois planifiées et fières de l'être. Plus encore, depuis la Révolution, les citadins français considéraient avec méfiance la campagne, qu'ils tenaient pour une pépinière de nostalgiques de la royauté. Sans renier ses origines paysannes, la France républicaine se voulait avant tout urbaine. Cette division entre le conservatisme réel ou supposé de la campagne et l'espace citadin, foyer des idées radicales, se retrouve d'ailleurs en Angleterre. Au XIXe siècle, la mobilisation pour des prix agricoles plus justes a démarré à Manchester, tandis que Birmingham a été le berceau du mouvement pour la liberté de vote et que le Parti travailliste indépendant a été fondé à Bradford. À l'exception de quelques quartiers riches, ces villes sont vite devenues des espaces où il suffisait d'apposer une rosette rouge à un âne pour lui assurer d'être élu.

Ce qui ne manque pas de surprendre, alors, c'est qu'une nouvelle vision de l'Angleterre n'ait pas surgi d'un substrat politique aussi solide, avec une population qui non seulement était urbanisée dans son immense majorité mais disposait, avec le Parti travailliste, d'un objectif crédible pour ses aspirations. Que les Anglais n'aient pas réussi à développer une autre idée de leur pays que celle du coquet petit village et du cottage entouré de roses tient à plusieurs facteurs. Le premier, c'est que le socialisme était par définition internationaliste : la nouvelle Jérusalem serait une ville dont les citoyens, baignant dans la fraternité solidaire, n'avaient pas besoin de marques distinctives nationales. Ensuite, il y avait cette particularité un peu gênante, et déjà mentionnée, que tant de dirigeants travaillistes étaient d'origine galloise ou écossaise et que les majorités parlementaires de gauche surreprésentaient l'élément celtique de la population à Westminster : le courant progressiste était donc, depuis le début, plus « britannique » que purement anglais. Troisièmement, le clivage entre comtés conservateurs et villes travaillistes signifiait que la réussite sociale, dans un cas comme dans l'autre, aurait obligé à aller vivre au sein de la sphère politique opposée. Quatrièmement, la pensée sociale avait été marquée par les idéalistes de la première heure qui étaient tous, au départ, fortement opposés à l'urbanisation et à l'industrialisation. Cinquièmement, enfin, il fallait compter avec le fait que nombre de figures de proue travaillistes – on pense immédiatement à Harold Wilson et son cottage des îles Scilly, à James Callaghan et sa ferme du Sussex – étaient personnellement enclins à fuir la ville dès qu'ils le pouvaient.

Ceux qui n'avaient pas cette chance, c'est-à-dire l'immense majorité des électeurs travaillistes, étaient contraints de demeurer dans des espaces urbains bâclés un siècle plus tôt par des promoteurs sans scrupules, prêts à tout pour satisfaire aux demandes de la grande industrie. La seule différence, aujourd'hui, c'est que cette dernière a disparu. Le militantisme progressiste semble avoir investi l'essentiel de son énergie à essayer d'atténuer les effets les plus dévastateurs du capitalisme, en un « socialisme du gaz de ville et de l'eau courante » qui constituait, certes, une noble cause lorsqu'il fallait réclamer des conditions de vie décentes pour les masses urbanisées, mais qui se bornait finalement à améliorer la situation existante plutôt qu'à inventer un modèle nouveau. Le constat vaut également pour les vastes programmes de réhabilitation du logement dans l'après-guerre : ils n'ont servi qu'à sortir le peuple des maisonnettes ouvrières du XIXe pour l'entasser dans des tours en papier mâché.

Même les modernistes convaincus, malgré leur admiration pour les progrès entraînés par l'espace urbain, ont toujours eu du mal à imaginer que le cœur du pays pouvait battre là. Dans son essai de 1932 pour le *Daily Herald* réédité en brochure par le Parti travailliste une année plus tard, H. V. Morton allait constater avec tristesse : « Toute la ville de Leeds devrait être rasée et reconstruite, pour être franc [...]. Elle est une conséquence des booms commerciaux du XIXe siècle, quand il n'était question que de profit et d'exploitation. Ce n'est qu'une tirelire affreusement sale. » Revenant au pays minier de Nottingham où il avait passé son enfance, D. H. Lawrence affirme pour sa part que « la vraie tragédie de l'Angleterre, c'est celle de la laideur. Ici, la nature est adorable mais le pays créé par l'homme vous révulse [...]. Devenus des rats des villes en raison de l'incontournable industrialisation, les Anglais ne savent pourtant pas édifier une cité, ni la penser, ni l'habiter. Ce sont tous des banlieusards, des prisonniers de la pseudo-fermette, et aucun d'eux n'est capable d'être un vrai citadin. »

Déjà mérité à l'époque, le sarcasme est plus que jamais d'actualité. De nos jours, même les nouveaux supermarchés de banlieue affectent des airs soi-disant campagnards. Dès que l'été revient, une foule d'adultes et de retraités – les adolescents boycottent, ce qui n'est pas étonnant – se précipitent dans les centaines de foires artisanales du pays pour acheter une pacotille d'interrupteurs en porcelaine, de plaques en fer forgé qui proclameront le nom de leur bungalow, de villages miniatures en bois où il ne manque ni le pub, ni l'église, ni la place fleurie, et même, Dieu nous préserve, de protège-cuvette de WC en tricot... Quelle est la force d'attraction de tout ce bric-à-brac ? L'intime certitude qu'ils appartiennent à un autre univers, loin de l'uniformité banlieusarde qui a impitoyablement recouvert le « Pays du Sud ».

Voulant savoir ce que l'évocation idyllique tentée par John Major dans son fameux discours pouvait dire aux rares privilégiés qui habitent encore le « pays de jadis », je me suis rendu à Beaminster, petite ville du Dorset qui n'a pratiquement pas changé depuis le temps où ses belles maisons de pierre blanche et son audacieux clocher ont inspiré à Thomas Hardy l'« Emminster » de ses romans. Par l'une de ces soirées d'été finissant, où la campagne anglaise paraît se détendre voluptueusement dans la fraîcheur revenue, tandis que les papillons dansaient autour des fleurs du jardin et que des buses glissaient paresseusement dans la brume de chaleur bleutée, je me suis assis sous le porche d'une vieille ferme qui dominait la ville. Si John Major avait pensé à un lieu en risquant son envolée, ce ne pouvait être qu'ici, cette quintessence d'un « Pays du Sud » fantasmé.

À côté de moi, une tasse de thé dans la main, Georgia Langton laisse planer son regard sur ce magnifique panorama. C'est une belle femme de cinquante-quatre ans, aux cheveux grisonnants, une veuve relativement aisée qui a pleinement conscience de la chance qu'elle a de vivre dans cette gravure vivante de l'Angleterre idéale. Dans les champs derrière la maison, ses moutons bêlent doucement. Devant nous, les arbres bruissent. Quelle a donc été sa réaction, et celle de ses voisins, lorsqu'ils ont écouté le discours de John Major ? « Nous nous sommes tous roulés par terre de rire. Nous avons ri comme des fous, oui. » Pourquoi ? ai-je insisté. « Mais parce que ce n'était que de la poudre aux yeux ! Pas un fermier des alentours ne survivrait sans les subventions. Vous savez qui paie pour maintenir tout ce que vous voyez ici ? Vous, les contribuables ! Et comme les fermiers n'ont plus besoin de la moitié de la main-d'œuvre qu'ils avaient avant, les ouvriers agricoles ont quitté le pays. Leurs cottages, en l'état, valent maintenant des centaines de milliers de livres. Cela signifie que les gens de la campagne ne peuvent plus vivre… à la campagne. Des nouveaux venus arrivent ici, ils commencent à se plaindre qu'il y a trop de boue sur les routes, qu'il n'y a pas de lampadaires. Bientôt, tout ceci ne sera qu'une banlieue de plus. Le pays entier est devenu une gigantesque banlieue. »

Le constat est indiscutable : là où la campagne anglaise subsiste, c'est une carte postale. Dans les années 1920, au nord-est de Beaminster, à Cranborne Chase, un groupe de romantiques du « retour à la terre » a tenté de fonder une communauté agreste à l'initiative du compositeur Balfour Gardiner. Fils d'un riche marchand londonien déçu dans ses espoirs de changer les goûts musicaux de l'austère Angleterre, Gardiner avait racheté une ferme pour tenter l'expérience avec son neveu Rolf, un « patriote anglais » moitié juif autrichien, moitié scandinave.

Leur idée était de mettre en pratique les pulsions exprimées par D. H. Lawrence : échapper aux horreurs de la société industrielle en « établissant un coin sur terre qui donnera accès au monde souterrain comme jadis l'oracle de Delphes », selon les étranges instructions données par l'écrivain à Gardiner. Agriculture organique, autonomie et retour aux traditions folkloriques étaient les fins mots de cette communauté millénariste qui, pour la plus grande stupéfaction des autochtones, vivait sous des tentes en été et se lançait dans de vieilles danses populaires sous la croix de saint Georges avant de retourner à leurs pelles et pioches.

De toutes ces grandes idées, il ne reste plus qu'une cosse vide. Gardiner a lutté autant qu'il le pouvait contre la mort du monde campagnard. Il a acquis des terres, mis en pratique une forme d'agriculture en avance sur son temps, planté quatre millions et demi d'arbres pour favoriser les nappes phréatiques, encouragé les gens du comté à s'intéresser à leur passé folklorique comme aux thèses démocratiques modernes. Si ses convictions étaient souvent étranges, elles ont inspiré maintes initiatives ultérieures et donné naissance aux forêts qui, comme il l'avait prévu, ont sauvé la région d'une semi-désertification, mais le ver était déjà trop profondément installé dans le fruit. Trente paysans locaux travaillaient sous sa direction. De nos jours, son fils, le célèbre chef d'orchestre John Eliot Gardiner, n'en emploie plus que deux pour poursuivre l'élevage et la culture sur la ferme paternelle, et l'un d'eux est obligé de vivre dans une banlieue proche parce qu'il n'a pas les moyens d'habiter sur place.

Le radotage bucolique, filon propagandiste amplement traité par des auteurs au patriotisme édifiant tels qu'Arthur Bryant, demeure un mythe tellement incontournable que le Conseil pour la protection de l'Angleterre rurale a réussi, en février 1996, à persuader les dirigeants des trois principaux partis politiques du pays – Tony Blair, John Major et Paddy Ashdown – de signer un appel commun publié dans le *Times*. L'initiative avait certes un précédent : le 8 mai 1929, Stanley Baldwin, Ramsay MacDonald et David Lloyd George avaient joint leurs voix dans le même journal pour s'élever contre l'urbanisation incontrôlée. La version de 1996 présentait des clichés similaires (« l'indispensable développement peut et doit être dirigé par une scrupuleuse attention ») sans avancer aucune solution concrète, même si personne ne doutait de l'importance de la question : en douze ans, 20 % des haies, 10 % des murs de pierre, le même pourcentage d'étangs et plus de 14 % d'espèces de la flore anglaise avaient disparu. Il était à prévoir que le résultat serait aussi nul qu'en 1929, quand la solennelle déclaration avait été suivie par une explosion de nouvelles urbanisations dans les champs verdoyants du Sud anglais.

Rédigée dans la langue de bois bureaucratique, la lettre était significative non par son contenu mais en ce que les trois principales figures politiques avaient jugé bon de la signer : on ne les aurait pas imaginées se réunir pour déclarer que les villes anglaises devaient être protégées, n'est-ce pas ? Cette fixation sur un « vrai pays » qui ne pourrait être que l'Angleterre des joyeuses filles de ferme chère à Adrian Bryant présente cependant plusieurs dangers, d'abord parce que ses conséquences seraient, au mieux, l'exact contraire du but proclamé : le meilleur moyen de transformer l'Angleterre en banlieue généralisée est d'encourager l'idée qu'un Anglais « qui se respecte » ne peut tout simplement pas vivre autrement que dans une maisonnette avec un jardin et un accès aux vestiges de la campagne. Secundo, ces proclamations ne servent aucunement à améliorer les conditions de la population dans son ensemble, et tertio elles excluent par définition la majorité des gens de l'image qu'elle prétend donner du pays.

Rien de tout ceci ne prétend nier le charme exceptionnel du paysage anglais traditionnel, ni la grande poésie de sa toponymie, ni la charge culturelle, littéraire, historique que recèle chacune de ses nuances, depuis le Sussex de Kipling jusqu'au Hampshire de Jane Eyre en passant par les landes du Yorkshire qui ont tant fasciné Emily Brontë. C'est une géographie qui n'a rien d'imposant ou d'intimidant, une beauté lentement forgée par le travail des générations. « Ici, tout est mesuré, complémentaire, varié, chaque élément s'emboîtant doucement dans l'autre, modestes rivières, modestes plaines [...], modestes collines [...]. Jamais une prison ni un palais, mais une plaisante maison », écrit William Morris en soulignant une fois de plus la dimension domestique – et domestiquée – de la nature anglaise. Un pays aux courtes distances et perspectives, et ce plus encore dans sa partie méridionale où, contrairement à la France qui a su conserver sa tradition agricole dans la modernité, la véritable existence rurale a disparu depuis longtemps, remplacée par l'étrange cohabitation entre les banlieusards et quelques fermiers devenus businessmen.

La conviction que chaque Anglais mérite son petit coin d'Arcadie met à rude épreuve les dernières zones du pays encore relativement dépeuplées. L'appartement reste soit pour les riches, pied-à-terre cossu quand il faut régler ses affaires en ville, soit pour les pauvres dans de vastes complexes sans âme, mais les uns comme les autres partagent la même ambition, celle d'avoir une *maison* avec un *jardin*. Il n'est pas donné à chaque Anglais de vivre dans un château, mais tous rêvent de douves et de ponts-levis. Dans quel autre pays au monde entendra-t-on soutenir que les gens qui habitent en appartements finissent par provoquer des émeutes ? La pression pour l'occupation des terres est particulièrement notable dans le « Pays du Sud » chanté par Edward Thomas. George Walden, qui a représenté la circonscription de Buckingham au Parlement, me confiait : « Je puis vous dire qu'il n'y a plus de campagne anglaise, juste quelques souvenirs. »

Ayant quitté la campagne à cause de l'enclosure et du recul du droit coutumier ou parce qu'ils voulaient tenter leur chance, les Anglais qui y reviennent aujourd'hui ne sont cependant qu'une petite minorité privilégiée. Si l'Angleterre veut éviter le sort d'immense banlieue ponctuée de quelques parcs naturels, elle doit donc cultiver l'art de la vie citadine. Cet impératif semble pourtant avoir été dédaigné à chaque fois que le pays aurait eu l'occasion de réfléchir à son urbanisme. En ce sens, la pire calamité collective de l'histoire récente de l'Angleterre est d'avoir vu ses villes à moitié rasées par l'aviation nazie, non tant pour ce qui a été perdu que pour ce qui l'a remplacé : alors qu'ils avaient la chance de reconstruire en mieux, les Anglais ont globalement répété les mêmes aberrations urbanistiques, en pire, alors qu'avec l'aide du plan Marshall les cités allemandes détruites par les Alliés ont été capables de se réinventer.

Un autre exemple inverse est offert par le projet de construction de vingt-huit mille logements sur des terres prises à la mer aux environs d'Amsterdam, la plus ambitieuse et remarquable entreprise de ce genre depuis le XVIIe siècle, dont le principal maître d'œuvre est un anglo-sri lankais né dans la banlieue ouest de Londres et diplômé de l'Université de Leeds. Ruwan Alivuhare explique qu'il a quitté l'Angleterre parce qu'il est « tombé amoureux d'Amsterdam, et [qu'il en avait] assez de [se] faire cracher dessus quatre fois par jour à Leeds. » « Je n'aurais jamais pu faire ce que je réalise ici quand j'étais en Angleterre. C'est tout simplement impossible. Ici, on nous appelle des "Steden Bouwers", des bâtisseurs de ville. C'est une notion qui n'existe pas en Angleterre, ainsi que je dois le constater encore à chaque fois que je reviens à Londres. »

Il suffit de se rendre au centre de la plupart des villes anglaises contemporaines pour vérifier la justesse de ce propos et constater que la rénovation urbaine a été laissée aux mains de conseils municipaux obtus et parfois corrompus, encouragés par des architectes de troisième classe et des entrepreneurs cupides. S'il fallait une autre preuve du mépris anglais pour la vie urbaine, elle est ici, inscrite dans le ciment et l'acier. Ce qui nous ramène à la dernière, mais particulièrement funeste conséquence de cette idée que le « vrai Pays » est à la campagne : c'est une idéologie qui ostracise la grande majorité de ses habitants. Environnés de macadam, de voitures, de béton et de quelques espaces verts, ils n'ont pour seul espoir que d'arriver à tisser des liens imaginaires avec la contrée de la bière tiède et des vieilles demoiselles à vélo, mais c'est au prix de se sentir exclus et de devoir se convaincre que « cette » Angleterre n'existe plus.

Régulièrement, un lecteur du *Times* prend sa plume pour s'indigner que l'Angleterre – non la Grande-Bretagne – n'ait pas d'hymne national alors qu'elle en aurait tant besoin. Il y a peut-être quatre chants nationaux qu'un Anglais – c'est surtout une préoccupation masculine, il faut le dire – sera capable de massacrer. Trois d'entre eux sont directement liés aux concepts politiques du Royaume-Uni et de l'Empire. Le quatrième, on l'a vu, est le *Jérusalem* de William Blake. Le poète était numéro 13 dans la liste des soixante fondateurs de la curieuse Église d'Emanuel Swedenborg à Londres. Sa femme, qui avait le numéro 14, devait plus tard déplorer : « Je ne vois presque plus M. Blake, désormais. Il est tout le temps au Paradis. » Le Suédois Swedenborg avait expliqué à ses disciples anglais que ses dons prophétiques lui avaient permis de visiter l'au-delà et que ce dernier, dans son organisation physique, était remarquablement comparable à notre monde. Les anges, par exemple, « résident dans des habitations mitoyennes disposées selon les principes de nos villes, de nos rues, de nos allées et de nos places ». En inspectant cette cité-jardin idéale alors qu'il était « entièrement éveillé », le visionnaire avait appris que le Jugement dernier s'était tenu en 1757 et que chaque société terrestre était le Paradis à échelle réduite. Celui spécialement réservé aux Anglais avait été sélectionné avec le plus grand soin.

Débutant par l'allusion, aussi farfelue que les thèses de son maître, au fait que Jésus aurait parcouru l'Angleterre, le poème *Jérusalem* a été mis en musique en 1916 et constitue sans doute le chant le plus populaire du pays, entonné aussi bien dans les écoles que dans les réunions du Women's Institute, lors des mariages comme des enterrements. Dès le second verset, on retrouve encore une fois le fameux préjugé anglais contre la ville et ses méfaits, et ce juste après avoir évoqué « le vert des montagnes » et les « beaux pâturages » de l'Angleterre : « Et Jérusalem a-t-elle été bâtie ici / Au milieu de ces sombres et démoniaques usines ? » S'il semble y avoir une possibilité de rédemption nationale dans la question, le contraste entre les deux images nous ramène à la même propagande éculée, se réduisant à une version mysticisante du fameux aphorisme anglais selon lequel « on est toujours plus près de Dieu dans un jardin ».

Cet aspect du poème indigne les Anglais, y compris les membres du clergé, qui ont choisi de vivre en citadins. « C'est quelque chose de terriblement dangereux, cette idée préconçue que la volonté divine ne veut rien savoir du contexte urbain », s'est indigné le chanoine Donald Gray lorsque je lui ai demandé s'il pensait que le chant pourrait devenir un hymne national satisfaisant pour les Anglais. Préférant sans hésitation les pavés aux sentes forestières, Donald Gray déplore les préventions traditionnelles contre l'univers citadin, « auquel nous tournons le dos depuis toujours en tant que nation. Tout se passe comme s'il fallait puiser le maximum de prospérité dans la vie industrielle et commerciale dans le seul but de retourner goûter aux plaisirs de la campagne ! »

Ce n'est pas que les Anglais aient été incapables de produire des héros urbains de portée mondiale. De Gracie Fields au temps du music-hall jusqu'aux Beatles et à leurs imitateurs, de Stanley Matthew à Paul Gascoigne sur le terrain de football, des colosses ont émergé d'un contexte sonore et visuel qui n'avait absolument rien à voir avec le « Pays du Sud ». Leur origine, leur élocution, leur comportement en ont fait des modèles pour la classe ouvrière quand bien même ils devenaient immensément riches. Pourtant, les Anglais sont le seul peuple d'Europe occidentale dont l'élite sociale et intellectuelle ne soit pas parvenue à formuler un idéal urbain. Si des auteurs comme Martin Amis, Peter Ackroyd ou Julian Barnes traitent de la vie métropolitaine, les livres que les Anglais achètent à la tonne sont des romans d'amour historiques. Les classes privilégiées ont pu perdre leur pouvoir politique mais elles n'en continuent pas moins à donner le ton, à fasciner ceux qui veulent s'élever dans la hiérarchie sociale : en Angleterre, dès qu'un homme d'affaires arrive à « peser » dix millions de livres, il s'empresse d'acheter *Country Life* pour éplucher les petites annonces et s'acheter un manoir. Il n'y a rien de forcément négatif dans cette réalité, et d'aucuns diront que cet engouement des nouveaux riches pour les résidences champêtres est l'une des seules planches de salut qui restent à la campagne anglaise. Simplement, cela ne peut plus fonctionner ainsi. Même si le discours de John Major était plus malin qu'on ne l'a estimé, l'opposition entre le pays imaginaire et le pays réel ne peut perdurer parce qu'elle est désormais incapable de refléter l'existence de la majorité.

9. L'Anglais idéal

Ce que j'aime, c'est un Anglais décent, solide et probe qui peut regarder un gnou dans les yeux et lui loger une once de plomb dans le corps.

P. G. WODEHOUSE, *Mr Mulliner raconte*

Dans ses *Aventures d'un officier démobilisé qui trouvait la paix ennuyeuse*, le colonel Herman Cyril McNeile, parti à la retraite en 1919 avec la croix de guerre, dresse le portrait d'un « Anglais typique » : « Il considérait son pays [...] comme le meilleur du monde. Il ne jetait jamais son opinion à la figure de quiconque, mais l'exprimait simplement, et tant pis si son interlocuteur n'était pas d'accord. Il était plein de ce que les non-initiés considèrent comme de la vanité. Non seulement ses connaissances en matière de littérature, de peinture ou de musique étaient microscopiques mais il éprouvait de la méfiance envers ceux qui s'exprimaient avec intelligence sur ces sujets. Cela ne l'empêchait pas d'être sorti d'Eton, d'être un excellent golfeur et un beau cavalier, une fine gâchette et d'être capable de se débrouiller au polo [...]. Il appartenait, pour tout dire, à l'Espèce, celle qui a toujours existé en Angleterre et qui demeurera jusqu'à la fin des temps. Vous pouvez rencontrer ses représentants à Londres comme aux îles Fidji, dans les terres au-delà des montagnes comme à Henley, dans les marécages les plus humides comme dans les déserts et leurs nuits glaciales. Ils se ressemblent tous et portent tous la marque de l'Espèce. Ils vous serreront la main comme un homme se doit de le faire, et vous regarderont dans les yeux de la même façon. »

Ah ! comme l'Espèce nous manque ! Intrépides et philistins, sans peur dans les rues les plus mal famées, indispensables dans les naufrages, ses représentants incarnaient les valeurs de la classe dirigeante. C'était des hommes que l'on pouvait envoyer à l'autre bout du monde en sachant qu'ils domineraient les indigènes avec une juste fermeté, se contentant pour tout plaisir de quelque exemplaire du *Times* vieux de deux mois et d'une boîte de leur tabac préféré. Leur vision simpliste de l'humanité la divisait en deux groupes, les « types bien » d'un côté, les « bolcheviques, anarchistes et membres de la brigade des bons à rien parasites » de l'autre, toujours selon McNeile, dit « le Sapeur ». Les *Trente-neuf Marches* de John Buchan nous donnent une version similaire de cet archétype, et la conviction que derrière tous les méchants de ce monde se tapit « un petit juif blafard sur son fauteuil roulant, avec des yeux de fouine », qui n'a pour but que de miner l'Empire et d'organiser la traite des Blanches.

Ces « héros » ne sont bien sûr « typiquement anglais » qu'en ce qu'ils rejoignent les idéaux de « l'Espèce », une sélection soigneusement balancée de forces et de faiblesses pour des mâles dressés à atteindre des sommets platoniciens. Les Anglais de sexe masculin ont donc été non seulement contraints de constater que le pays dans lequel ils imaginaient vivre n'existait pas, mais aussi que les stéréotypes « identitaires » excluaient tout bonnement la moitié de sa population. Les écoles privées du XIXe siècle, qui ont produit en masse des spécimens de « l'Espèce », étaient réservées aux garçons. « L'Espèce », en admettant qu'elle se soit reproduite naturellement – sans doute par quelque variante de l'Immaculée conception –, ne voyait dans ses enfants que des adultes en puissance, soumis à une discipline de fer et tenus aussi loin que possible de leur mère.

Une fois déracinés de l'univers domestique, les jeunes Anglais étaient transformés en gentlemen, au cours d'un processus qui accordait les plus grandes vertus aux corrections corporelles. Maître-flagellateur, le révérend John Keate, devenu proviseur d'Eton en 1809, corrigeait une moyenne de dix élèves par jour, sauf les dimanches bien entendu. Il allait atteindre son record le 30 juin 1832, donnant la canne à plus de quatre-vingts garçons qui, à la fin de ce marathon, s'étaient relevés et l'avaient applaudi. Lorsque l'heure de la retraite était arrivée pour lui, les élèves avaient organisé une collecte pour manifester leur estime à un « pédagogue » qui avouait que son seul regret était de ne pas avoir battu assez de potaches… S'étonnera-t-on alors que les hommes issus d'un tel système scolaire aient été des experts dans l'art de dissimuler leurs émotions ?

Très attachée à canaliser les pulsions hormonales des chères têtes blondes, l'école anglaise a aussi livré la guerre à ce passe-temps si fréquent chez les adolescents, la masturbation. Dans son *Fonctions et désordres des organes de reproduction*, publié en 1857 et encore réédité quarante ans plus tard, un certain docteur Acton dressait le tableau horrifiant d'un garçon découvrant trop tard qu'« une grande dépense de sperme a épuisé ses forces vitales ». Aujourd'hui, les autorités sanitaires prennent plus de gants pour mettre en garde les jeunes contre les effets dévastateurs des drogues. La réplique, pensait Acton et d'autres, était de les occuper avec les activités sportives, devenues une véritable obsession. La tactique a été concluante puisque les représentants les plus éminents de « l'Espèce » semblent avoir en général laissé leur sexualité à la maison en partant bâtir l'Empire au loin. A. C. Benson, l'auteur de l'hymne impérial *Land of Hope and Glory* (Terre d'Espoir et de Gloire), confiait à son Journal : « le problème sexuel, pour moi, n'existe pas. » Dans son autobiographie, l'explorateur Wilfred Thesiger affirme : « le célibat imposé par le désert ne m'a pas gêné. » D'autres, comme le général Gordon – qui avait rêvé d'être eunuque à quatorze ans – ou le maréchal Montgomery, cherchaient à réprimer les moindres désirs sexuels qui pouvaient surgir en eux. Lors d'un débat sur la légalisation de l'homosexualité à la Chambre des lords, Montgomery allait proposer que l'âge légal pour des relations consenties soit… quatre-vingts ans ! Des tendances homosexuelles latentes ou refoulées sont certainement à l'œuvre dans ces crispations, et Gordon, Montgomery ou le maréchal Auchinleck étaient sans nul doute fascinés par les beaux garçons.

Dans de nombreux autres cas, le sexe n'était simplement pas une priorité. Cecil Rhodes, grand conquérant impérial en Afrique, n'a jamais été marié, ni manifesté le moindre intérêt pour aucune forme de sexualité que ce soit. Sur le plan émotionnel, lord Kirchener paraît avoir arrêté son développement au stade prépubère. Ou bien, on attendait le plus tard possible pour prendre épouse : cinquante et un ans pour l'explorateur Henry Morton Stanley, cinquante-cinq pour Robert Baden-Powell, le fondateur du scoutisme, soixante-sept pour le gouverneur colonial lord Milner...

Ces hommes motivés, nourrissant de grandes ambitions pour l'Empire et pour eux-mêmes, avaient développé un code de vie spartiate qui s'appliquait à tous les sentiments et ne se contentait pas de repousser les tentations de la chair. Durant la guerre des Boers, l'écrivain Ford Madox Ford – encore un « Anglais typique » de père allemand... – raconte avoir rencontré sur le quai d'une gare d'Angleterre un chef d'escadron à la retraite, un vieil ami qui attendait le retour de son fils. Extraordinairement fier de son rejeton, le vieux commandant avait cependant parlé du temps, des récoltes, du manque de ponctualité des trains anglais, évitant comme Ford le sujet qui pesait pourtant lourdement sur eux : le fils revenait au pays en tant qu'invalide de guerre, ayant perdu un bras, une jambe et tout un côté du visage dans l'explosion d'un obus. Ford décrit ainsi la rencontre : « Lorsqu'il est enfin descendu tout seul, mais péniblement, du wagon, il n'y a eu qu'une étrange poignée de mains, car il ne lui restait que la gauche, un contact gêné et rapide, puis H. a dit "Bonjour, Bob", son fils "Bonjour, chef", et rien de plus. » Qui sait si le vieil officier a pleuré, une fois seul ? Mais en public, le stoïcisme était de rigueur. Commentaire de l'écrivain : « C'est une chose qui a dû se produire bien des fois en ces îles remarquables, mais qu'une race ait pu s'imposer une telle discipline spartiate ne laisse pas d'émerveiller. »

Et d'imposer le respect, également. Imaginons un instant la détresse du grand poète impérial Rudyard Kipling pendant la Première Guerre mondiale. Lui qui avait appelé du haut d'une tribune aux couleurs nationales les volontaires à rejoindre la croisade contre les Huns, il apprenait soudain que son fils unique était porté « manquant » après la bataille de Loos.

Souffrant d'une terrible myopie, le lieutenant John Kipling n'avait été déclaré bon pour le service qu'une fois que son père eût convaincu ses amis militaires de lui faire cette « faveur ». La dernière personne à l'avoir vu en vie l'avait décrit pleurant de douleur en pressant contre sa bouche éclatée un pansement de fortune, mais ses frères d'armes avaient résolu d'épargner ces détails à Kipling père, qui devait écrire à un ami : « Je pense qu'il ne reste plus guère d'espoir pour mon garçon [...]. Toutefois, on m'a dit qu'il a trouvé une digne fin [...]. Sa vie a été brève. Je regrette que toute l'œuvre des années ait été conclue en un après-midi, mais bien d'autres sont dans la même situation, et c'est quelque chose que d'avoir élevé un homme. » La consolation de la fierté le persuadait sans doute qu'il avait bien agi en « élevant un homme », et même agi ainsi que son pays l'attendait de lui. À quoi d'autre se raccrocher, d'ailleurs, devant la boucherie insensée de la guerre ?

L'Espèce était une classe sociale, sans nul doute, mais il n'était pas nécessaire d'être d'origine anglaise pour y appartenir. L'ingénieur minier Richard Hannay, le héros du livre de John Buchan cité plus haut, est un Rhodésien blanc. Les écoles publiques anglaises pouvaient accueillir des enfants de modeste extraction, voire des étrangers. Le député Paul Boateng, alors jeune garçon arrivé du Ghana, rendait souvent visite à ses grands-parents dans l'Ouest de l'Angleterre : « Je me rappelle que j'étais fasciné par un vieux livre qu'ils avaient. Un album du Jubilée, je crois. Il y avait toutes ces images de l'Aga Khan, du maharadjah de Jodhpur, etc., et ils ressemblaient tous à des Anglais pure souche. Ils ne l'étaient pas du tout, évidemment, mais d'une certaine façon ils l'étaient devenus. » Oui et non. Si le vernis de « l'Espèce » était anglais, son essence était britannique, impériale, ses valeurs le fruit d'une contraignante éducation. L'homme d'affaires Roger Cooper a expliqué à son départ d'Iran en 1991 que n'importe lequel de ses anciens camarades du Clifton College de Bristol aurait supporté comme lui les années qu'il avait passées à la tristement célèbre prison Evin de Téhéran après avoir été accusé d'espionnage. Plus encore qu'à survivre aux mauvais traitements et aux privations, la rude expérience de l'école anglaise avait appris à ces hommes comment tenir la réalité à distance. L'Espèce a cependant été conçue pour les desseins impériaux, non pour la Grande-Bretagne de l'après-guerre. Le pays viril qu'elle était censée incarner s'est effacé pour faire place à « l'Empire du geste gratuit ».

Les stéréotypes ont ceci de réconfortant qu'ils nous épargnent de trop réfléchir. Tout comme « le Sapeur » et son idée de « l'Espèce », l'auteur de manchettes sensationnalistes ou le comique de music-hall assèneront que le Suédois est lugubre, l'Allemand ennuyeux et le Français un poseur à l'haleine chargée d'ail. Mais il est intéressant de noter que la caricature d'eux-mêmes, à laquelle les Anglais sont restés attachés pendant les deux siècles qui ont précédé la formation du cliché britannique, n'était en rien remarquable, et notablement dépourvue d'héroïsme. Alors qu'ils pouvaient aisément choisir un marin ou un poète pour symbole national, les Anglais ont fini par attribuer ce statut à un jovial commerçant, John Bull, dont la bonne bouille apparaît encore dans certains dessins satiriques contemporains. Pas mal, pour un personnage inventé en 1712 par quelqu'un qui n'avait rien d'anglais : John Arbuthnot, fils d'un pasteur du comté écossais de Kincardine – c'est, ainsi qu'on l'a vu, le cas de bien des emblèmes de l'anglicité. Ne pouvant résister à l'occasion d'un peu de propagande en faveur de la cause écossaise, Arbuthnot fait de son héros anglais quelqu'un de « solide, jovial, avec des joues de trompettiste », alors que sa sœur Peg « était pâle et faible comme si elle souffrait de la Maladie verte [anémie]. Rien d'étonnant car John, ce chouchou, était gavé de bons morceaux, de coquelets, de poulets, de cochon, d'oie ou de chapon, tandis que la petite Miss devait se contenter de bouillie d'avoine et d'eau claire, ou d'une méchante croûte de pain sans beurre [...]. Le petit monsieur habitait au meilleur étage une chambre orientée au soleil du sud, la demoiselle était confinée à un grenier en plein vent du nord où elle se flétrissait peu à peu ». Indifférent au piteux état de sa sœur écossaise, John Bull est surtout préoccupé de régler leur compte à ces crapules d'Européens du continent. Médecin de formation, ami de Pope et de Swift, Arbuthnot nous dépeint les manœuvres préludant au Traité d'Utrecht sous la forme d'un procès intenté par un drapier, John Bull, contre un certain Lewis Baboon (Lewis le Babouin). Le premier est « honnête, bon gars, franc, coléreux, de tempérament instable ». Il n'a peur de personne et se montre toujours prêt à se quereller avec ses voisins « surtout s'ils prétendent le commander ». En affaires, il est plutôt imprudent, « enclin à se faire berner par ses associés, apprentis et domestiques » parce que c'est un « joyeux drille qui aime la bouteille et l'amusement » et que « personne ne dépense plus généreusement que lui ».

Le portrait est particulièrement fidèle. Archétype d'une « nation de boutiquiers », John Bull est un marchand de draps. Farouchement indépendant, il aime lever le coude, il est prompt à s'emporter et à manifester un dédain sarcastique envers les étrangers, à commencer par « Nicholas Frog » (Nicolas la Grenouille, le représentant des Français) dont la frugalité et l'avarice sont sans cesse raillées. Plus qu'aux subtils raisonnements, il croit à de solides évidences. Conservateur par nature, il respecte scrupuleusement la loi et l'ordre, préfère une vie domestique sans être un bonnet de nuit.

De toutes les tentatives pour créer un type national anglais, celle d'Arbuthnot est celle qui a le mieux survécu au temps et aux modes. La longévité de John Bull est d'ailleurs remarquable, puisqu'il s'agit d'un personnage qui n'a rien d'exceptionnel, physiquement ou intellectuellement parlant, et qui se mue non en taureau (« bull ») mais en bulldog sous le crayon des caricaturistes. Plus de deux siècles après sa première apparition, le pays trouvera en Winston Churchill une synthèse physique de John Bull et de cet animal obstiné.

Tout comme ils rêvaient de vivre dans une campagne fantasmée et non dans les villes où ils étaient cantonnés, les Anglais sont restés persuadés que leur archétype national était un individu toujours en contact avec la nature et plutôt dédaigneux des activités intellectuelles. Si ce gentilhomme campagnard trouve sa personnification la plus achevée avec le propriétaire terrien du *Tom Jones* de Fieldings, solide buveur, cavalier accompli, plein de bon sens et toujours prêt à maudire la dynastie des Hanovre, il a existé aussi dans la réalité. Le paradigme pourrait être Jack Mytton, né en 1796 et à la tête d'une confortable fortune à vingt et un ans. Orphelin de père dès son plus jeune âge, il a n'a jamais brillé dans ses études : renvoyé de Westminster puis de Harrow, il a étendu un jour à terre son précepteur d'un coup de poing, ce qui a entraîné la démission immédiate de ce dernier. Sa carrière militaire tourne court lorsque sa passion pour les jeux de hasard l'oblige à prendre congé du 7e régiment de hussards. Après une médiocre année sur les bancs conservateurs du Parlement, il peut donner libre cours à ses véritables talents : faire du grabuge et prendre du bon temps. D'un courage devenu légendaire, il peut foncer à travers la campagne en pleine nuit, juché sur une carriole tirée par deux chevaux, déclencher des bagarres sous le moindre prétexte et même vaincre un mineur gallois en vingt rounds. À la chasse aux canards en plein hiver, il traverse un étang gelé en rampant sur la glace, nu comme un ver pour garder ses vêtements au sec. N'ayant que dédain pour les mouchoirs, les gants ou les montres, il aime jouer des farces douteuses à ses invités, se déguisant en bandit de grand chemin pour les dévaliser lorsqu'ils rentrent chez eux après avoir dîné à sa table. Ses multiples extravagances s'expliquent sans doute en partie par son habitude de vider quatre à six bouteilles de porto par jour, la première en se rasant le matin. Le singe apprivoisé qui l'accompagne dans toutes ses équipées a autant la dalle en pente que son maître, ce qui lui coûtera la vie quand il confondra un flacon de cirage avec sa boisson favorite. Ayant dilapidé un demi-million de livres dans les quinze dernières années de sa vie, Mytton fuit ses créanciers à Calais, où il manque de se brûler vivant lorsque, pensant arrêter une crise de hoquets en se faisant peur, il met le feu à sa chemise de nuit. Le cognac, auquel il a pris goût en France et dont il boit des quantités industrielles, apaise ses souffrances mais finit par l'emporter : il est emporté par le *delirium tremens* dans une prison anglaise le 29 mars 1834.

Personnage hors du commun, Jack Mytton partage cependant avec John Bull et nombre de ses compatriotes un des principaux traits du caractère national anglais : il aime l'action plus que la réflexion. Dire que ce peuple porte une estime très limitée aux intellectuels constitue un euphémisme... typiquement anglais. « L'étude des lettres devrait être laissée aux rustauds », affirmait en 1525 déjà Richard Pace, rien moins que professeur de grec à Cambridge. S'étant porté candidat à une chaire dans cette même université après avoir enseigné à Paris, Chicago, Harvard, Oxford, Princeton et Genève, et avoir vu ses nombreux essais publiés depuis 1958, George Steiner a fait directement l'expérience de la réticence anglaise devant tout ce qui paraît « trop » intellectuel : lors de l'entretien préliminaire, il a commis l'erreur de proclamer sa foi dans l'importance des idées. « J'ai dit que se battre en duel à cause d'une lecture divergente de Hegel était quelque chose de très respectable », raconte ce lettré dont la liste des titres académiques est aussi longue que la notice d'un contrat hypothécaire. Il n'a pas été pris. Prétendre qu'il n'y a pas d'intellectuels en Angleterre est un cliché facile, et inexact. Mais ceux qui le sont ont intérêt à observer la plus grande discrétion, en commençant par s'abstenir de se présenter en tant que tel, de manifester un attachement trop passionné à ses idées, de soutenir que tout problème a sa solution, et surtout d'avoir l'air trop intelligent.

Rejeté par l'université de Cambridge, Steiner a été accueilli en tant que professeur émérite au Churchill College de la même ville, dont les étudiants ont pu bénéficier de ses brillants paradoxes. C'est là que je l'ai rencontré, après lui avoir proposé le 23 avril tandis que nous tentions de trouver un créneau dans nos agendas respectifs au téléphone. « 23 avril, très bien, a-t-il confirmé. C'est l'anniversaire de William Shakespeare, de Vladimir Nabokov, de Serge Prokofiev, de Turner, de Max Planck... et de George Steiner ! » En sortant du collège, sur le perron, il m'a montré du doigt le bâtiment voisin et m'a déclaré d'un ton confidentiel : « Vous voyez ces fenêtres ? C'est là que Wittgenstein est mort. Et vous savez ce qui s'est passé lors de son dernier anniversaire ? Il travaillait dans son bureau, Mrs B. est entrée en portant un gâteau et elle a lancé : "Encore bien d'autres aussi heureux, Ludwig !" Il l'a regardée et a répondu : "Je voudrais que vous réfléchissiez soigneusement à ce que vous venez de dire." Elle a fondu en larmes et a laissé tomber le gâteau par terre. »

Je me suis demandé si Steiner se voyait comme un nouveau Wittgenstein. Tous deux étaient émigrés, tous deux ont eu des relations difficiles avec Cambridge – « Ludwig » soutenait qu'enseigner la philosophie dans cette institution revenait à être « un mort vivant ». La comparaison s'arrête là : Steiner apprécie trop la lumière des projecteurs et il a trop publié pour correspondre au portrait du philosophe maudit. S'il dérange à Cambridge, c'est parce qu'il tient à envisager la littérature anglaise dans un contexte mondial. Et encore une fois, il accorde trop d'importance aux idées : « Savez-vous qu'il y a quarante-cinq mille morts sous le Faubourg Saint-Honoré à Paris ? Hommes, femmes, enfants ! Ils sont tombés pour la Commune, pour une idée. Vous autres Anglais ne soupçonnez pas l'importance des idées et des idéologies pour le reste de l'Europe. Vous n'avez eu qu'une petite guerre civile sans trop de casse. Vous exportez votre haine de l'Irlande. Il y a un contraste frappant entre la tolérance et cette méfiance instinctive envers l'intelligence et l'éloquence. Si le Créateur venait en Angleterre et cherchait à exposer ses convictions, vous savez ce qu'on lui répondrait ? "Oh, lâchez-nous un peu !" »

À condition de ne pas être Irlandais, ai-je objecté, le fait que les Anglais ne jugent pas nécessaire de tuer autrui pour des idées est plutôt une bonne chose, non ? Il m'a approuvé, à sa manière bien à lui : « Oui, ce pays a la chance d'être dominé par une impressionnante médiocrité intellectuelle. C'est elle qui vous a épargné du communisme et du fascisme. Au bout du compte, vous ne vous souciez pas assez des idées pour en supporter les conséquences. » Il peut en effet y avoir des modes assez durables, comme l'engouement pour le monétarisme et les privatisations, mais en règle générale les Anglais ne croient en aucun « isme », ce qui pourrait expliquer la difficulté de Tony Blair à porter sa « troisième voie » plus loin que du pragmatisme transformé en slogan. La tendance n'est pas nouvelle. puisque le système éducatif de « l'Espèce » n'était pas conçu pour encourager à la réflexion et au débat idéologique. Visitant l'Angleterre dans les années 1860, le philosophe français Hippolyte Taine remarquait que les écoles publiques anglaises donnaient une place bien plus considérable aux sports que les lycées français, lesquels manquaient d'espace pour les activités sportives puisqu'ils se situaient dans les centres urbains, de toute façon. Très pertinemment, il remarquait que l'enseignement anglais tendait à produire des esprits instinctivement conservateurs ; sur le plan religieux, le morne bourrage de crâne assuré par l'anglicanisme victorien donnait des étudiants qui « soutenaient, au lieu de contester, la grande institution ecclésiastique, la religion nationale ». Surtout, le système donnait la primeur à l'intégrité morale, non à la rigueur intellectuelle : « L'acquisition des connaissances et la formation de l'esprit arrivent après le tempérament, le cœur, le courage, la force et l'adresse physiques, qui occupent le premier rang. » Le résultat est ce profond scepticisme avec lequel les Anglais ont appris à considérer toute promesse de bonheur ou de société idéale.

Si les intellectuels semblent dédaigneux en Angleterre, c'est parce qu'ils souffrent du complexe d'infériorité le plus corrosif : personne ne les prend autant au sérieux qu'eux-mêmes. Des êtres tels que George Steiner sont « ridiculisés » dans leur dos pour le simple fait d'être intelligents, ainsi que l'intéressé lui-même le constate sans pour autant aller aussi loin dans la critique du « vrai Anglais » que Richard Wagner remarquant : « Il est comme un mouton, avec le même instinct pratique de l'ovin reniflant sa nourriture dans les champs. » Pourquoi ce pays, tout en jouissant de l'une des plus riches traditions intellectuelles au monde, ne laisse-t-il pas de place aux sages et aux lettrés ? À la fin du XVIIe siècle, la Royal Society de Londres était devenue le phare de la science européenne. « La nature est encline à révéler ses secrets aux Anglais plus qu'à d'autres, parce qu'elle les a déjà gratifiés d'un génie parfaitement conçu pour recevoir et assimiler ses mystères », soutenait l'évêque Sprat en 1667 dans son *Histoire de la Royal Society*. Eux-mêmes n'en sont souvent pas conscients, cependant, et c'est Voltaire, à bien des égards la personnification du Siècle des lumières, qui a rendu l'hommage le plus vibrant à l'apport intellectuel et scientifique anglais, n'hésitant pas à comparer le « génie » d'Isaac Newton à l'« ingénuité » de René Descartes.

De nos jours encore, le Trinity College de Cambridge, *alma mater* de Newton, a donné plus de prix Nobel – vingt-neuf – que tous les établissements supérieurs de France réunis. La différence, c'est que les Anglais n'en font pas tout un fromage. Quand trois Français ont reçu cette distinction la même année, les autorités ont accordé un jour férié aux écoliers de la nation. Lorsque, dans son laboratoire de biologie moléculaire à Cambridge, Aaron Klug a appris au téléphone qu'il avait obtenu le prix Nobel de chimie 1982, il s'est contenté de remarquer joyeusement : « Ah, je vais pouvoir m'acheter un nouveau vélo ! » Cette extrême modestie n'a pas manqué de surprendre Victor Hugo qui, arrivé à Londres pour saluer la mémoire de William Shakespeare, a cherché en vain un monument à la gloire de l'un des plus grands écrivains au monde avant de s'aventurer loin dans Westminster Abbey et là, dans l'ombre de quatre ou cinq énormes personnages royaux oubliés par l'histoire mais s'élevant dans une splendeur de marbre ou de bronze, de découvrir « un minuscule buste » dédié au barde d'Avon. Depuis lors, les œuvres de Shakespeare sont données dans des salles de Londres ou de Stratford qui ne survivraient pas sans l'aide publique et la clientèle des touristes étrangers, mais l'étonnement de Hugo demeure justifié : lorsqu'il s'agit de recevoir un hommage officiel en Angleterre, un obscur général est mieux traité qu'une douzaine de bons poètes.

Non que les Anglais prétendent tuer les idées : ils préfèrent les laisser mourir dans l'oubli. L'approche typique d'un problème ne consiste pas ici à chercher une idéologie pour y répondre mais à renifler autour de lui, à le repérer comme le ferait un chien dressé à trouver les truffes, et seulement après à trouver une solution. C'est une démarche empirique, conciliante, qui ne prend pour étendard que le bon sens et préférera toujours l'utile à l'abstrait. Ainsi qu'Emerson l'a constaté, « ils apprécient les manettes, les vis, les poulies, le cheval de trait flamand, les écluses, les moulins, la mer et le vent qui portent leurs navires de commerce ». On peut comprendre que cette nation ait eu tant d'excellents scientifiques mais cela n'explique pas entièrement sa défiance viscérale envers les intellectuels.

Je crois qu'il faut, là encore, en revenir à l'insularité. Peuple relativement homogène, assez isolé géographiquement des grands courants de pensée européens, avec la mer et les Celtes pour frontières, les Anglais ont toujours eu une idée assez définie d'eux-mêmes, sans besoin de se réinventer radicalement. À l'instar de leurs lois, leur identité nationale s'est fondée plus par sédimentation que par ruptures. L'intellectuel, au contraire, s'épanouit dans un contexte plus changeant, plus ouvert, où les grandes idées peuvent se développer en théories réformatrices, et les plus ambitieuses de ces dernières en idéologies. Au cours des deux derniers siècles, la France a connu une monarchie, deux empires et cinq républiques. En moitié moins de temps, l'Allemagne est passée de la monarchie à la république, puis au Reich, puis à la division entre communisme et capitalisme, puis à la réunification sous forme fédérale. De son côté, l'Angleterre est restée ce qu'elle était déjà, c'est-à-dire une monarchie parlementaire sans réel désir de changements radicaux. La plus grande transformation sociale qu'elle ait connue à l'ère moderne, l'invention de l'État-providence, a été avant tout un projet pragmatique inspiré par des idéaux plus que par de l'idéologie. C'est peut-être, tout simplement, que les Anglais n'ont pas eu besoin d'intellectuels pour leur expliquer qui ils étaient.

Quand la Révolution a fait exploser la structure de classes française, il en est né un nouveau type de Français : « Les anciens “sujets” apprenaient qu'ils étaient devenus “citoyens” », écrit l'historien Simon Schama. « De cette nouvelle réalité, la Nation citoyenne, on pouvait non seulement attendre, mais réclamer la justice, la liberté et la prospérité ». L'idéal révolutionnaire, qui s'est maintenu jusqu'à aujourd'hui, a pu avoir des retombées politiques catastrophiques, par exemple les milliers de victimes dans le Paris communard pleurées par George Steiner, mais il a également donné une base solide à l'État-citoyen, un espace dans lequel chacun a une idée bien définie de ses droits et devoirs tels que la Constitution les garantit. N'ayant pas vécu un tel séisme social, les Anglais sont restés une nation d'individus qui n'attendent pas de prodiges de l'État. Étonnamment, c'est un trait national qui a particulièrement séduit toute une série d'intellectuels français venus en Angleterre avant la Révolution française, de Voltaire à Montesquieu en passant par Mirabeau. Au cours de la guerre d'Indépendance américaine, lorsque l'opportunisme français prenait le parti des colons révoltés, Beaumarchais allait recevoir de son ami Gudin de la Brunellerie une lettre dans laquelle celui-ci s'émerveillait que « le monde entier regarde vers la France pour sa délivrance » mais ajoutait : « Si vous finissez du côté des vainqueurs, témoignez du respect à l'Angleterre. Ses libertés, ses lois, ses dons ne sont pas là-bas opprimés par d'absurdes despotes. C'est un modèle pour tout État. » Même un extrémiste comme Marat pouvait admirer ce qu'il avait vu de la tradition politique anglaise durant son exil à Londres : John Bull aurait été le premier étonné d'avoir inspiré la Révolution française, certes, mais c'est en partie vrai.

Alors que les Français insurgés inventaient le Citoyen, l'innovation typiquement anglaise a été le Jeu, héritage toujours vivant dans tous les stades et les cours de récréation du monde. Le football est *le* sport mondial par excellence, le base-ball une variante d'un jeu d'enfants anglais, et le football américain un dérivé du rugby, inventé par un élève de la Rugby School, William Webb Ellis, le jour où il eut l'idée de prendre en main le ballon de football et de courir avec pendant un match. En tennis, le premier tournoi de Wimbledon remonte à 1877. Ce sont les Anglais qui ont établi les distances réglementaires pour la course à pied, la natation, l'aviron, et qui ont mis au point les cages de but, les chronomètres et les premières courses de chevaux de l'histoire moderne. Même quand ils ont importé des sports d'autres peuples, ski ou polo, ce sont eux qui en ont fixé les règles. Les premiers gants de boxe rembourrés ont été portés par le champion anglais Jack Broughton au milieu du XVIIIe siècle… On pourrait continuer longtemps sur ce registre.

D'aucuns objecteront que l'Angleterre, nation mondialement dominante à la fin du XIXe, était prédisposée à transmettre ses engouements et ses obsessions au reste de la planète. Si les montagnards écossais avaient bâti un empire, toute la terre jouerait peut-être maintenant au « shinty ». Si cela avait été les Indiens d'Amérique, le lacrosse serait peut-être le football, et les Basques auraient sans doute créé une coupe du monde de pelote s'ils avaient eu des visées impérialistes. Mais cette remarque n'explique pas pourquoi les Anglais eux-mêmes se sont absorbés à ce point dans le Jeu. Stabilité sociale, sécurité, aisance matérielle, existence de temps libres sont des raisons objectives, et peut-être aussi le besoin de trouver des dérivatifs à l'agressivité alors que la pratique du duel a été condamnée en Angleterre plus tôt que dans le reste de l'Europe. Loin d'avoir entraîné la mort des sports de village, l'urbanisation les a recyclés, notamment pour servir de défoulement aux centaines de garçons parqués dans de vastes internats pour apprendre le métier de bâtisseur d'Empire.

Cherchant à définir ce que pourrait être une culture nationale en 1949, T. S. Eliot – encore un exemple d'Anglais de cœur mais non de naissance – a dressé une liste qui incluait « le jour du Derby, les régates d'Henley, Cowes, le 12 août, une finale de championnat, les courses de lévriers, le billard, les fléchettes, le fromage de Wensley, le chou bouilli coupé en dés, les betteraves au vinaigre, les églises néogothiques et la musique d'Elgar ». De nos jours, il aurait eu à modifier les habitudes alimentaires et à tenir compte du déclin du billard, certes, mais l'aspect le plus remarquable de sa définition, c'est-à-dire que huit des treize traits selon lui spécifiquement anglais se rapportent au sport, resterait d'actualité.

La romancière Vita Sackville-West, qui ne vouait pas une admiration inconditionnelle aux mâles anglais, écrivait en 1947 qu'« un Anglais montre le meilleur de lui-même à l'instant où un autre homme lui lance une balle. On ne le verra alors pas méprisant, ni agressif, ni querelleur, ni mauvais joueur, mais au contraire plein de respect pour les règles qu'il aura sans doute lui-même inventées, et persuadé que son adversaire les observera lui aussi. Il ne lui viendra pas à l'idée de tricher, et n'aura de dédain que pour un vainqueur trop triomphant ou un perdant grincheux [...]. C'est fort simple : on jette, pousse ou frappe la balle, ou bien c'est que l'on a manqué son coup, et la même chose s'applique au brave gars d'en face, tout cela dans la bonne humeur ». Ce qu'elle décrit là, c'est l'idée anglaise du Jeu, du sport pour le sport, dont certains poètes comme Henry Newbolt ont célébré avec pathos les vertus civilisatrices :

> « Le fleuve de la mort déborde de ses berges,
> Et l'Angleterre est loin, et l'Honneur émerge.
> La voix de l'écolier rallie les preux :
> Jouez ! Jouez ! Et jouez le jeu ! »

Dans ce cas, le parallèle entre la guerre des Flandres et une partie de balle au pied pourra paraître d'un goût douteux, mais il dérive de cette idée qu'aucun problème n'est insoluble si l'on a le cœur à... jouer. Dans les belles journées qui précédèrent août 1914, avant l'horreur des tranchées, cette image séduisait encore, ainsi que le rapporte Osbert Sitwell : « De telles guerres ne pouvaient être globales mais simplement une brève variante des Jeux Olympiques [...]. Vous gagniez un round, l'adversaire emportait le suivant. On ne parlait pas plus de déroute cuisante ou de lutte au finish que dans n'importe quel combat de boxe. » En 1917 encore, malgré les pertes humaines, les élites anglaises aimaient croire que leurs soldats étaient supérieurs à l'ennemi parce que toute la nouvelle génération du pays avait passé sa prime jeunesse à galoper sur les terrains de sport et à se comporter en héros corinthiens. Si elles avaient étudié les dossiers médicaux des deux millions et demi de conscrits pour l'année 1917-1918, pourtant, elles auraient mesuré leur erreur : sur neuf jeunes Anglais en âge de servir, trois étaient en bonne condition physique, deux présentaient une constitution presque rachitique, trois autres encore étaient dans un état lamentable et le dernier était invalide chronique. Mais l'idéal sportif s'adressait au mental autant qu'au physique, n'est-ce pas ? À la même époque, le message de propagande adressé aux troupes par lord Northcliffe soutenait que les Anglais faisaient de meilleurs soldats parce qu'ils avaient un sens de leur individualité alors que les Allemands étaient entraînés « pour obéir, et obéir en groupe ». Et il poursuivait : « Le football, qui est une école de l'individu, n'est apparu que relativement tard en Allemagne... »

Ode ampoulée à l'Espèce, le poème de Newbolt cité plus haut a été pris au pied de la lettre par certains. Le 1er juillet 1916, à la veille de la bataille de la Somme dans laquelle quatre cent vingt mille Britanniques allaient tomber, le capitaine W. P. Nevill allait offrir une balle de football à chacune des quatre sections sous son ordre, avec promesse de récompense pour celle qui serait la première à atteindre la ligne de front allemande en dribblant. Il devait mourir avant de savoir qui avait gagné.

On est ici en pleine démence, bien sûr. Inculquant aux hommes de ces générations le culte de la « virilité », de la discipline et du sang-froid, le code du Jeu pouvait avoir des répercussions des plus surprenantes sur certains individus. La trajectoire de C. B. Fry en témoigne : fils d'un chef comptable de Scotland Yard, ce jeune prodige sportif avait à sa sortie de l'université – Oxford, évidemment, et dans les meilleurs – déjà brillé au cricket et au football, égalé le record du monde du saut en longueur et n'avait dû renoncer à une place de trois-quarts dans l'équipe de rugby qu'à cause d'une blessure. Devenu journaliste sportif, il allait s'imposer comme un batteur légendaire au cricket, jouant dans l'équipe d'Angleterre jusqu'à l'âge de quarante-neuf ans. Un vrai héros anglais, donc, beau, athlétique, intelligent, franc, un magnifique spécimen de l'Espèce qui allait cependant consacrer un chapitre entier de son autobiographie, écrite en 1939, à chanter les louanges de l'Allemagne nazie. Trouvant la jeunesse berlinoise de 1934 « vibrante, énergique et prête à travailler dur sans devenir incapable de s'amuser », il était sorti extasié d'un entretien avec Adolf Hitler, saluant la « dignité naturelle » de ce « grand homme »...

Cette sympathie envers le fascisme n'était pas du tout rare chez les riches Anglais de l'époque, et il est peut-être injuste d'attaquer un sportif sur ses opinions politiques. Le problème, c'est que l'esprit fair-play et la passion du sport tant prônés par les tenants de « l'Espèce » étaient censés former des êtres moralement aptes à diriger la nation. Et il faut encore ajouter quelque chose à propos de C. B. Fry : malgré tous ses airs de gentleman amateur, malgré son activité journalistique qui ne servait en réalité qu'à maintenir l'illusion qu'il ne jouait au cricket que pour le plaisir, il appartenait à ce type d'Anglais qui pouvaient se permettre de cultiver le Jeu tout simplement parce qu'ils n'avaient pas besoin de travailler. Pour tous ceux qui vivaient dans le monde réel, appartenir à « l'Espèce » aurait été matériellement impossible.

Auteur de *English Gentleman*, l'écrivain Simon Raven a remarqué un jour : « Moi-même, je ne suis pas un gentleman. Je n'ai pas le sens du devoir, je suis content de jouir de privilèges et même de fuir, voire d'ignorer totalement les obligations implicites qui en découlent. » Nous avons ici la réaction typique de l'après-guerre contre l'idéal victorien et pourtant cet auteur garde quelque part la fibre de ce modèle qu'il dénonce. Intelligent, cultivé, bon joueur de cricket, bon camarade de classe jadis, séduisant, il a certainement été dans sa jeunesse une sorte d'Apollon en flanelle, quelqu'un que l'Espèce aurait été ravie d'accueillir en son sein. Mais il avait trop d'imagination et il était d'esprit trop rebelle pour se fondre dans ses rangs.

À trente ans, Raven avait été accepté dans l'un des meilleurs collèges du pays, renvoyé quatre ans plus tard pour « le truc habituel » (entendez l'homosexualité), était entré brillamment à Cambridge, s'y était vu proposer un poste de maître-assistant mais avait quitté le campus couvert de dettes, avait servi dans l'infanterie royale et échappé de peu à la cour martiale quand ses débiteurs le poursuivaient pour des chèques sans provision. Hostile au mariage et à la procréation, il avait eu accidentellement un fils, ce qui l'avait forcé à épouser la mère. Un jour, celle-ci, aux abois, lui avait télégraphié : « BESOIN ARGENT, FEMME ET BÉBÉ AFFAMÉS », à quoi il aurait répondu selon la légende : « DÉSOLÉ, À SEC. ÉVENTUELLEMENT MANGER LE BÉBÉ ? »

À l'aune des valeurs du gentleman traditionnel, Raven aurait été catalogué comme un goujat, sinon pire. Il a affirmé une fois qu'il était trop intelligent pour ne pas être un sale type. En 1960, il était toutefois si convaincu que l'idéal anglais était mort qu'il allait écrire : « Le gentleman traditionnel, c'est-à-dire celui dont l'existence est fondée sur la vérité, l'honneur et le devoir, a été liquidé par des pressions sociales adverses, parmi lesquelles la jalousie et le matérialisme occupent une place déterminante. Elles l'ont forcé à abandonner ses critères les plus exigeants ou, s'il les conserve tout de même, à admettre qu'ils ne sont que des anachronismes superflus, l'objet des railleries, au mieux, et au pire, de la haine. »

Il y a un splendide toupet dans cette oraison funèbre à la mémoire du gentleman anglais, expédié à la tombe si négligemment. Mais même si nous ne retenons pas les raisons invoquées par Raven – « jalousie », « matérialisme », etc. –, nous avons généralement accepté son avis de décès, motivé par des preuves aussi diverses que l'augmentation des cas d'adultère ou la découverte par les messieurs de la City londonienne que la parole donnée ne valait pas toujours cher.

À notre déjeuner, Simon Raven est arrivé avec une ponctualité de gentleman. Ce qui ne l'a pas empêché, peu après, de partir aux toilettes en expliquant : « Maladie de Crohn. Assez enquiquinant. » Grand, un peu débraillé dans sa veste de tweed et sa chemise sans bouton de col retenue par une cravate club, il avait l'allure de quelqu'un qui a vécu des décennies durant dans des meublés, un irascible instituteur à la retraite, par exemple. Cette impression n'est pas si loin de la réalité, puisqu'il a passé la majeure partie de sa carrière littéraire dans une pension du Kent payée par son éditeur, qui lui versait des émoluments hebdomadaires pour l'obliger à rester à sa table de travail. Son intéressante production est le résultat de cet arrangement.

Il avait répondu à ma proposition de rencontre par une série de notes manuscrites, la première en des termes savoureux : « Comme vous le savez, être interviewé est fatigant, à tout point de vue. Si vous proposiez un déjeuner dans un endroit choisi et tranquille, cependant, je serais en mesure de vous voir. » Et c'est ainsi que nous nous sommes assis au Caprice, à St James, où il a commandé un Campari soda en lançant : « Ça fait des années que je ne suis pas venu ici. » Il paraissait un peu déplacé au milieu de la clientèle de femmes de banquiers et de politiciens conservateurs qui ont colonisé cet établissement.

Une fois encore, quelqu'un dont on aurait pu attendre des vues arrêtées sur l'anglicité – après tout, ses romans ont tous pour thème essentiel le comportement anglais – s'est montré étonnamment réservé lorsqu'il a été question de cerner la spécificité nationale. « Je pense que le cricket est important » : c'est à peu près tout ce que j'ai pu tirer de lui. La remarque est importante, néanmoins. Si le cricket est *le* sport anglais par excellence, c'est à cause de l'amour du jeu pour le jeu que nous évoquions plus haut. Étant allé assister à la Coupe du monde de cricket de 1996 en Inde, Robert Winder constatait ainsi : « Si vous êtes indien ou pakistanais, vous ne serez pas loin du suicide quand votre équipe perd ; si vous êtes antillais, vous aurez l'impression que le monde s'écroule autour de vous. Mais il s'agit de pays où le cricket est l'une des principales fabriques de fierté nationale. En Angleterre, on ne soutient pas une équipe de cricket, on la suit. C'est le jeu qui retient l'attention, non l'équipe. »

Peut-être les choses seraient-elles différentes s'il y avait une équipe de cricket britannique, impliquant l'Union Jack dans l'issue de la partie. Mais le principal, c'est que ce sport lent, méticuleux, faisant l'objet d'une dévotion curieusement dépassionnée, symbolise un idéal résumé par un officiel dans son adresse aux jeunes joueurs de cricket en 1931, quand l'Espèce était en plein déclin : « Vous faites bien d'aimer ce sport, car il est plus éloigné du sordide et du déshonorable que tout autre sport au monde. Y jouer avec enthousiasme, honnêteté, générosité, abnégation, est une leçon d'éthique en soi, dont la salle de classe est l'air et le soleil que nous donne Dieu. »

Cependant, au moment où Simon Raven a rédigé son thrène à la mémoire du gentleman anglais, le cricket anglais était devenu un sport de professionnels, coupé de son passé villageois et lycéen. Or, les Anglais ont plus de mal que d'autres à pratiquer le Jeu en professionnels, et les joueurs étrangers venus passer une saison avec leurs collègues locaux sont souvent surpris par la relative indifférence de ces derniers aux résultats de l'équipe. Au niveau national, ils ont repris la pratique australienne du « sledging », qui permet au batteur de temporiser autant qu'il le peut, et on a même vu un capitaine anglais crier des insultes à un arbitre... Raven aurait-il raison ?

Il y a peut-être quelque chose dans la « circularité » de l'existence de Simon Raven qui nous donne pourtant un éclairage important sur le fait anglais : après avoir été renvoyé de Charterhouse School, en effet, il a été retrouvé longtemps après par cette même institution. « Quand j'ai vu que mes livres étaient de moins en moins bons et se vendaient de moins en moins, j'ai décidé de réagir », m'a expliqué Raven. C'est un autre trait de caractère de certains Anglais que d'avoir toujours les relations efficaces au moment voulu, et c'est ce qui lui a permis d'entrer en contact avec le directeur de l'un des établissements les plus originaux de la capitale.

Au début du XVIIe siècle, Thomas Sutton, le plus riche roturier du pays après avoir passé sa vie à vendre le charbon retiré des mines du Durham, a voulu être en paix avec son âme en fondant deux institutions pour le bénéfice d'autrui. La première, Charterhouse School, devenue trop importante pour ses installations de Londres, a été transférée dans le Surrey, visant à transformer en gentlemen les fils d'ambitieux commerçants de province. Son autre création, un hospice pour « braves soldats qui ont servi en mer ou sur terre, marchands ruinés par les naufrages ou la piraterie, serviteurs du roi et de la reine », occupe jusqu'à aujourd'hui les bâtiments de Charterhouse Square. Mais comme, pour être admis à l'hospice Sutton, il faut prouver sa qualité de « gentleman », on pourrait penser que l'endroit est désespérément vide depuis 1960.

Pas du tout. C'est un établissement très demandé, et c'est dans celui-ci que Simon Raven a été finalement accepté. L'écrivain iconoclaste tient certes à ne pas donner l'impression d'avoir tourné sa veste et d'être revenu au bercail tant décrié : son profond scepticisme envers la race humaine n'a pas changé. Mais c'est une des forces de l'establishment anglais que de savoir tolérer les railleries les plus féroces et de reprendre leurs auteurs sur son sein. Aucun Anglais n'échappe vraiment aux institutions qui l'ont formé.

Alors, dans le cloître de l'hospice, les Frères passent leur vieillesse avec trois repas par jour, service à table, bière et vin à discrétion, le tout pour cent trente-huit livres par mois. Simon Raven aimerait gagner plus d'argent pour éponger une partie de ses lourdes dettes mais il n'a guère d'illusions à ce sujet. La seule clause contraignante du règlement de la maison Sutton, vestige des convictions moralisatrices de l'Espèce, est l'interdiction d'inviter des dames mais, dit Raven, « à mon âge ce n'est pas un problème ». La seule exception à cette règle consiste en la surveillante générale, à demeure, personnage féminin que les occupants de l'hospice ont déjà connu dans leur lointaine enfance : à l'internat où ils avaient été envoyés loin de leur mère.

10. « Cherchez *le* femme »

Contrairement à une opinion largement répandue, les femmes anglaises ne portent pas de chemise de nuit en tweed.

HERMIONE GINGOLD, *Saturday Review,* 1955

On ne rencontre pas tous les jours quelqu'un qui a subi une greffe du fessier. Avec sa cinquantaine joviale, ses cheveux clairsemés, son costume rayé et ses chaussures de bonne facture, l'individu en question semble l'archétype de la probité anglaise. On sent qu'il est fier de n'avoir qu'une parole. Le jour, il est banquier d'affaires. La nuit, il aime se faire fouetter jusqu'au sang. Son obsession a, dans d'autres pays, reçu le nom de *vice anglais**.

L'opération subie par son postérieur, qui a rapporté une belle liasse de billets à un chirurgien plastique de Harley Street, est le résultat d'une vie entière de châtiments corporels. Tout comme les cicatrices sur l'arcade sourcilière d'un boxeur, il est des blessures qui finissent par demander une greffe de peau lorsqu'on les rouvre trop souvent. L'habitude a commencé très tôt, sous la main paternelle : alors que toute marque d'affection était prohibée entre un père et son fils dès qu'il dépassait l'âge de cinq ans, ce dernier devait supporter les fessées avec une totale impassibilité, « comme un homme ». Au cours des dix années suivantes, raconte notre spécimen, « mon derrière a été attaqué par pas moins de dix-sept personnes, parents, gouvernante, professeurs, surveillants... » Il ne s'apitoie aucunement sur lui-même à ces souvenirs mais s'en amuse, au contraire. À ce stade, la souffrance n'avait pas de connotation sexuelle pour lui : elle faisait simplement partie des règles de l'enseignement privé en

Angleterre, de cette machine auquel le père de Tom Jones avait déjà livré son fils pour en faire « un Anglais courageux, serviable, honnête, un gentleman et un chrétien ».

C'est seulement lorsqu'il a atteint l'université que cette expérience passée a commencé à se teinter d'érotisme. Il a lu Swinburne, *Fanny Hill* et *Histoire d'O*, mais les filles anglaises qu'il rencontrait n'étaient pas enclines à mettre ses fantasmes en pratique. Le mariage ne s'est pas révélé plus satisfaisant sur ce point, sa femme ne trouvant aucun attrait à jouer les Vénus en fourrure. Le troisième des psychiatres qu'il a consultés pour se « guérir » lui a finalement conseillé de dépenser dans de discrets établissements spécialisés en « déviances » l'argent qu'il dilapidait en consultations qui ne servaient qu'à aggraver sa culpabilité. Son épouse, avec laquelle il menait une vie par ailleurs très normale et qui lui a donné quatre enfants, a approuvé ce conseil, ne posant pour seule condition qu'il cache soigneusement l'état de son fessier tant que ses cicatrices ne seraient pas refermées.

Et ainsi a commencé une double vie de respectable banquier parcourant le monde pour ses affaires, de père de famille envoyant ses enfants dans le même genre d'écoles qu'il avait lui-même eu à subir, et qui à la nuit tombée cherchait des femmes, si possible musclées, si possible noires, prêtes à lui donner la canne contre espèces sonnantes et trébuchantes. Ayant découvert au cours d'un voyage les multiples ressources des clubs masochistes de New York, il s'est aperçu que l'excitation venait non seulement du fait d'être fouetté mais de l'être en public, et depuis il satisfait ses goûts avec des amis ou de complets étrangers qui les partagent.

La pulsion est complexe, difficile à cerner. Même si elle ne se borne pas exclusivement à ce peuple – Jean-Jacques Rousseau reconnaît apprécier la fessée dans ses *Confessions* –, elle a été étiquetée, on l'a dit, comme le *vice anglais**. Entrez dans n'importe quelle cabine téléphonique du centre de Londres et vous trouverez des douzaines d'autocollants sur lesquels des dominatrices en latex vous promettent la correction de votre vie si vous composez tel ou tel numéro. Les marchands internationaux de pornographie connaissent bien ces inclinations masochistes anglaises, qui ne datent certes pas d'hier : au XVIIIe siècle, l'une des héroïnes du satiriste William Hogarth (1697-1764), Moll la Catin, a toujours une badine accrochée au mur de sa chambre ; la littérature du style « Troublants châtiments » est d'origine anglaise, et au XIXe siècle certains lupanars londoniens ne se consacraient qu'à la flagellation. C'est un Anglais qui a même inventé une machine capable de fouetter plusieurs personnes à la fois !

Les visiteurs étrangers, effarés par ces tendances, les ont mises sur le compte d'une alimentation trop riche en viande et, bien sûr, des habitudes prises dans les affreux collèges victoriens. Il est vrai que la punition corporelle scolaire a laissé des traces psychologiques, ainsi que le déclare le protagoniste du *Virtuoso* de Thomas Shadwell à sa maîtresse : « Où sont les instruments de plaisir ? Je m'y suis tellement accoutumé à Westminster School que je ne puis plus m'en passer [...]. Ne m'épargnez pas la douleur. J'aime intensément être puni. » Parmi les autres contributions de cet établissement à la tradition masochiste, il faut noter que John Cleland, l'auteur de *Fanny Hill*, dont les scènes de fessée ont beaucoup contribué à établir la réputation sulfureuse des Anglais à l'extérieur du pays, fut l'un de ses élèves. Cet écho de l'univers scolaire se retrouve dans une certaine « Académie Muir », un cercle exclusif de fétichistes anglais qui, pour se cingler le derrière, revêtent des uniformes de collégien spécialement conçus pour leur taille d'adultes...

Avant de rencontrer ce banquier, je pensais naïvement qu'il s'agissait simplement d'un jeu érotique où des professionnelles faisaient semblant de cravacher dur tandis que leur victime s'imaginait à nouveau écolier. Mais il m'a vite détrompé : « Il faut que ça fasse mal ou ça ne sert à rien. Ce serait comme si elles frappaient le canapé. » Pense-t-il, alors, que ce besoin soit le résultat direct de ce qu'il a connu dans son enfance ? « Eh bien, c'est l'explication la plus plausible que m'ont donnée les psys. Lorsque mon père me corrigeait, il me félicitait ensuite si je n'avais pas pleuré ni flanché. J'aurais "associé" la douleur au fait d'être aimé et respecté, d'après ces spécialistes. Quant à ce qui se passe à l'école, les Anglais doivent certainement aimer la canne puisque c'est ce qu'on utilisait dans les établissements anglais, alors que les Écossais semblent avoir une préférence pour la lanière de cuir, car c'est ce qu'ils avaient dans leurs écoles. »

Il serait ridicule de prétendre que le « vice anglais », malgré son nom, n'appartient qu'à ce pays, et encore plus qu'il y est largement pratiqué. D'après les « spécialistes », cependant, le masochisme est plus répandu dans les nations à majorité protestante, anglo-saxonne, qu'en Europe du Sud catholique. Et son paradoxe essentiel, l'idée que la punition est une récompense et la douleur un plaisir, est certes bien en phase avec l'hypocrisie anglaise. Avec la fin officielle des châtiments corporels à l'école, on aurait pu croire que la tendance déclinerait, mais apparemment c'est tout le contraire : « On retrouve des gens de tous les milieux sociaux, m'a expliqué mon banquier fétichiste, et beaucoup de femmes, aussi. Je ne sais pas ce qui se passe dans le corps diplomatique mais dès qu'elles sont à Londres les épouses de deux ambassadeurs anglais me téléphonent sur le champ pour que je vienne leur donner une fessée. »

Il y a une scène de l'un des romans de Kingsley Amis où l'héroïne, Jenny, une jeune enseignante débarquée dans une étrange ville anglaise des années 1950, est abordée par un homme qui lui demande si elle est Française, ce qu'elle comprend aussitôt comme une insinuation d'ordre sexuel. La France, et « l'outremer » en général, ont longtemps été tenus ici pour l'espace des plaisirs interdits, là où l'on peut se procurer des « livres sales » : l'*Ulysse* de Joyce a d'abord été publié à Paris, et c'est seulement en 1960, trente ans après sa publication sur le continent, que la version non expurgée de l'*Amant de Lady Chatterley* a été autorisée en Grande-Bretagne, ouvrage que, selon la remarque fameuse du procureur dans le procès pour obscénité intenté aussitôt, « vous ne voudriez même pas que votre femme ou vos domestiques lisent ». Cette conviction anglaise que la France est le siège de la copulation permanente a des racines fort lointaines. Il y a deux siècles, un commentateur influent déclarait tout de go que « les Français ont la réputation d'en connaître plus long sur l'amour et de mieux le faire que toute autre nation au monde », et en 1997 encore, dans un supplément de quatre pages sur les « Secrets sexuels français », le journal *People* publiait les conseils soi-disant censurés d'une certaine « Mademoiselle Énorme Poitrine », en français dans le texte mais preuve patente que le montage était sorti de cerveaux anglais, autrement plus obsédés par les gros seins que leurs voisins d'outre-Manche ainsi que le démontre la page 3 des tabloïds de Londres. On y trouvait des observations aussi pénétrantes que : « une femme à genoux ne sera en mesure de stimuler son clitoris qu'en retirant une main du sol et en perdant donc l'équilibre », mais surtout une profusion de photos de modèles en porte-jarretelles et en... « french knickers », la seule locution que les Anglais aient trouvée pour désigner la petite culotte.

L'accent mis sur la sexualité « exotique » cache évidemment un vilain petit secret qui domine depuis longtemps les relations entre sexes dans la « bonne » société anglaise. Les institutions conçues pour fabriquer « l'Anglais idéal » au XIXe siècle pratiquaient une stricte discrimination entre hommes et femmes, les obligeaient à mener des existences séparées et profondément inégales, même au sein du mariage. Le gentleman typique était un habitué de son club, un fumeur de pipe campé sur ses certitudes qui ne pouvait que se montrer maladroit en compagnie des femmes, n'ayant connu que des espaces strictement masculins toute sa vie. De ce fait, il était aussi plus libre de laisser cours à son hypocrisie, prêchant la moralité tout en se livrant à la débauche. Entraîné par la révolution industrielle, le développement de la vie urbaine assurait un anonymat et des occasions qui auraient été impensables dans des communautés plus réduites. Dès 1793, ainsi, on décomptait pas moins de cinquante mille prostituées rien qu'à Londres. Quarante ans plus tard, un observateur notait la généralisation de la « prostitution secrète » parmi les ouvrières du textile, les employées de magasin, à la sortie des théâtres et des salles de danse.

En 1859, la revue médicale *The Lancet* estimait que le chiffre de deux mille huit cent vingt-huit maisons de passe recensées par la police londonienne ne couvrait que la moitié de la réalité. Les quatre-vingt mille filles de joie de la capitale étaient particulièrement nombreuses dans le quartier du Marché au foin, où nombre d'échoppes avaient des pancartes qui proposaient des « lits à la nuit » et où Dostoïevski allait observer le ballet des jeunes et des moins jeunes, des beautés – « il n'y a pas de femmes au monde plus ravissantes que les Anglaises », soutenait-il – et des laiderons, impressionné surtout par la détresse de ces femmes : « J'ai vu des mères qui avaient emmené leurs filles pour qu'elles se lancent dans le même commerce. Des enfants d'à peine douze ans vous attrapent par le bras en vous suppliant de venir avec elles. »

Les défenseurs du Londres victorien, alors la plus grande cité du monde, rétorqueront peut-être que le romancier russe, seulement de passage, a extrapolé à partir de quelques notations éparses. Mais son témoignage est corroboré par celui d'Hippolyte Taine : « Surtout, je me souviens du Marché au foin et du Strand le soir, quand on ne peut faire cent pas sans être bousculé par vingt filles des rues. L'une vous demande un verre de gin, l'autre vous dit : "C'est pour mon loyer, monsieur." Ce n'est pas la débauche que l'on ressent, mais une abjecte misère [...]. J'avais l'impression d'assister à une procession de mortes vivantes. Là est la plaie purulente, la véritable plaie sur le corps de la société anglaise. »

Ailleurs en Europe, la courtisane pouvait atteindre un certain statut social, celui de la *grande horizontale** à Paris par exemple. Dans l'Angleterre victorienne, au contraire, la prostitution ne pouvait qu'être absolument sordide, d'une part parce qu'il fallait feindre de ne pas la voir et d'autre part parce qu'elle symbolisait jusqu'à l'extrême la nature mercantile des relations entre les sexes. La prostituée ne pouvait être acceptée, ni même tolérée, parce qu'elle n'« existait » pas au-delà de la réalité que lui conférait le portefeuille de ses clients.

L'entêtement des Anglais de l'époque à se voiler la face est assez sidérant. Dans les années 1880, le journaliste libéral W. T. Stead allait tenter de leur ouvrir les yeux en achetant à des souteneurs une fillette de treize ans, Eliza Armstrong, et en la conduisant en sûreté à Paris, prouvant ainsi l'existence d'un commerce qui visait à satisfaire le goût des riches Anglais pour la défloration des vierges. Sa campagne dénonçant le fait que « Londres, ou plutôt ceux qui poursuivent ce trafic d'esclaves blanches, est le plus grand marché de chair humaine au monde », allait jouer un grand rôle pour que la limite d'âge légale dans les relations sexuelles consenties soit élevée à seize ans en 1885. Mais la presse à scandale d'Angleterre devait s'empresser de retourner l'argument, prétendant que l'honneur des jeunes filles pures d'Albion était menacé par des trafiquants étrangers qui les enlevaient et les expédiaient... outre-Manche. Et de nos jours encore, la prostitution demeure particulièrement sordide en Angleterre, comparée à ce qui se passe dans d'autres pays d'Europe. Parce qu'elle reste un tabou.

Le 7 avril 1832, Joseph Thompson, un fermier du Cumberland, prenait la route du marché de Carlisle. S'il effectuait souvent ce même parcours, cette fois il ne s'en allait pas vendre du bétail, mais sa femme.

Après trois ans de mariage peu satisfaisant, le couple avait décidé de se séparer et Thompson, ferme adepte de la conviction populaire qu'il suffisait de mettre son épouse aux enchères pour dissoudre tous ses liens légaux avec elle, l'installa donc à midi sur une haute chaise en bois au milieu de la place du marché avant de commencer, selon le compte rendu de l'*Annual Register*, à faire l'article en des termes peu élogieux : « Messieurs, j'offre à votre attention ma femme, Mary Anne Thompson née Williams, que j'ai l'intention de vendre au plus offrant. Il est de son intention comme de la mienne de nous séparer à jamais, Messieurs. Elle n'a été qu'un serpent pour moi. Je l'avais choisie pour mon confort et le bien de mon foyer mais elle s'est changée en tourment, en calamité domestique, en invasion nocturne et en malédiction diurne. Messieurs, je le dis du fond de mon cœur : que Dieu nous délivre des épouses acariâtres et des femmes légères ! Évitez-les comme vous feriez d'un chien enragé, d'un lion en furie, d'un pistolet, du choléra, de l'Etna ou de toute autre pestilence de la nature ! »

Pour le cas peu probable où cette entrée en matière n'aurait pas découragé d'éventuels candidats, il allait poursuivre en détaillant les qualités d'Anna : « Elle peut lire des romans et traire les vaches, rire et pleurnicher aussi volontiers que vous prendriez un verre de bière pour étancher votre soif. Elle peut battre le beurre et rudoyer la servante, chanter les mélodies de Moore, coudre ses collerettes et ses bonnets. Elle ne peut fabriquer de rhum, de gin ni de whisky mais elle sait les apprécier expertement, de par sa longue expérience à les goûter. Je la propose donc, avec toutes ses imperfections, pour la somme de cinquante shillings. »

N'ayant pas trouvé preneur à ce prix avancé avec une si matoise honnêteté, Thompson se résignait au bout d'une heure à céder sa femme pour vingt shillings à un dénommé Henry Mears, non sans le convaincre de rajouter son terre-neuve à la somme en espèces. D'après la gazette, « ils se séparèrent alors de fort bonne humeur, Mears et la femme s'en allant de leur côté, Thompson et le chien de l'autre ».

À moins que Joseph Thompson n'eût été un fermier d'une éloquence exceptionnelle, il est clair que le récit a été enjolivé. La place que lui accorde l'*Annual Register* prouve que l'événement était inhabituel, mais non sans précédent : la coutume de vendre son épouse semble remonter aux plus anciens Anglo-Saxons et avait déjà stupéfait d'autres peuples. Et elle perdurait encore en 1884, quand un journaliste de la revue *All The Year Round* recensait jusqu'à vingt cas dans le pays, avec noms et dates précis et des prix qui allaient de vingt-cinq shillings à une demi-pinte de bière, voire à un penny et un dîner offert. L'histoire de ce genre la plus connue, celle d'un homme qui se saoule et cède femme et enfants à un marin, est celle que Thomas Hardy rapporte sur un ton larmoyant dans *Le Maire de Casterbridge*, publié en... 1886.

Qu'il y ait eu des hommes pour vendre – et acheter – des femmes aussi tardivement est l'un des exemples les plus frappants de l'inégalité des sexes en Angleterre. La popularité de cette pratique était notamment assurée par le calcul qu'elle se révélait à la fois beaucoup plus simple et moins coûteuse que le divorce. Du moment que la transaction se passait devant témoin, elle était jugée aussi légale qu'un mariage célébré en bonne et due forme. Dans certains comtés, l'acheteur devait même payer une taxe sur sa nouvelle épouse, comme il le faisait sur le bétail dont il faisait l'acquisition.

La coutume résultait évidemment de la conviction médiévale que la femme était inférieure à l'homme. Sinon, argumentaient les légistes, le Seigneur n'aurait pas créé Ève à partir d'une côte d'Adam mais l'aurait fait sortir de sa tête. Avec une telle mentalité, les pratiques telles que les « bains forcés » pour les épouses jugées récalcitrantes – le dernier resté dans les annales s'est produit à Leominster aussi tard qu'en 1809 –, ou la flagellation dans des temps plus anciens, paraissaient normales.

L'oppression sexiste n'était bien sûr pas une exception anglaise en Europe, et il est certain que certaines femmes de caractère ont pu vaincre les barrières patriarcales puisqu'on en trouvait plusieurs à la tête de grandes propriétés foncières du pays à la fin du XIXe et au XIXe siècles. Plus tôt encore, en 1575, le voyageur hollandais Emmanuel van Meteren, observant la vie des riches familles anglaises, constate que « les femmes sont entièrement soumises au pouvoir de leur mari [...], mais non de manière aussi stricte qu'en Espagne ou ailleurs. Elles ne sont pas enfermées, elles disposent de toute liberté dans la conduite de la maison. Bien vêtues, enclines à l'oisiveté, elles abandonnent en général les tâches ménagères aux domestiques. Dans les banquets et les fêtes, elles ont droit aux plus grands honneurs, tiennent le haut de la table et sont servies les premières [...]. C'est pourquoi l'Angleterre est appelée l'Enfer des Chevaux, le Purgatoire des Servantes et le Paradis des Épouses. »

Le problème, c'était la sexualité. Comme dans la plupart des sociétés patriarcales, les victimes des débordements de la pulsion sexuelle étaient les femmes, et les hommes établissaient les règles du jeu. S'*ils* basculaient dans l'incontinence sexuelle, c'était à cause d'*elles*. La statuaire des sept péchés capitaux présentait la luxure sous une forme féminine, ce qui explique sans doute que l'équation entre femme honnête et bas-bleu se soit développée à ce point dans la conscience collective. Celles qui manifestaient la moindre assurance – ne parlons pas d'audace – sexuelle devenaient des perturbatrices de l'ordre social. Qu'elles aient cependant existé, nous n'en avons pratiquement que des preuves en négatif, dans l'insistance des pouvoirs en place à fulminer contre elles. En 1620, James Ier ordonnait à l'évêque de Londres de demander à son clergé de prêcher contre « l'insolence de nos femmes qui portent des chapeaux à larges bords, les cheveux courts ou tondus », ce qui nous montre que certaines d'entre elles ne se pliaient pas aux règles de bienséance. Sur ce plan au moins, pas de divergence entre royalistes et tenants du régime parlementaire : après l'exécution du roi Charles Ier, les puritains ont repris et amplifié les préventions antiféminines de son père, James, et cette préoccupation se retrouve encore, une fois la Restauration accomplie.

Quelque mâle éclairé, par exemple le philosophe John Stuart Mill épousant la veuve qu'il fréquentait depuis des années, tentait de temps à autre de s'élever contre l'inanité des lois, mais ce n'était que quelques voix dans le désert et il a fallu attendre 1870 pour que le Parlement reconnaisse aux femmes le droit de gérer elles-mêmes leur fortune.

Ce n'est pas que l'Angleterre victorienne ait dénié toute place au beau sexe, mais celle qu'elle lui réservait était des plus précises, et des plus limitées. Lorsque le *Dictionnaire des biographies nationales* a été compilé, ce monument à la gloire des artisans de la grandeur britannique depuis les origines de l'histoire jusqu'à 1900 ne comptait que mille femmes sur vingt-huit mille entrées. Son éditeur, Sidney Lee, avouait que celles-ci « ne retiendront guère l'attention du biographe national avant un très lointain avenir ». Était-ce le reflet de la réalité, ou d'un parti pris sexiste ? Certes, ce dictionnaire appartient à l'époque des grandes célébrations du prestige impérial, des musées et des compilations qui faisaient la part belle à la gent masculine. Au cours du siècle, le recueil biographique de vingt-deux volumes s'est complété de plusieurs suppléments dans lesquels l'apport des femmes a été mieux considéré, jusqu'à ce que ces dernières constituent 3,5 % du nombre total des entrées. Dans l'ambiance « politiquement correcte » des années 1990, alors que se préparaient les festivités du Millénaire, les chercheurs ont recensé encore deux mille femmes dont la contribution à l'histoire nationale était jugée décisive. Au bout du compte, leur représentation demeurait cependant marginale.

Si le dictionnaire biographique s'est montré aveugle à l'apport des femmes à son origine, c'est parce qu'il ne les a pas cherchées là où il fallait. Comment trouver des dirigeantes politiques à une époque où le sexe dit faible était tenu à l'écart de la vie publique ? L'armée était un univers masculin et le clergé dominait le corps professoral des universités. À part les activités de bienfaisance et les réceptions de la haute société, les femmes ne pouvaient se distinguer que dans l'art et la littérature, et même ce petit nombre préférait souvent adopter des noms de plume… masculins.

Il y a cependant eu des femmes pour s'imposer dans ce contexte hostile. Après tout, l'Angleterre victorienne était gouvernée par une reine et les exégètes de l'Empire aimaient comparer cette ère à un autre âge d'or du pays, celui du règne d'Élisabeth Ire. Il est vrai que celle-ci avait harangué les troupes se préparant à repousser l'invasion espagnole de 1588 en reconnaissant : « Je sais que j'ai la constitution d'une faible femme mais j'ai aussi le cœur et les entrailles d'un roi, d'un roi d'Angleterre qui plus est », mais ce peuple n'a jamais manqué de redoutables lutteuses, depuis Boadicée et Hilda jusqu'à l'abbesse de Whitby, Florence Nightingale et Margaret Thatcher. Ce sont les femmes qui ont maintenu la culture anglaise vivante après l'invasion normande en épousant les nouveaux venus mais en protégeant aussi les écrivains dépositaires de l'ancienne tradition. Au temps où le commerce de la laine occupait un rôle central dans l'économie anglaise, les vieilles filles et leur métier à tisser étaient tout un symbole national. Et il y a toujours eu des femmes pour rejeter le corset de répression sexuelle que l'on voulait leur imposer : lady Caroline Lamb, Claire Clairmont et lady Oxford, toutes trois maîtresses de Byron, sont les exemples qui viennent aussitôt à l'esprit.

Elizabeth Fry a fait plus que n'importe quel homme pour améliorer les conditions de vie des prisonniers anglais du XIXe siècle. L'action énergique d'Octavia Hill réclamant de meilleurs logements pour les classes défavorisées de l'ère victorienne, a fait des émules dans toute l'Europe. C'est l'épouse d'un vicaire de l'East End, Henrietta Barnett, qui a obtenu du Parlement le droit de constituer la première cité-jardin du pays, devenant ce que d'aucuns ont appelé « la tutrice officieuse des enfants de l'État ». La liste serait encore longue mais c'est un fait que toutes ces femmes entreprenantes restaient cantonnées à des thèmes et à des activités qui ne remettaient pas en cause leur statut de pilier du foyer. La mission de Florence Nightingale dans les hôpitaux de Crimée répondait à l'appel à l'aide d'un correspondant de guerre dans le *Times* : « Est-ce qu'aucune des filles de l'Angleterre, en cette heure si pressante, n'est prête à cette œuvre de miséricorde ? » On peut toutefois parier que si elle avait été l'épouse d'un mâle victorien typique, Miss Nightingale aurait été obligée de refouler ses larmes et de rester à la maison.

Bien avant la définition victorienne de la « respectabilité », avec toutes les inhibitions qui en découlaient, les hommes anglais semblent avoir été convaincus que les femmes devaient se borner à l'univers domestique. Sous George Ier, le Suisse César de Saussure s'étonnait de voir ses hôtes anglais congédier les femmes de la table dès le dîner terminé, supposant qu'ils devaient « préférer la boisson et les jeux de cartes à la compagnie féminine ». Au contraire, il trouvait les Anglaises beaucoup plus ouvertes d'esprit et de cœur : « Elles ne méprisent pas les étrangers comme les hommes le font, elles ne se montrent pas distantes avec eux et parfois recherchent plus leur conversation que celle de leurs compatriotes. » Un visiteur français, Joseph Fiévée, trouvait particulièrement détestable chez les Anglais, qu'il n'appréciait pas follement en général, leur façon de rudoyer les femmes. En 1802, il écrivait que les hommes « restent souvent à table pour boire entre eux jusqu'à onze heures du soir pendant qu'à l'étage, dans quelque salon, les femmes bâillent à s'en décrocher la mâchoire. Il n'est pas rare que le mari de la maîtresse de maison l'abandonne avec leurs invités à la fin du dîner pour aller s'enivrer, plaisanter et jouer aux cartes avec ses amis à la taverne ».

Ces manières détestables attestent la conscience sans faille de leur supériorité qu'avaient les hommes, l'immuabilité d'une hiérarchie où les femmes devaient se retirer parce que leurs maris et pères avaient à s'entretenir d'« affaires sérieuses » comme la politique, la guerre et le commerce. Lord Chesterfield ne craignait pas de dire que « les femmes doivent être considérées en dessous des hommes et au-dessus des enfants lorsqu'on leur parle ».

Cet aplomb cache mal le malaise latent devant cette injustice, et la crainte que l'ordre ancien ne pourrait pas éternellement durer. En réaction, le discours sur la « modestie » indispensable des mères, des épouses et des jeunes filles qui le deviendraient plus tard s'est encore crispé avec l'affirmation sociale des classes moyennes à l'époque victorienne. La propagande s'est alors dirigée contre les femmes travailleuses, symbole de la « barbarie » d'une société qui ne respectait pas leur statut d'esclave domestique. Dans l'idéal petit-bourgeois, l'homme devait subvenir seul aux besoins du foyer et la femme s'y cantonner. Cette pression sociale exercée sur l'élément masculin a eu pour résultat de créer ce personnage du père et de l'époux de plus en plus accaparé par son travail, de plus en plus éloigné de la vie familiale, pour finir dans la caricature du mâle froid et distant.

La persistance de ces préjugés explique pourquoi les lois électorales de 1832 et 1867, tout en libéralisant l'accès au vote pour les hommes, ont continué à tenir les femmes à l'écart. Ceux-là étaient assez « raisonnables » pour faire leur choix, celles-ci ne réagissaient qu'à l'instinct. Ainsi, les femmes ne valaient même pas la peine d'être éduquées : à quoi bon farcir de latin et de grec des cerveaux qui ne devaient être occupés que par des recettes de cuisine, des travaux de broderie et l'art de négocier avec les fournisseurs ? La revue satirique *Punch* décrivait la « petite femme » idéale comme celle qui « étudie les arts ménagers, a une parfaite maîtrise des règles simples de l'arithmétique [...], sait vérifier les factures de chaque semaine et ne rougit pas si on la voit chez le boucher le samedi ».

La maison était plus que jamais pour les producteurs mâles un havre de paix dont l'ange tutélaire approchait de la sainteté. À la moitié du XIXe siècle, les femmes étaient considérées comme un élément « purificateur » de la société industrielle et de ses vilenies, « le désinfectant de la féminité anglaise dans le fleuve contaminé de la vie », pour reprendre la forte expression de la *Quarterly Review*. Les lectures féministes de ce passé ont prévisiblement dénoncé cette idéalisation hypocrite des femmes qui leur a été imposée pendant des générations. Le personnage de Mrs Rochester qui hante la *Jane Eyre* de Charlotte Brontë, cette « folle dans le grenier », serait le véhicule métaphorique par lequel « l'auteur manifeste son désir éperdu d'échapper à la maison et aux textes dominés par les hommes », selon Sandra Gilbert et Susan Gubar.

Possible, mais cette image de la féminité est cependant caractérisée par une étonnante longévité. L'héroïne de *Brève rencontre*, ce classique du cinéma anglais auquel on s'est déjà référé, ne l'aurait pas reniée, loin de là. Par le biais de sa très populaire série du *Times* dans les années 1930, celle de « Mrs Miniver[2] », Jan Struther présentait avec ravissement les délices domestiques de la vie d'une maisonnée anglaise, dont le calme idyllique n'est troublé que par une fuite d'eau dans la salle de bains, un chiot malade ou le mari s'endormant le nez dans son journal après un bon dîner. Incarnée ensuite à l'écran par Greer Garson, Mrs Miniver voyait son époux partir faire son devoir à Dunkerque et se muait en exemple du courage de la femme anglaise en temps de guerre.

Persuadées de la justesse incomparable de leurs principes, les élites du pays n'ont guère fait pour améliorer le statut des femmes en Angleterre. La maison de campagne, cet espace d'« anglicité » réel ou fantasmé, ne leur offrait guère plus de choix que de se transformer en servante et en cuisinière, ou de superviser constamment la domesticité. Un best-seller des années 1860, dont le succès allait perdurer parmi les classes moyennes naissantes, portait le titre explicite : *La Gestion domestique.* Et de nos jours encore, en réponse aux lamentations sur la disparition de la vieille Angleterre, vous pouvez voir les petites-filles de Mrs Miniver faire leurs emplettes chez Harvey Nichols, déjeuner au Daphne's ou au Bibendum et poser toutes souriantes pour le carnet mondain du *Jennifer's Diary*, où elles apparaîtront dans les légendes sous le nom de leur mari, Mrs Stephen Reeve-Tucker ou Mrs David Hallam-Peel – il faut rappeler que la plus célèbre dirigeante politique des temps modernes était appelée « Mrs Denis Thatcher »...

Dans leur monde, celui dont la princesse Diana était issue, on continue à penser qu'une fille n'a guère de temps à perdre avec des études supérieures. Diana elle-même, malgré son intelligence, avait pour principal diplôme celui qu'elle avait obtenu à l'école pour s'être mieux occupée de son hamster que les autres. Or, l'écrivain français Émile Cammaerts, très anglophile, estimait en 1930 après vingt ans passés en Angleterre que le principal trait distinctif de ce pays était son système éducatif, qui propageait « un idéal du service de la nation sans lequel l'Angleterre ne serait jamais sdevenue ce qu'elle est ». Exclusivement destiné aux hommes, cet idéal distillait aussi consciencieusement les valeurs de la virilité, et les femmes qui osaient réclamer le droit à l'éducation étaient plus ou moins gentiment moquées. Le mouvement des bas-bleus pouvait ainsi avoir reçu la sympathie d'un Dr Johnson ou d'un Edmund Burke, mais Sidney Smith recommandait à ces audacieuses de ne pas faire étalage de leur savoir : « Si le bas doit être bleu, que le jupon soit long. » À lire les mémoires de ces avant-gardistes de la cause féminine au XVIIIe siècle, on pense à des navires isolés les uns des autres par l'ouragan et s'envoyant de poignants messages d'encouragement. Lady Mary Wortley Montagu écrivait par exemple d'Italie à une amie : « À dire vrai, il n'est pas d'endroit au monde où notre sexe soit aussi mal traité qu'en Angleterre. » Tandis que les hommes anglais célébraient bruyamment le degré de civilisation atteint par leur pays à cette époque, on ne s'étonnera pas que des femmes comme Mary Wollstoncraft, grande admiratrice de la Révolution française, ait voulu se considérer moins anglaise que citoyenne du monde.

En dehors de l'aristocratie, la culture restait là encore délibérément masculine, et une affaire d'hommes. Tout en idéalisant les femmes au point que l'on raconte qu'il avait été incapable de consommer son mariage tant il avait été horrifié de découvrir que son épouse avait des poils pubiens, l'écrivain John Ruskin estimait que celles-ci devaient en savoir juste assez pour « complaire à leurs maris ». D'ailleurs elles avaient de plus petits crânes que les hommes, donc moins de cerveau, et toutes les contraintes physiques qui pesaient spécifiquement sur elles, menstruation, maternité et allaitement, ne leur laissaient plus d'énergie suffisante pour l'effort intellectuel. Certains allaient même jusqu'à prétendre que l'étude risquait de les rendre stériles ! Une autre raison, moins proclamée, était qu'elles auraient risqué de prendre des postes de travail aux hommes et donc de les forcer à partir plus nombreux aux colonies, et donc de créer plus de vieilles filles... Bref, si une femme espérait se marier, elle avait intérêt à ne pas revendiquer une meilleure éducation.

Cela paraît incroyable maintenant, mais il a fallu attendre 1869 pour qu'Emily Girton fonde le Girton College, le Cambridge pour femmes. Et lorsque vingt-sept ans plus tard l'université a eu à se prononcer par vote pour autoriser les filles à se présenter aux examens de fin de cursus, le *Times* a publié les horaires de train pour Cambridge afin de permettre aux diplômés habitant Londres d'aller déposer leur bulletin contre cette infamie ! Il a fallu attendre 1948 pour que l'université accueille des internes de sexe féminin sur son campus. Dans le contexte du préjugé généralisé contre les « intellectuels », les femmes étaient évidemment particulièrement visées. Parmi celles qui ont été les premières à pratiquer la médecine de haut niveau, Sophia Jex-Blake a dû aller faire ses études à Édimbourg, Elizabeth Garrett à Paris et Elizabeth Blackwell aux États-Unis...

Que les institutions aient été conçues pour le sexe masculin dès le plus jeune âge se retrouve dans l'idéologie distillée par les « Girl Guides » à l'origine de leur formation en tant qu'équivalent féminin des boy-scouts. En 1918, leur revue publiait un dialogue entre des adolescentes dans lequel l'idée de l'infériorité sexuelle des filles est omniprésente : « Être une guide, c'est très bien, très joli, mais cela n'a rien à voir avec recevoir une torpille, attraper des espions et tout le reste. » Plus loin, l'une d'elles, Elsie, s'extasie devant l'uniforme des Guides : « Regardez-moi toutes ces poches ! C'est aussi bien que d'être un garçon ! »

La colère ne pouvait que couver. En 1938, réfléchissant à la notion de patriotisme dans *Trois Guinées*, Virginia Woolf concluait qu'elle avait peu de raisons d'être reconnaissante envers « son » pays. Elle imaginait la conversation entre une sœur et un frère avant la mobilisation générale : « *Notre* pays, dira-t-elle, m'a traitée comme une esclave pendant la majeure partie de son histoire, m'a refusé l'accès à l'éducation et la moindre part de ses richesses. *Notre* pays refuserait de continuer à être le mien si j'épousais un étranger. *Notre* pays me refuse les moyens de me protéger par moi-même [...]. Si tu tiens donc à te battre en ma défense, ou en celle de *notre* pays, admettons sereinement et rationnellement entre nous que tu le fais pour assouvir un instinct sexuel que je ne peux partager, ou pour retirer des bénéfices auxquels je ne pourrai avoir accès, mais non pour satisfaire mes instincts, non pour me protéger, moi ou mon pays. Car en fait, en tant que femme, je n'ai pas de pays. »

La hiérarchie entre les sexes était la conséquence directe de l'invention de l'« Anglais idéal ». La rapidité avec laquelle ces codes de conduite se sont imposés est remarquable. L'exemple de l'écrivain du XVIIe siècle Aphra Behn, et des réactions posthumes qu'elle a suscitées, mérite en ce sens d'être développé. Saluée par Virginia Woolf comme la première femme de l'histoire anglaise à avoir pu vivre de sa plume, Aphra Behn a consacré de nombreux poèmes et drames aux mariages ratés et à leurs funestes conséquences. En son temps, elle avait dû subir les critiques – masculines, bien sûr – de ceux qui la trouvaient obscène, fascinée par l'acte de chair, alors que les œuvres de plusieurs de ses contemporains étaient bien plus crues que les siennes. Mais c'est ce qui se passe après sa mort qui est encore plus parlant : en 1826, Walter Scott ayant envoyé à sa grande tante un livre de Behn qui l'avait fasciné – *Oronoko*, qui conte les malheurs d'une esclave africaine –, eut la surprise de voir sa parente lui rendre l'ouvrage à la première occasion en lui recommandant de le brûler. Elle avait été d'une franchise exemplaire, lui disant : « N'est-il pas étonnant qu'une vieille femme de quatre-vingts ans et plus, seule dans son salon, éprouve de la honte devant un livre que j'ai entendu lire à haute voix devant les cercles les plus distingués de la société londonienne quand j'en avais vingt ? » Et Scott d'ajouter : « Ceci, bien entendu, grâce à la progressive élévation des goûts et de la décence de la nation… »

Mais la pruderie victorienne s'est effondrée aussi vite qu'elle s'était imposée. Les ouvrages du docteur Acton, qui recommandait aux couples de ne pas avoir de « relations » plus d'une fois toutes les semaines ou les dix jours, et qui soutenait savamment que « la majorité des femmes, et tant mieux pour elles, ne sont guère troublées par quelque sorte de pulsion sexuelle que ce soit », ont été en moins de vingt ans relégués au placard par le premier manuel d'éducation sexuelle digne de ce nom, *Married Love* (L'Amour conjugal) de Marie Stopes, publié en 1918 et réédité cinq fois dans le semestre qui a suivi sa parution. Alors qu'au cours de la Première Guerre mondiale les « Patrouilles féminines » écumaient les parcs pour empêcher les soldats en permission de forniquer en plein air avec leurs petites amies, dix ans plus tard l'institutrice française Odette Keun, en visite à Londres, allait être frappée par le dévergondage dans les lieux publics. Son explication est intéressante : c'était parce que les Anglaises étaient « avides de sexe » que leurs compatriotes masculins étaient des amants si maladroits, car ils n'avaient besoin de se donner aucune peine pour les entraîner au lit. Et de noter : « En Angleterre, faire l'amour n'est pas un plaisir mais une fonction […]. Ma grande critique envers l'homme anglais, c'est qu'il n'accorde pas assez de temps, d'effort ou d'attention à l'acte sexuel et le rend donc aussi plat, rance et accablant qu'une tranche de l'un de ses puddings froids. » Contrairement aux Français, c'est vrai, les Anglais n'ont jamais considéré la séduction comme un art.

La libéralisation des mœurs s'est produite à un rythme étourdissant. Aujourd'hui, on l'a vu, le taux de divorces en Angleterre est l'un des plus élevés d'Europe alors qu'on en enregistrait à peine un peu plus de mille en 1918. La Grande-Bretagne a désormais le plus grand nombre de familles monoparentales de tous les pays européens. Et personne ne sourcille en voyant qu'un pornographe patenté, Paul Raymond, est devenu l'un des hommes les plus riches d'Angleterre, à tu et à toi avec des ducs et des comtes.

Là encore, c'est une tendance commune à l'ensemble du monde occidental, et qui s'explique par plusieurs facteurs historiques et sociologiques. Mais il y a une spécificité anglaise dans ce processus : si les anciennes préventions moralisatrices, aujourd'hui objets de risée mais jadis si présentes dans la vie sociale, ont été rejetées aussi radicalement, c'est peut-être parce qu'elles étaient liées à l'entreprise impériale et que l'échec historique de cette dernière les a rendues doublement obsolètes. En même temps que les modèles de « l'Espèce » et de l'éternel amateur perdaient leur pertinence pour les hommes, les contraintes que ces derniers avaient imposées aux femmes devenaient déplacées, voire ridicules. Tout comme l'autorité de la nation s'était effondrée dans le monde, les diktats culturels de ceux qui auraient pu chercher à maintenir les vieilles traditions n'avaient plus de place dans le pays. Le couple de *Brève rencontre*, prêt à sacrifier son bonheur et son plaisir pour un code de conduite presque surhumain, a laissé la place à la « culture jeune » la plus exubérante de la planète.

En plus de sa créativité musicale ou dans le domaine de la mode, l'Angleterre a aujourd'hui, d'après les enquêtes, les adolescents les plus sexuellement actifs du monde industrialisé. 86 % des filles de dix-neuf ans non-mariées ont eu une ou plusieurs expériences sexuelles, contre 75 % aux États-Unis. Moins de 1 % des femmes sont encore vierges à leur mariage. Dans ce pays surgi des ruines de l'Empire, la réussite dépend plus des capacités individuelles que de la soumission à l'ordre établi ou des relations interpersonnelles et, même s'il y a encore beaucoup à faire, les femmes jouissent d'une égalité grandissante vis-à-vis des hommes sur le plan social.

11. Un vieux pays dans des habits neufs

Les Anglais ont ce pouvoir miraculeux
de changer le vin en eau.
OSCAR WILDE

Ce n'est pas seulement le rôle des sexes qui n'est plus le même pour les Anglais, mais aussi le pays dans lequel ils vivent. Comme le reste du monde, celui-ci est désormais dominé par des marques, des labels. Ils portent des jeans et des casquettes de base-ball, mangent américain, chinois ou italien, conduisent des voitures fabriquées n'importe où ailleurs – même le constructeur automobile anglais par excellence, Rolls-Royce, est passé sous contrôle germanique –, dansent sur des succès internationaux et s'absorbent dans des jeux informatiques conçus à Seattle ou Tokyo. Dans ce nouvel univers, ni la géographie ou l'histoire, ni la religion ou la politique ne conservent leur influence de jadis. Et au cours de la dernière moitié du siècle, les convictions intimes ont subi une transformation aussi radicale que les modes vestimentaires.

Même au temps où les Anglais ont eu l'impression la plus vivace d'être en phase avec la réalité, durant la Seconde Guerre mondiale, les signes de la débâcle des vieilles certitudes ne manquaient pas. Mon père, par exemple, datait le déclin national du jour où, revenu en permission de son service sur les convois de l'Atlantique Nord, il avait entendu des serveuses parler avec excitation des bouts de viande qu'elles avaient achetés au marché noir pour compléter les maigres rations autorisées : un pays dans lequel des individus par ailleurs « respectables » n'avaient plus de honte à filouter était selon lui terminé. Le

« roi de la magouille » qui pouvait vous trouver tout ce que vous désiriez, de la paire de bas nylon jusqu'aux tranches de bacon, était devenu une figure aussi anglaise que les héros de *Brève rencontre* et leur sublime altruisme.

Ce film, tout comme le *Ceux qui servent en mer* évoqué au début de ce livre, avait pour scénariste Noel Coward, fils d'un vendeur de pianos de l'Ouest londonien qui avait acquis son « essentielle anglicité », son accent et son fume-cigarette, par son amitié avec des membres de la famille royale britannique. Avec le retour de la paix, cependant, sa vision de l'Angleterre n'allait pas faire long feu, et en moins d'une décennie il allait être réduit à l'indignité de vitupérer la nouvelle école dramatique anglaise qui faisait soudain paraître ses pièces consacrées à l'existence petite-bourgeoise tellement datées. Affirmant que Churchill en personne lui avait confié qu'« un Anglais a le droit inaliénable de vivre où il l'entend », il allait s'exiler aux Bermudes, en Suisse et à la Jamaïque pour échapper aux impôts destinés à bâtir la nouvelle Jérusalem.

En mai 1956, la nouvelle coqueluche de la scène londonienne était la furieuse satire sociale de John Osborne, *Look Back in Anger*, qui proclamait que « les bonnes et justes causes, c'est fini » et disséquait l'hostilité du héros face aux valeurs de la « brigade edwardienne », sobriquet désignant la prétentieuse famille de son épouse. Ainsi que l'auteur devait l'expliquer dans le journal *Tribune*, « c'est une lettre de haine qui s'adresse à vous, mes compatriotes, je veux dire à ces hommes qui ont profané mon pays [...]. J'espère seulement que ma colère va me donner assez de force, me soutenir à travers ces quelques derniers mois. D'ici là, que tu sois damnée, Angleterre ! Tu pourris déjà et bientôt tu auras disparu ».

Comme une nuée d'écrivains avaient suivi son exemple et festoyaient sur le cadavre de l'Angleterre edwardienne, même ceux qui pouvaient penser, de façon typiquement anglaise, que ces diatribes « poussaient le bouchon un peu loin » ne partageaient pas moins l'impression que le pays entier vivait une sorte de veillée funèbre. Et c'est un fait que la classe dirigeante a notoirement échoué à concevoir un nouveau modèle pour le XXIᵉ siècle, amenant les Anglais à s'engager dans l'avenir à reculons, les yeux fixés sur un point de leur histoire récente. Il faut maintenant se demander si ce deuil collectif du passé est justifié.

Nous pourrions commencer par considérer ce que les Anglais ont donné au monde, mais une première difficulté se présente aussitôt. Le principal héritage qu'ils ont laissé au reste de l'humanité, c'est leur langue. Lorsqu'un Péruvien rencontre un Islandais, l'un et l'autre ont recours à ce qu'ils maîtrisent de la langue anglaise. Même au temps où l'Allemagne nazie, l'Italie et le Japon s'apprêtaient à constituer leur Axe, le représentant de l'empereur du Soleil levant, Yosuke Matsuoka, négociait avec ses homologues en anglais. C'est le vecteur de la technologie, de la science, des voyageurs et des diplomates. Trois quarts du courrier mondial est écrit en anglais, de même que 80 % de l'ensemble des données informatiques, et les deux tiers de la communauté scientifique internationale s'en servent constamment. C'est une langue facile à retenir, très simple à (mal) parler, qui s'apprend si rapidement que le British Council estime qu'au début du nouveau millénaire au moins un milliard d'individus l'étudieraient. Certains de ces néophytes parviennent à une maîtrise parfaite, à l'instar de l'ex-secrétaire général de l'OTAN, le Hollandais Josef Luns, qui a avoué un jour préférer l'anglais car, disait-il, « quand je parle ma propre langue, j'ai l'impression de vomir ». La plupart de ceux qui l'apprennent ont toutefois un but plus pratique en tête. Si les compilateurs de l'*Oxford English Dictionary*, la Bible de la langue anglaise, ne notent pas l'origine des quelque trois mille néologismes qu'ils enregistrent chaque année dans leur base de données, il n'est pas risqué de parier que très peu d'entre eux ont été conçus en Angleterre même, mais plutôt en Amérique, en Australie ou parmi les spécialistes internationaux en informatique et en sciences. Après tout, à peine 8 % des six cent cinquante millions d'êtres humains dont l'anglais est la première ou la seconde langue sont... anglais.

À l'instant où un Français ouvre la bouche, il proclame son identité. Les Français parlent français, point. Les Anglais, eux, s'expriment dans une langue qui n'appartient à personne. Michael Dummett, professeur de logique à Oxford, faisait un jour la queue à Chicago pour acheter un billet de métro. Alors qu'il avait lié conversation avec son voisin, ce dernier remarquait au bout d'un moment : « Vous avez l'air de venir d'Europe ». « Oui, d'Angleterre », répondait Dummett, et l'autre : « Votre anglais est rudement bon ! » Stupéfait par la remarque, le professeur avait mis un certain temps à se rappeler que pour nombre d'Américains ce mot désigne simplement la langue parlée aux États-Unis. Le paradoxe de la langue maternelle, c'est qu'elle a une valeur sentimentale particulière pour celui qui l'utilise, mais qu'elle n'est qu'un outil de communication pour les autres. Qu'advient-il d'un peuple lorsqu'il cesse d'être propriétaire de son idiome ?

Le jour où j'ai rendu visite aux collaborateurs du *Oxford Dictionary*, ils se penchaient sur l'une des nombreuses lettres qui leur parviennent régulièrement. Dans celle-ci, un brave Anglais exprimait son étonnement après avoir entendu quelqu'un appeler une certaine pièce d'outillage « the dog's bollocks », couilles de chien. Qu'est-ce que cela pouvait bien dire, se demandait anxieusement le correspondant ? Et d'où diable pouvait venir cette expression ? C'est le genre de défis auxquels les lexicologues aiment se confronter. Dans la bonne trentaine de tournures dérivées du mot « chien » que recense l'édition magistrale de 1933, on trouve des références à son nez, à ses oreilles et à d'autres attributs physiques encore, mais non à ses « roustons »...

À partir de cette vaste salle où règne un silence religieux – pas une seule sonnerie de téléphone pendant l'heure et demie qu'a duré mon passage –, les experts d'Oxford tentent de suivre l'évolution de la langue. Des messages venus de toute la galaxie anglophone s'affichent sur leurs écrans, signalant des nouveautés linguistiques, réelles ou présumées telles : une correspondante a vu ainsi dans un journal de Seattle ce qu'elle pense être la première occurrence en langue écrite de l'expression « a bad hair day », une journée « où les cheveux ne vont pas », littéralement, ce qui serait en français idiomatique une journée... de chien. L'équipe s'anime en recevant l'e-mail d'un linguiste amateur de Cambridge (celui du Massachusetts) qui vient de découvrir un usage jusqu'ici inconnu, du mot « Maltese », Maltais.

Nombre d'Anglais adultes connaissent la définition de tout ce que l'on peut appeler « couilles de clebs » : cela désigne tout ce qui est d'une qualité supérieure, le fin du fin. Il y a trois décennies, on aurait dit « au poil ». C'est un exemple de la rapidité avec laquelle la langue anglaise évolue et s'enrichit. Les journalistes, en particulier, adorent inventer des tournures juste pour attendre le moment où elles deviendront idiomatiques. Avec un peu de chance, il suffit de quelques semaines pour voir son néologisme passer dans le domaine public. Le lexicologue Jonathan Green a dû s'arrêter au chiffre de deux mille sept cent quand il a recensé les nouveaux mots apparus dans la langue anglaise entre 1960 et 1990, et bien souvent ils sont d'une flexibilité étonnante, offrant des significations inédites selon qui les emploie, et dans quel contexte. Les Anglais paraissent non seulement avoir accepté cette souplesse linguistique mais s'en réjouir : « Une langue cesse d'évoluer seulement quand elle meurt », constate avec satisfaction Patrick Hanks au siège de l'*Oxford English Dictionary*.

L'une des conséquences du développement de l'anglais en tant que *lingua franca* internationale est que les tentatives de la réguler ont été pratiquement abandonnées. Grands perdants dans la course à la suprématie linguistique mondiale, les Français ont réagi à la propagation virale de l'anglais par une crispation sur leur langue, tentant d'interdire l'usage de néologismes venus d'autres langues et allant jusqu'à définir un quota de chansons en français pour toutes leurs stations de radio. Si les Anglais se gaussent de cette réaction, c'est d'abord parce que l'ennemi historique apparaît perdant dans cette guerre au moins, mais aussi parce qu'ils ont compris qu'il est impossible d'imposer son titre de propriété sur une langue. L'anglais n'a pas de gardiens de sa pureté mais des observateurs qui, comme l'équipe de l'*Oxford Dictionary*, enregistrent son évolution. Lorsqu'un dictionnaire anglais connaît une nouvelle édition, la question essentielle n'est pas de se demander s'il préserve les anciens usages mais de vérifier combien de néologismes il intègre.

Cette approche libérale, décrispée de la langue n'a rien de nouveau, d'ailleurs. Les premières tentatives de constituer un dictionnaire de langue anglaise ont été originellement conçues dans l'idée d'imiter le *Dictionnaire de l'Académie* donné aux Français en 1694 après cinquante-cinq ans de rude labeur collectif afin de définir un « juste » usage de la langue. Maints penseurs ont plaidé pour une approche similaire, depuis Daniel Defoe appelant à « polir et raffiner la langue anglaise » jusqu'à Jonathan Swift publiant en 1712 sa *Proposition pour corriger, améliorer et préciser la langue anglaise*. Si c'est à l'homme de science Benjamin Martin que revient l'honneur d'avoir produit le tout premier dictionnaire lexical anglais, c'est le travail en solitaire de Dr Johnson qui s'est imposé comme une référence durable alors que sa démarche prenait le contre-pied de l'esprit de l'Académie française. Comprenant la vanité de prétendre congeler la langue, Dr Johnson écrit dans sa préface : « De même que, voyant siècle après siècle les hommes vieillir et disparaître, nous nous rions de l'élixir qui nous promet de vivre mille ans, il est juste de trouver comique le lexicographe qui, incapable de produire l'exemple d'une nation ayant préservé ses mots et ses tournures de la mutabilité, s'imaginera pourtant que son dictionnaire peut embaumer sa langue, la protéger de la corruption et du pourrissement [...]. La langue la plus susceptible d'échapper durablement aux changements serait celle d'une nation qui s'est élevée un peu, rien qu'un peu, de la barbarie, s'isole du monde et s'absorbe entièrement dans les commodités de la vie. » Johnson n'aurait-il pas sauvé les Britanniques de l'inanité d'une autoritaire *Académie anglaise**, quelqu'un d'autre l'aurait fait à sa place. L'évolution d'une langue est la preuve de sa vitalité, non de sa faiblesse. Étonnamment, c'est l'Amérique, patrie de tant de néologismes mais toujours en quête de son héritage, qui consomme le plus avidement les dictionnaires historiques de la langue anglaise. Non contents de renoncer à contrôler leur langue, les Anglais exultent de la voir se développer. Cela n'est sans doute pas l'attitude d'un peuple qui redouterait l'avenir.

Précisons enfin que l'expression « couilles de chien » a été inventée par les typographes de la presse pour désigner le signe de ponctuation « : ». Extrêmement anglais, n'est-ce pas ?

Tout comme sa langue, la nouvelle Angleterre est à la fois redevable à son passé et entièrement détachée de lui. Alors que l'ancien pays avait été construit au gabarit de l'« Anglais modèle » et ses contraintes édictées depuis des siècles, celui qui existe aujourd'hui est marqué par une grande inventivité populaire. Avec sa tradition culturelle fondée sur l'individualisme, l'Angleterre qui émerge de sa chrysalide du XIXe siècle dispose de potentialités pratiquement sans limites.

Les changements notables ne se situent pas dans les gouvernements qui se succèdent mais dans l'évolution des mentalités. À son arrivée au pouvoir en mai 1997, l'ambition proclamée du Parti travailliste était de « changer l'image » de la Grande-Bretagne : au toilettage idéologique qui avait permis l'émergence du « nouveau Labour » devait succéder l'émergence de la « nouvelle Grande-Bretagne », enfin débarrassée des succubes de son passé. Ce message, repris avec empressement par la majeure partie de la presse internationale, prenait pour exemple une galerie de cinéastes acclamés par le public mondial, de petits génies du jeu informatique devenus millionnaires du jour au lendemain, de créateurs de mode et de courtiers en bourse. L'un de leurs principaux atouts, jamais mentionné, était qu'ils parlaient la langue devenue universelle. Un autre, le caprice géographique qui permettait à leur pays de traiter avec l'Asie le matin et avec l'Amérique du Nord l'après-midi. Un autre encore, la longue tradition de commerce international sur laquelle l'Empire s'était développé ; ensuite, le réseau de relations tissées à travers le monde et l'ouverture à des cultures allogènes, autres conséquences de l'expérience impériale. D'autres facteurs ? La qualification relativement élevée de la main-d'œuvre locale, la prédisposition de Londres à accueillir une communauté de brasseurs d'affaires étrangers grâce à son rassurant légalisme et sa tolérance séculaire... Les raisons ne manquent pas. L'essentiel, c'est que rien de tout cela n'a été le fruit de choix politiques délibérés de la part du nouveau pouvoir en place.

Quelques mois après son élection, Tony Blair accueillait les chefs de gouvernement du Commonwealth. Avant d'écouter son discours de bienvenue, ces derniers allaient devoir supporter un spot vidéo à la gloire des prouesses artistiques, commerciales et scientifiques de la nouvelle méritocratie britannique. Sur fond musical signé Oasis et les Spice Girls, des images de salles de marchés financiers, de courses de Formule 1 et de laboratoires pharmaceutiques visaient à répéter *ad nauseum* que la Grande-Bretagne était désormais un pays jeune et plein d'allant. Prenant enfin la parole, le premier ministre allait répéter la même antienne : « La nouvelle Grande-Bretagne est une méritocratie qui fait tomber les barrières de classe, de religion, de race et de culture. »

C'était reprendre en fait le vieux mot d'ordre conservateur, « Une seule nation pour tous, non pour quelques privilégiés », mais pour cette campagne les travaillistes en ont adapté un autre, le très grotesque « Cool Britannia », qui ne pouvait que faire lever les yeux au ciel toute personne vraiment « cool ». La référence à la Grande-Bretagne constitue ici l'élément le plus important, car c'était un moment de l'histoire du pays où la définition des Anglais était en train de devenir « les habitants d'une certaine île de la mer du Nord gouvernée par des Écossais », mais aussi parce qu'elle avait l'avantage de se vouloir inclusive : pour se dire « Britannique », point besoin d'être un Blanc anglo-saxon. Artifice politique, la « Grande-Bretagne » est un espace qui permet la diversité. Son principal symbole demeure la famille royale. Les titres donnés à l'héritier du trône manifestent cette volonté d'unification géographique du royaume, puisque Charles est prince de Galles, duc de Cornouailles, duc de Rothesay, comte de Carrick, baron de Renfrew, seigneur des îles et grand intendant d'Écosse.

La mort brutale de la princesse Diana en 1997 a cependant illustré, on l'a dit, à quel point le pays avait changé. L'affliction collective manifestée avec une intensité qui confinait au mélodrame était d'autant plus surprenante de la part d'une nation connue pour sa recherche du stoïcisme et de la sobriété. Certains s'en sont ouvertement indignés, par exemple le romancier populaire George MacDonald Fraser qui, après ces scènes de deuil et de dévotion, se demandait comment le culte britannique du héros avait pu se transformer en adoration de la victime, affirmant que si devant ce spectacle « M. Blair s'est senti fier, j'ai pour ma part été envahi par la honte, parce que le chagrin est devenu une vertu et la réponse à la tragédie un rituel qui exigeait cette orgie de fleurs et couronnes, ces larmes et ces lamentations devant les caméras ».

Pour tragique qu'elle ait été, la mort de Diana était-elle plus poignante que celle des milliers de jeunes hommes et femmes dont les noms se succèdent sur les plaques commémoratives de tous les mémoriaux de guerre à travers le pays ? Belle, consciente de son charme, compatissante aux malheurs d'autrui, Diana a eu la fin d'une riche fêtarde, mais elle était aussi devenue une sorte d'opprimée, une victime à laquelle la foule pouvait s'identifier parce que les Windsor connaissaient le sort de toute famille royale : se retrouver coupés du peuple au nom duquel ils prétendaient régner. La disparition de Diana a déclenché l'hystérie collective d'une nation qui, installée depuis longtemps dans la paix, n'avait plus d'expérience de la mort subite. Personne n'a contesté qu'Elton John ait choisi de remanier pour ses obsèques une chanson qu'il avait à l'origine écrite à la mémoire de Marilyn Monroe : les icônes modernes, Diana ou Marilyn, ont la particularité d'être interchangeables. Les cinq millions de disques vendus en Angleterre, la marée de livres, de posters, de breloques et de tee-shirts commémoratifs ont montré la fragilité de l'illusion que ce pays était régi par la rationalité et la réserve.

Les multitudes venues déposer leurs offrandes devant les chapelles ardentes improvisées dans chaque parc londonien témoignaient de la transformation de l'Angleterre durant la seconde moitié du XXe siècle, mais aussi d'une certaine permanence. La politesse et la discipline manifestées par la foule venaient certainement de son passé, tout comme la discrétion du dispositif policier et celle des représentants du pouvoir qui faisait de l'événement un moment d'émotion authentiquement populaire. Ceux qui, à l'instar de George MacDonald Fraser, déploraient de ne plus reconnaître leur pays à cette occasion, sous-estimaient la propension anglaise au sentimentalisme, fibre que Charles Dickens a si bien comprise et exploitée. Les obsèques de Diana auraient certes pris une tout autre tournure si elles avaient eu lieu au temps où les gentlemen en chapeau melon et leurs épouses soumises représentaient le modèle social à suivre, mais ni cette Angleterre-là, ni les objectifs qui avaient présidé au développement de ce type d'Anglais, ne subsistent aujourd'hui. En se libérant des corsets qui lui avaient été imposés, l'élément féminin du pays, dominant parmi les foules qui pleuraient la princesse, a permis à quelque chose d'autrement plus vibrant d'émerger dans la conscience collective.

Plus qu'une victime innocente, Diana a atteint dans sa mort le statut de déesse pour une ère sans dieux, à laquelle un véritable culte païen était rendu. Lorsque l'idée m'est venue d'écrire ce livre, j'ai été frappé, alors que j'envisageais un moment de le bâtir autour du concept du héros anglais, par la description que lady Elizabeth Forster a donnée du retour triomphal de l'amiral Nelson à Londres en 1805, après avoir repoussé des côtes anglaises et refoulé la flotte française jusqu'aux Antilles : « Partout où il apparaît, il électrise ce peuple au froid tempérament. Ravissement et admiration s'attachent à ses pas. Parfois, une humble femme demande l'autorisation de toucher sa redingote. Même les enfants apprennent à le bénir tandis qu'il passe et la foule se masse à toutes les portes, à toutes les fenêtres. »

L'adoration de Diana offrait un spectacle similaire, et ils ont l'un et l'autre bien des points communs. Tous deux ont eu la tête tournée par l'adulation que le peuple leur vouait : le célèbre message de l'amiral avant Trafalgar, « L'Angleterre attend que chacun fasse son devoir », commençait dans sa version initiale par « Nelson attend que... » Tous deux, malgré la dévotion, étaient des idoles aux pieds d'argile. Tous deux répondaient aux besoins spécifiques d'un moment précis dans l'histoire de leur nation, l'un en étant un héros martial à une époque militariste, l'autre en devenant la sainte patronne d'un pays obsédé par son sentiment d'échec. Au final, le cercueil de Nelson a été porté à la cathédrale Saint-Paul au cours d'une cérémonie de quatre heures, flanqué par six amiraux en grande tenue ; celui de Diana a été escorté à l'abbaye de Westminster par les représentants des organisations caritatives avec lesquelles elle avait travaillé, sans décorum excessif et alors que les actrices de cinéma et les chanteurs pop présents attiraient l'attention générale. La différence entre les deux enterrements illustre le déclin irréversible du contenu « impérial » de l'identité anglaise, remplacé par quelque chose d'infiniment plus personnel et, pour tout dire, parfois effrayant.

À l'été 1998, la France accueillait la Coupe du monde de football, formidable événement suivi par des millions de téléspectateurs et qui, de l'avis général, aura été un succès malgré l'organisation quelque peu bordélique que la puissance invitante a pu offrir. Une menace planait sur elle, cependant : ce que l'on appelait pudiquement le « problème anglais », à savoir la violence des supporters britanniques. Après le drame du Heysel en 1985, quand les affrontements entre les partisans de Liverpool et de la Juventus avaient laissé près de quarante Italiens sur le carreau, le défi lancé aux policiers français et britanniques était d'empêcher les voyous anglais sinon de s'entre-tuer, du moins de tuer les autres. Et s'ils y sont parvenus à cette occasion, les télévisions du monde entier ont cependant tenu à régaler leurs auditoires de multiples scènes où l'on voyait de jeunes Anglais ivres jeter des chaises, des pierres ou des bouteilles à tous ceux qui avaient le malheur de provoquer leur ire. En comparaison, les supporters écossais paraissaient capables d'écluser des océans d'alcool sans autre conséquence que de s'assoupir lourdement sur leurs bancs.

L'aspect le plus révoltant de la violence de ces groupes, c'est sa totale gratuité. Je me rappelle avoir été témoin d'un incident au cours du championnat d'Europe de 1996 à Wembley, à la fin d'une partie où l'équipe suisse avait réussi à obtenir un match nul face à l'Angleterre devant une assistance de soixante-dix mille fans anglais. Les supporters suisses, parmi lesquels les femmes et les enfants étaient bien plus nombreux que chez leurs homologues anglais, s'étaient retrouvés hors du stade pour célébrer l'événement. À un moment, un Anglais au crâne rasé s'est approché d'un jeune Suisse, lui a hurlé « Enculé ! » en pleine figure et, sans plus ample préavis, lui a envoyé son poing dans le nez avant de s'éloigner avec une lenteur délibérée, cherchant à provoquer une réaction des compagnons de sa victime, trop stupéfaits cependant pour penser à une contre-attaque.

Une telle méchanceté n'est sans doute pas le lot exclusif des Anglais mais il est indéniable que la brutalité potentielle des foules sportives dans ce pays effraie ses honnêtes citoyens. À la fin des années 1980, l'écrivain Bill Buford observait avec horreur un groupe de fans de Manchester sortir en titubant de l'avion qui les avait amenés à Turin pour assister à un match contre l'équipe locale. Il n'était même pas midi et plusieurs d'entre eux étaient déjà alcoolisés jusqu'aux oreilles. Ensuite, ils avaient occupé les terrasses de café du centre, hurlant « Merde au Pape ! » jusqu'à en perdre haleine, urinant sur les trottoirs, avant de devenir vraiment méchants dans la soirée et d'attaquer brutalement les « Ritals » qui ne leur revenaient pas. « Pourquoi vous vous comportez de cette manière, les Anglais ? », avait demandé un Turinois à Buford. « Est-ce parce que vous êtes nés dans une île ? Parce que vous ne vous sentez pas Européens ? Parce que vous avez perdu votre empire ? » Il n'avait pas réussi à trouver une réponse à cette question inspirée par la peur mais aussi par un sincère étonnement.

Pourquoi, en effet, une fraction de la population anglaise considère-t-elle que le nec plus ultra de l'amusement est de se saouler de manière répugnante, de vociférer des obscénités et de chercher la bagarre ? Chacune des explications tentées par cet Italien a sans doute une part de vérité, et la seule qu'aurait pu honnêtement proposer Buford est que cette Angleterre-là s'est toujours amusée ainsi. Pour ces Anglais, la violence et l'ivresse publique constituent des droits inaliénables et une manifestation d'identité. Quelques années plus tard, lors de la Coupe du monde de 1990 en Sardaigne, Bill Buford a été témoin de la bataille rangée qui opposait des hooligans anglais aux forces de l'ordre italiennes. Avant d'être assommé par des policiers surexcités, il a eu le temps de voir les fanatiques reculer en pleine panique, jusqu'au moment où « quelqu'un a crié que nous étions tous des Anglais. Qu'est-ce qui nous prenait, de nous enfuir comme ça ? Un Anglais ne fuit pas ! [...] Et donc, ayant repris conscience de leur spécificité nationale, les supporters ont pilé sur place et sont repartis charger la police italienne ».

Certes, les Hollandais ou les Allemands ont eux aussi leurs hordes de jeunes prêts aux pires brutalités pour manifester leur fidélité à leur club, mais les Anglais, qui ont donné au monde le football – le mot et le sport –, sont également ceux qui ont inventé la délinquance de stade. La jeunesse anglaise, il faut le dire, a toujours montré une disposition pour la violence. Aux temps lointains de la dynastie des Hanovre, les observateurs étrangers étaient autant atterrés par les réactions de la foule qu'ils s'émerveillaient du civisme et de la maturité politique du peuple. Scandalisé par l'ivrognerie en pleine rue, la grossièreté du langage, les combats à mains nues où il s'agissait d'arracher sa chemise à l'adversaire – que des femmes puissent elles aussi se livrer à ce « sport » l'avait notablement choqué –, le relâchement général des mœurs, César de Saussure concluait que « le bas peuple, d'un naturel insolent et brutal, est toujours en quête d'une bagarre ». Ajoutez à ces tendances un net complexe de supériorité et le résultat devient véritablement dangereux. À l'époque victorienne, l'Américain Ralph Waldo Emerson constatait : « Nombreux sont les jeunes Anglais qui, inspirés par la suffisance et la brusquerie de leur nation, dédaignent le reste de l'humanité et, enflés par leur bile, accablent le voyageur de leurs manières insultantes. »

À chaque fois que les supporters d'équipes de football anglaises mettent à sac une ville d'Europe, la presse et la classe politique de Londres cherchent désespérément des explications. C'est peine perdue : il se trouve simplement que les Anglais ont parfois besoin de se comporter comme des brutes. « Plus ils font couler de sang, plus cruels ils deviennent [...]. Remplis de fureur, ils s'emportent rapidement, mais il leur faut longtemps pour se calmer », écrit Jean Froissart dans son évocation, certes partiale, des troupes anglaises qui avaient ravagé la Normandie au XVe siècle. Quatre siècles plus tard, le duc de Wellington reconnaissait que son armée était « tout bonnement la lie de l'humanité » et que, même après avoir amélioré les rations et la solde, il lui arrivait encore de perdre tout contrôle sur elle.

Avant que des règles du jeu formelles finissent par s'imposer, le football était en soi une sorte d'émeute que la sagesse recommandait d'éviter. Au XVIIIe siècle, César de Saussure, encore lui, a commis l'erreur de se retrouver au milieu d'une partie de ce sport typiquement anglais : « Ils briseront les vitres, enfonceront les fenêtres des diligences, et vous assommeront non seulement sans le moindre remords mais en hurlant de rire. » Dans *Riots, Risings and Revolutions*, Ian Gilmour estime qu'une rencontre de football était alors « une bataille plutôt qu'un jeu », qui pouvait durer plusieurs jours et où tous les coups étaient permis.

Lorsque le sport s'est civilisé, la violence s'est transférée parmi ses spectateurs. Depuis la fin du XIXe siècle, les gradins anglais ont eu amplement leur lot de coups de poings, de pugilats et d'insultes. En épluchant les archives de la Société de football et du journal local du comté de Leicester, des chercheurs ont recensé deux cent cinquante-quatre cas de violences entre spectateurs pendant les deux décennies qui ont précédé la Première Guerre mondiale. Même sans passer aux actes, ils pouvaient exprimer une terrible agressivité. Un témoin raconte en 1903, soit en pleine Angleterre edwardienne, comment la moitié d'un stade de vingt mille personnes « s'est déchaînée contre un pauvre arbitre qui avait commis une erreur [...]. Les hurlements de haine, les torrents d'obscénités, toutes ces cannes et tous ces poings brandis en l'air [...] offraient une effrayante image de la foule anglaise ».

Plus on revient sur son histoire, plus on est forcé de constater que, parallèlement à son civisme et à son respect des droits individuels, le pays a toujours été tenté par le désordre. Les fêtes populaires dégénéraient souvent en expéditions punitives contre les étrangers, comme ce devait être le cas le 1er mai 1517 à Londres. En septembre 1620, la parade de Tockenham Wick tournait à la bataille rangée avec les habitants d'un village voisin venus semer la pagaille. L'historien David Underdown a retrouvé la trace de plusieurs incidents dans la même région à la même époque, ainsi qu'un dicton local : « La fête n'est pas la fête si les coups ne pleuvent pas. » Dans cette apparente anarchie, cependant, certaines règles émergeaient : la violence devenait une forme de défoulement rituel, la foule comprenant et acceptant les limites du tolérable. Elle pouvait aussi prendre une tournure plus politique, notamment lorsque les pauvres s'insurgeaient contre les aristocrates qui tentaient d'annexer des terres communales.

Partis chercher du travail à la ville, les Anglais ont cependant perdu les vieux principes villageois qui régulaient les explosions de violence, et les émeutes de juin 1780 allaient montrer aux classes dirigeantes à quel point la situation était instable dans les cités. Elles avaient été provoquées par la décision du président de l'Association protestante, lord George Gordon, de demander au Parlement de remettre en vigueur la loi récemment abrogée qui interdisait aux catholiques romains d'acheter ou d'obtenir en héritage un bien immobilier. Gordon était, c'est le moins qu'on puisse dire, quelqu'un d'assez imprévisible : converti antérieurement au judaïsme, il allait mourir à la prison de Newgate alors qu'il purgeait une peine de cinq ans pour diffamation. Confronté à la foule hurlante qu'il avait entraînée avec lui à Westminster, le Parlement avait tergiversé mais trois journées de violence avaient suivi, les émeutiers incendiant les maisons des catholiques et détruisant leurs églises. Ayant attaqué au passage une distillerie « papiste », ils avaient été vus lappant du gin dans le caniveau. Quand le déploiement d'importantes forces de la milice avait enfin ramené le calme, les troubles avaient causé à la capitale plus de dégâts que Paris allait en subir pendant la Révolution française, selon une estimation financière.

Inspirés par des préjugés ou au contraire des idées radicales venues de France, ces soulèvements tournaient rapidement au saccage pour le plaisir de la destruction. Selon Ian Gilmour, « tout au long du XVIIIe siècle les Anglais (et les Anglaises) ont déclenché des émeutes contre les péages, la réforme agraire, la cherté de la vie, les catholiques romains, les Irlandais, le mouvement des Dissidents, la naturalisation des juifs, le recrutement de l'armée, la loi de la Milice, le prix des entrées au théâtre, les acteurs étrangers, les souteneurs, les maisons de tolérance, les médecins, les domestiques importés de France, les gibets d'Edgware Road, les flagellations publiques, l'emprisonnement des grands magistrats de Londres, les impôts indirects, la taxe sur le cidre et sur les échoppes, les patrons d'usine et de fabriques, les rumeurs selon lesquelles les flèches de la cathédrale allaient être démolies, et même contre un projet de réforme du calendrier [...]. Il y avait des émeutes au moment des élections et après, dans les prisons et devant leurs portes, aux tribunaux, en face et à l'intérieur du Parlement, dans les écoles, sur les lieux de travail, dans les théâtres, les bordels, à l'entrée du palais St James et même dans un cloître ».

Même si la violence était rarement gratuite, procédant plutôt de ce que l'historien appelle une « agressivité défensive », la liste paraît sidérante, à première vue. Au cours des trente dernières années, pourtant, des foules anglaises ont violemment manifesté contre les impôts locaux ou les abus policiers, dans les stades de football ou aux alentours, dans les cinémas ou sur le front de mer, contre le fascisme et en faveur de thèses racistes, contre la guerre du Vietnam, dans le pays minier et à Whitehall, contre les cheveux longs et contre les cheveux courts, pour le droit de fêter le solstice d'été, contre l'exportation d'animaux vivants et contre l'importation de nouvelles technologies, pour le droit syndical et celui de conduire une voiture volée, ou tout simplement parce que les groupes de supporters imbibés d'alcool aiment se battre et en ont l'occasion quand ils se retrouvent devant ceux de l'équipe adverse. Les émeutes de la fin du XVIIIe siècle ont disparu mais il y a une évidente continuité historique entre les attaques populaires contre les fabriques de coton à cette époque, la résistance à la mécanisation dans les années 1830 et la lutte contre les nouvelles chaînes d'imprimerie imposées par Rupert Murdoch à Londres dans les années 1980. Cette tradition relativise l'effarement dédaigneux qu'affectent les Anglais lorsqu'ils regardent de l'autre côté de la Manche et constatent que la désobéissance civile, les grèves générales et les appels à l'insurrection sont tolérés par des autorités trop mollassonnes pour faire face aux protestations. Il y a là deux attitudes culturelles différentes : alors que les manifestations populaires sont un élément accepté, voire souhaité, de la vie politique française, en Angleterre elles expriment moins le désir de s'inscrire dans un processus politique que le besoin inné d'échanger des coups de poing. Quand la nuit tombe le samedi, le spectacle donné par la place principale d'une bonne moitié des villes anglaises prouvera ce goût des jeunes des deux sexes à se saouler et à en venir aux mains.

Car l'alcool joue évidemment un rôle important dans le phénomène de la violence gratuite. Dans quelle autre cité européenne que Manchester ou Liverpool peut-on prendre un taxi et découvrir que le chauffeur est séparé de ses passagers par une épaisse vitre de protection et par un écriteau avertissant que « les malaises dûs à l'alcool seront facturés vingt livres » ? Il en est ainsi depuis des siècles. La tradition veut que les Normands aient passé la nuit précédant la bataille d'Hastings en prières tandis que les hommes du roi Harold se saoulaient consciencieusement. Maints proverbes médiévaux confirment cette image d'une nation perpétuellement entre deux vins, ou plutôt deux bières : « L'Auvergnat chante, le Breton écrit et l'Anglais boit », ou « le Normand chante, l'Allemand s'empiffre et l'Anglais s'enivre ». Au XIIe siècle, dans sa *Chronique des rois d'Angleterre*, William de Malmesbury constate que les beuveries, au temps de la conquête normande, étaient « une occupation à laquelle on peut se consacrer des nuits entières, et des jours aussi ». Après le départ du roi John, venu visiter le souverain français à Fontainebleau en juillet 1201, une tradition anonyme rapporte que « le roi de France et ses gens se sont grandement amusés à se raconter comment la suite du monarque anglais avait bu toute la piquette et dédaigné les bons vins ». En 1362, l'archevêque de Canterbury constatait avec tristesse que dans son pays « la taverne est plus fréquentée que l'église, la gloutonnerie et l'ivresse plus courantes que les pleurs et les prières de repentir, et l'on se préoccupe plus de dévergondage et d'insolence que de méditation ».

Il n'est pas exagéré d'envisager que s'il en avait la possibilité, le pays tout entier passerait chacun de ses week-ends abruti par la boisson. Au XVIIIe siècle, la population anglaise, dix fois moins nombreuse qu'aujourd'hui, engloutissait dix-neuf millions de gallons de mauvais gin à l'année, dix fois plus que la consommation actuelle ! L'aimable « ivrogne chancelant sur les lacets de la route anglaise » évoqué par G. K. Chesterton, peut parfois se transformer en brute sombrement avinée, comme Dostoïevski a pu l'observer dans un pub londonien : « Chacun est saoul [...], mais étrangement abattu. Seuls quelques jurons ou de vilaines bagarres troublent parfois ce silence oppressant, renfrogné [...]. Tous sont pressés de s'enivrer jusqu'à en perdre connaissance. Les femmes lèvent le coude aussi vite que leur mari et ils s'abrutissent ainsi côte à côte tandis que les enfants gigotent et courent à leurs pieds ». En février 1915, Lloyd George, alors chancelier de l'Échiquier (ministre des Finances), affirmait que « l'alcool cause parmi nous plus de ravages que tous les sous-marins allemands réunis ».

La stricte régulation des heures d'ouverture des pubs et de la vente des spiritueux a eu des effets modérateurs sur deux ou trois générations, puis les privations de la Seconde Guerre mondiale ont habitué les suivantes à boire sans excès. Avec la nouvelle prospérité et la contestation de l'autorité parentale des années 1970, pourtant, de nombreux Anglais sont revenus dans la tradition de l'ivrognerie ancestrale. De nos jours, la jeunesse associe recours hédoniste à la boisson et usage généralisé des drogues.

Puisque statistiquement les Anglais ne consomment pas une quantité d'alcool très supérieure à la moyenne des autres peuples européens, il faut en déduire que le problème de l'alcoolisme est ici lié à la « manière » dont on boit. Comme me disait George Steiner, « on ne verra jamais Sartre dans un café anglais pour deux raisons : a) pas de Sartre, b) pas de café ». Le fait que la chute de l'Empire britannique n'ait pas entraîné une explosion de créativité artistique et intellectuelle à l'instar de ce que Vienne a connu pendant le déclin de l'Empire austro-hongrois s'explique peut-être en partie par cette absence des cafés littéraires, de cette sociabilité au sein de laquelle est né le marxisme, entre autres. De Lisbonne à Leningrad, le café est un lieu où générations et sexes se rencontrent, où le temps se ralentit et se relativise. Le pub, au contraire, est un univers d'hommes adultes qui sont là pour boire beaucoup et vite.

Il semblera donc difficile de combiner ce besoin d'alcool et de bagarre avec la réputation de modération qu'ont acquise les Anglais au cours des siècles. Que voulait dire D. H. Lawrence lorsqu'il affirmait : « Je n'aime guère l'Angleterre mais c'est un fait que les Anglais semblent être un peuple agréable, avec toute cette gentillesse qu'ils ont » ? À quoi pensait George Orwell quand il soutenait que « la douceur de la civilisation anglaise est sans doute sa caractéristique la plus marquante » ? La réponse gît peut-être dans un cliché : tout est relatif. La grande majorité de la population anglaise ne passe pas son temps à boire, à se bagarrer et à vomir dans les taxis, et même ceux qui le font, en relativement petit nombre, ont tendance à limiter ces activités aux vendredis et samedis soirs. Au quotidien, la société anglaise conserve effectivement une remarquable civilité. Il suffit pour cela de noter combien de « s'il vous plaît » et de « merci » s'échangent dans les activités les plus banales, ou de remarquer que la présence policière est en général moins systématique que dans d'autres pays développés, ou encore de souligner la relative rareté des délits accompagnés de violence. Malgré les titres alarmistes de la presse à scandale, le taux d'homicide reste étonnamment peu élevé en Angleterre : il est inférieur de moitié à celui de la France ou de l'Allemagne, huit fois moindre qu'en Écosse ou en Italie, vingt-six fois moins élevé qu'aux États-Unis. Le respect d'autrui paraît donc demeurer un principe solidement établi dans ce pays.

On assiste au retour d'une certaine tolérance envers des mœurs que la « bonne société » avait bannies par un très sévère code de comportement qui semble avoir été avant tout conçu pour protéger les Anglais d'eux-mêmes. En ce sens, l'Angleterre n'est pas entrée dans le troisième millénaire avec le trois-pièces sombre et le parapluie des gentlemen guindés mais sous de multiples atours d'une diversité exubérante, à la fois fidèle à son passé et résolument coupée de lui. La passion anglaise du jeu est à ce titre un bon exemple. Pendant plus de deux siècles et demi, les autorités ont encouragé les loteries nationales, dont le produit a servi notamment à financer les guerres anti-napoléoniennes ou l'édification du British Museum. La réaction moralisante du début du XIXe siècle les a abolies, sans parvenir pour autant à décourager le goût anglais pour les paris, qu'il s'applique aux combats de coqs, aux courses hippiques et même aux courses d'unijambistes. En l'espace de soixante ans, le loto sportif britannique, ce pari sur les résultats des parties de football du week-end, est devenu la plus puissante institution de jeu non-étatisée au monde.

Répondant à cette réalité avec leur hypocrisie coutumière – taxer lourdement les bureaux de paris et le loto sportif tout en proclamant leur refus d'encourager ce que certains ont appelé « le vice du XXe siècle » –, les gouvernants ont fini par succomber à l'appât du gain facile : en 1994, un cabinet conservateur a institué une nouvelle loterie nationale qui, elle aussi, est devenue la plus lucrative de la planète, avec deux tiers de la population adulte achetant régulièrement des billets et suivant religieusement les deux tirages hebdomadaires retransmis par la BBC dans un déluge de vulgarité et de demi-vérités sur les bienfaits sociaux qu'elle prodiguait. L'engouement pour les tickets à gratter, enfin, a établi qu'une certaine « respectabilité » anglaise était morte et enterrée.

Les preuves de cette évolution des mentalités abondent, à commencer par le comportement sexuel ou le fait qu'en 1998 un haut responsable britannique, secrétaire aux Affaires étrangères, ait pu avoir une aventure extraconjugale, divorcer et cohabiter avec sa secrétaire dans sa résidence officielle sans provoquer l'indignation des bien-pensants. Mais c'est surtout sur le plan de l'alimentation que le pays a sans doute rompu le plus spectaculairement avec son passé.

En 1949, un historien et journaliste radical, Raymond Postgate, décidait de partir en guerre contre la consternante médiocrité de la cuisine anglaise et proposait une « Société pour la Protection des Aliments », s'attaquant notamment aux multiples sauces en bouteille que « chaque restaurant propose avec l'idée que ses convives veulent éliminer entièrement le goût de ce qui leur est servi [...], qu'il s'agisse de poisson, de viande, de légumes ou de desserts, tout cela immanquablement trop cuit et souvent réchauffé ». La raison toute simple était que les Anglais mangeaient pour se nourrir, sans la moindre notion de plaisir gustatif. L'un de mes interlocuteurs, John Cleese, se rappelle les sorties au restaurant avec ses parents dans les années 1950. Fils d'un fonctionnaire de l'Empire qui avait séjourné en Inde, à Hong-Kong et à Canton, il s'étonne encore : « Vous auriez pu croire que cette expérience aurait formé leur palais, mais rien du tout. Mes parents choisissaient un restaurant non pour sa cuisine mais parce qu'il avait un chauffe-assiettes. »

Ces établissements répondaient à la mentalité des classes moyennes de l'époque : sombres, avec une profusion de cuir et de poutres en bois, ils offraient une ambiance sévère, masculine, dominée par une stricte étiquette. Il était par exemple hors de question de glisser sa cuillère entre ses lèvres, ni d'exprimer une appréciation du dîner en lui-même : « I'm full » (je suis rempli), était la formule d'usage à la fin du repas, la quantité primant sur une hypothétique qualité. Historiquement, pourtant, la cuisine anglaise – du moins celle des privilégiés – a pu se situer au niveau des exigences gastronomiques d'autres pays européens. Richard II, ainsi, entretenait selon la tradition une armée de deux mille cuisiniers, et le fils d'Édouard III, le duc de Clarence, a offert un jour à dix mille invités un banquet qui comptait pas moins de trente plats. Même à la veille de la Seconde Guerre mondiale et de ses rationnements, George Orwell pouvait dresser une longue liste de succulentes spécialités anglaises, depuis les kippers et le Yorkshire pudding jusqu'aux muffins et aux crumpets en passant par la marmelade d'Oxford, le raifort, les pommes de terre nouvelles à la menthe ou le Stilton et le Wensleydale...

Toutes ces spécialités gastronomiques n'ont cependant pas encouragé les Anglais à cultiver un authentique art de la table. Ils se sont contentés de reprendre les mots français *restaurant**, *cuisine**, *chef**, et de détailler les plats servis dans cette langue, l'anglais n'ayant jamais développé de vocabulaire gastronomique. On retrouve ici, à nouveau, l'idée que la vie terrestre n'est pas censée être agréable : depuis longtemps, l'élite culturelle anglaise a appris au reste du pays qu'une trop grande attention apportée à son alimentation confinait à l'immoralité. Alors qu'au XVIIe siècle les puritains affirmaient que la nourriture la plus simple était celle que Dieu voulait pour les hommes, la révolution industrielle, deux siècles plus tard, a coupé la majeure partie de la population de la robuste et souvent savoureuse cuisine campagnarde, et la bonne chair ne faisait certes pas partie des priorités impériales. « Rosbif et mouton, c'est tout ce qu'ils ont de correct », remarquait le poète allemand Heinrich Heine au cours de l'une de ses premières visites. « Que le Ciel garde tout chrétien de leurs sauces, et n'importe quel être humain de leurs innocents légumes, simplement bouillis et posés sur la table dans l'apparence que le Seigneur leur a donnée. »

De nos jours, les citadins aisés ne se privent pas de proclamer que tout cela a changé, que les palais anglais se sont raffinés et que Londres serait même devenue la capitale gastronomique du monde. Il est vrai que les restaurants de première catégorie se sont multipliés, mais ils se concentrent dans la capitale ou dans une poignée de villes de province et ne s'adressent qu'à une clientèle fortunée. Si l'on veut bien dîner à Manchester ou Birmingham, il est préférable de s'orienter tout de suite sur le quartier chinois ou bengali. La popularité des cuisines exotiques en Angleterre est certes un fait avéré. Alors que le nombre d'établissements spécialisés en « fish and chips », ce mets anglais par excellence, est passé de quinze mille à huit mille cinq cents en quelques années, on ne compte plus les restaurants chinois, indiens ou thaïlandais. John Koon, l'inventeur du plat chinois à emporter, a bâti son succès en constatant que, si les Anglais ignorent à quoi peuvent bien ressembler des « germes de soja », ils sont capables de commander un plat désigné par un numéro ou une combinaison de lettres. Invité au début de sa carrière à assurer la restauration dans l'un des premiers complexes touristiques de masse du pays, il a trouvé le moyen de surmonter les préventions culinaires nationales en inventant une révoltante synthèse, celle du poulet chop suey servi avec des frites. Ses clients en ont redemandé.

Pour la vaste majorité des Anglais, manger dehors ne constitue toujours pas une expérience gastronomique inoubliable mais se borne à consommer de la nourriture industrielle dans des fast-foods. Plus que la qualité générale de l'alimentation, c'est le comportement alimentaire qui a évolué. La popularité des cours gastronomiques télévisés administrés par des chefs multimillionnaires en témoigne, tout comme la place de choix désormais occupée par la cuisine dans la maison et la vie domestique anglaises et le fait qu'on ne vous regardera plus comme un dégénéré si vous avouez être plutôt un fin gourmet. Cela participe d'une évolution plus générale, qui se cherche encore. Les gabarits de l'Anglais et de l'Anglaise modèles ont fini à la poubelle, les anciens codes de valeur et de hiérarchie se sont dissous, libérant une formidable énergie dans le domaine de la mode ou de la musique. Qui peut expliquer pourquoi l'Angleterre a donné naissance à certains des meilleurs groupes musicaux au monde alors que la France croit encore que Johnny Hallyday incarne le summum de l'inventivité ? On a déjà évoqué l'influence du mauvais temps et du terrible ennui des banlieues anglaises pour expliquer ce besoin de créativité, mais il s'inscrit aussi dans le foisonnement des modes, des tribus et sous-tribus urbaines, des goûts et des opinions, nouvelle réaffirmation de la priorité donnée ici à la liberté individuelle. Le « style anglais » n'est plus homogène, ni dicté d'en haut.

On a dit du batteur de cricket Ranjitsinghji, premier dans l'histoire à marquer trois mille courses en une seule saison, qu'il « a fait apparaître l'Inde sur la carte mondiale pour l'Anglais moyen ». Il appartenait cependant à une classe très limitée d'Indiens qui, dans leurs mœurs ou leur élocution, étaient réellement « anglais ». L'immigration de masse, et venue de divers horizons, a forcé les Anglais à rompre avec leur suffisance, à reconsidérer leur place dans le monde et à apprécier la diversité. Ils n'ont pas entièrement dépassé la sensation que leur pays avait perdu de sa spécificité, ni leur méfiance envers « l'extérieur », forgée par des siècles d'insularité. N'importe quel enfant anglais qui visite aujourd'hui la France, l'Allemagne ou la Hollande dans le cadre des échanges scolaires a eu un ou plusieurs ancêtres dont la seule expérience du continent était un champ de bataille. Plus d'un million de ces soldats ne sont jamais rentrés au pays.

Au-delà des lilliputiennes prises de bec politiques, pourtant, l'Angleterre est plus que jamais une société ouverte et tolérante, fondée sur le principe que chaque individu est libre d'agir à sa guise dans le cadre des lois, alors que la plupart des autres nations fonctionnent selon la logique inverse : en Allemagne, par exemple, la loi régit jusqu'aux heures où l'on est autorisé à battre ses tapis dehors ou à laver sa voiture… C'est une civilisation qui fait la part belle aux mots, qui a donné au théâtre ses plus grandes réussites, qui offre aux citoyens plus de journaux et une télévision de meilleure qualité que partout ailleurs. Les Anglais jouissent d'une capitale plus animée que bien d'autres, d'un patrimoine architectural remarquable, des meilleures chorales et de la plus grande diversité musicale en Europe, de merveilleux paysages agrestes formés par le travail des générations et encore, à Oxford, Cambridge ou ailleurs, d'une tradition intellectuelle unique au monde. Et cependant ils persistent à se croire un peuple « fini », sans avenir. C'est ce qui fait leur charme.

Valerie et William Plowden quittent la maison qui a abrité leur famille au cours des huit siècles précédents, un solide manoir caché dans les collines bleutées du Shropshire. Il n'y a pas de panneau indiquant l'entrée de Plowden Hall, pas d'écriteau du National Trust précisant les heures de visite, pas de thés servis par de robustes ladies en jupe de tweed. De jeunes faisans détalent devant le véhicule qui emprunte la longue allée, à travers une campagne somnolente où vaches et brebis paissent tranquillement. Devant la grande maison, un jardinier retouche les bords de la pelouse, les lames de son sécateur produisant le seul bruit notable dans ce havre retranché du reste du monde.

La famille Plowden a résidé ici depuis la fin du XIIe siècle au moins, quand l'un de ses ancêtres est revenu des Croisades après avoir participé au siège d'Acre. Nous ne sommes pas loin de la vallée de la Severn, là où la fonderie industrielle a été inventée et le premier pont en fonte de l'histoire construit, puis la région d'Ironbridge, jadis noircie par la fumée des hauts-fourneaux, est retombée dans son calme fangeux. Les Plowden ont vu toute cette histoire se dérouler et ils sont toujours là, à Plowden Hall, village de Plowden, dans une contrée de discrète félicité. Leur passé est honorable mais non exceptionnel. Un Plowden a été un avocat en vue sous le règne d'Élisabeth Ire, un autre a commandé un régiment à la bataille de Boyne avant d'amasser une petite fortune avec l'East India Company, un autre est mort dans son adolescence pour avoir « mangé des cerises à l'excès », un autre, amiral, a péri en action dans l'Atlantique Nord. Pas de premiers ministres ni de philosophes dans la lignée. La vie des Plowden se concentre sur les travaux de la ferme, une demi-douzaine de labradors noirs, la chasse, le tir, la pêche, bref rien qui puisse attirer l'attention des éditeurs du *Who's Who*. Leurs obligations locales se bornent à occuper le banc des magistrats et, de temps à autre, à revêtir la tenue de shérif principal lorsque la reine est de visite dans le comté.

Conventionnellement, ce type de famille anglaise est regardé comme un moment d'histoire suranné, conduit à la ruine par la Première Guerre mondiale, les droits de succession, les impôts, la Lloyd's et une incapacité congénitale à gérer son argent. Cette image à la Evelyn Waugh est en partie exacte, mais elle paraît totalement fausse à ceux qui ont survécu. William Plowden était un militaire de vingt ans lorsque son père est décédé, lui léguant le manoir. Après avoir cherché en vain un locataire pour Plowden Hall, il a opéré un tournant radical : quittant le service actif, il est allé à Oxford, où il a « découvert que [son] cerveau ne fonctionnait pas », puis au Collège royal d'agriculture de Cirencester. En reprenant le domaine après cette formation, il était à la tête de deux cent vingt-cinq hectares. Quelques années plus tard, il en cultivait près de mille, et la propriété a aujourd'hui un gérant, douze ouvriers agricoles, cinq employés forestiers, un maçon à plein temps, un menuisier, un garde-chasse, un homme à tout faire et un jardinier.

William Plowden et sa femme quittent le manoir, mais non le domaine. Ils vont s'installer dans une ferme de la propriété, laissant Plowden Hall à leur fils. Si William Plowden vit encore sept ans, la transmission se fera libre de droits. Son affaire, prospère, dément ceux qui avaient un peu trop vite expédié aux oubliettes de l'histoire les vieilles familles qui perpétuent une Angleterre traditionnelle et qui formaient jadis le cœur de la société rurale anglaise, « apolitiques » mais instinctivement conservatrices, fuyant l'ostentation et les débats intellectuels.

Demandez à William Plowden ce qu'il pense de l'état actuel du pays et vous obtiendrez des réponses sans fioritures qui évoquent toutes la dégradation des mœurs : « Au village, nous avons construit six maisons pour des familles à revenus modestes. Cinq d'entre elles sont occupées par des couples non mariés. » Mais il faut avoir vu sa voiture pour comprendre ce qui le préoccupe vraiment. Il a chargé l'imprimeur local de lui fabriquer des autocollants d'un orange criard qui proclament : « Au diable la CEE ! Pour une Grande-Bretagne souveraine ! » « Tôt ou tard, le Marché commun va s'effondrer », prédit-il. « Je ne vois pas comment on peut faire marcher un pays avec deux législations différentes. Il y a nos lois et il y a celles des gens de Bruxelles qui contredisent les nôtres. Plus tôt ce sera fini, mieux nous nous en porterons. » Dans les collines du Shropshire, le cœur de l'Angleterre bat encore.

Son approche est certes compréhensible. Où sont passées les marques distinctives de la nation ? Les Anglais n'ont même plus de contrôle sur leur propre langue depuis longtemps et il y a de fortes chances pour que l'euro finisse par mettre au rancard la livre anglaise, ce symbole du pays et de l'Empire. Dans leur vie quotidienne, les citadins privilégiés de l'Angleterre sont plus proches des Parisiens ou des New-Yorkais que de leurs compatriotes banlieusards ou paysans.

S'élevant contre la pauvreté des célébrations de la Saint-Georges, l'essayiste David Starkey a affirmé que « l'Angleterre a cessé d'être un vrai pays pour devenir un lieu imaginaire [...], la honteuse antithèse de ce qu'est une nation. Nous ressemblons à nos voisins tout en différant les uns des autres entre nous ». Ces jérémiades ont encore de l'avenir, notamment en raison de l'obsession du déclin qui empoisonne l'idée que le pays a de lui-même depuis la dernière guerre mondiale. Toutes les nations, pourtant, sont des « lieux imaginaires » dessinés par leurs lois, leurs mœurs politiques et leurs arts. Quand les hommes politiques de Paris parlent de « la France », c'est une conception du destin national qu'ils évoquent, plus qu'une réalité géographique, et que serait l'Amérique sans le « rêve américain » ? Malgré tous ces bulletins de décès émis pour l'Angleterre, la culture anglaise, dans son individualisme, son pragmatisme, son culte des mots et surtout sa magnifique propension à la rouspétance, n'a pas changé.

Pour le reste du monde, l'Angleterre demeure celle de l'Empire britannique. Tels des jeunes mariés quittant la noce, tous les peuples s'engagent dans leur avenir en traînant derrière eux une bruyante ribambelle de casseroles et de boîtes de conserve. Pour la plupart des Anglais, cependant, leur histoire n'est justement que cela : du passé. Les peuples opprimés, comme les Écossais ou les Irlandais, n'oublient jamais leur histoire. Ceux qui ont été oppresseurs, ne serait-ce qu'une fois, préfèrent passer à une nouvelle page. Et celle-ci n'a plus rien en commun avec la tradition symbolisée par les trois couleurs de l'Union Jack.

Les révoltés des années 1960 sont déjà souvent des grands-parents, leurs véhémentes protestations ont été lentement digérées et de nouveaux contestataires ont occupé leur place vague après vague. Les valeurs des années 1940 sont mortes mais elles n'ont pas été remplacées. Privées de tout projet national galvanisant, les générations de l'après-guerre se sont montrées de plus en plus égoïstes, repliées sur elles-mêmes. Il n'y a plus de consensus régissant la manière de s'habiller, et encore moins de se comporter.

Le changement qui navre tant David Starkey est peut-être, au contraire, une preuve de la force des Anglais. Au final, un individualisme maîtrisé n'est-il pas préférable au conformisme du temps où les écoles de garçons formaient au moule des milliers de serviteurs d'un Empire qui n'existe plus, où chacun acceptait sa place dans l'ordre des préséances ? Le modèle de l'Anglais idéal n'était pas dépourvu de noblesse, mais il comportait aussi une grande part d'hypocrisie. Et la nouvelle identité que la génération actuelle se définit peu à peu est fondée non sur le passé mais sur ses besoins spécifiques. Dans un monde de globalisation et d'intercommunication, la version la plus pertinente de l'identité nationale serait donc la conscience individuelle d'un pays mental.

En réalité, les Anglais redécouvrent un passé oblitéré par la création de la Grande-Bretagne tout en s'inventant un avenir.

Le rouge-blanc-bleu n'ayant plus de sens, ils reviennent au vert emblématique de l'Angleterre. Ce nouveau nationalisme s'occupe cependant relativement peu de drapeaux et d'hymnes nationaux : il est à la fois modeste, individualiste, ironique, narcissique, attaché aux villes et aux régions autant qu'aux villages et aux comtés. Il se développe sur des valeurs inscrites si profondément dans la culture qu'elles appartiennent presque à l'inconscient collectif. À l'âge du déclin des États-nations, c'est peut-être le nationalisme de demain.

Remerciements

L'idée de ce livre est née, il y a bien longtemps, de conversations avec Susan Watt, alors mon éditrice chez Michael Joseph, et c'est à elle que je suis d'abord redevable. Après son départ, Tom Weldon a été une mine de suggestions tandis qu'il suivait la gestation de l'ouvrage. Je remercie aussi avant tout ma famille, capable d'avoir supporté mon obsession des dernières années sans un murmure de reproche.

Pour ma recherche, j'ai interviewé plus de deux cents personnes, dont certaines sont explicitement citées au cours du livre mais qui m'ont toutes apporté une aide précieuse. Il pourra sembler injuste de retenir certains noms et cependant je me sens obligé de remercier tout particulièrement Raymond Blanc, James Landale, John Cleese, Ian Jack, John et Penny Mortimer, sir Roy Strong, le docteur Nick Tate, Ian Smith, Helen McManners, John Simpson et Patrick Hans aux éditions d'Oxford, Hugh Massingberd pour m'avoir généreusement donné accès à son carnet d'adresses, le docteur George Steiner, George Walden, lord Dahrendorf, le professeur Michael Dummett, le député David Willetts, Jim Gray, Mary-Anne Sieghart, le chanoine Donald Gray, le très révérend Richard Harris, Patrick Wright, le révérend David Edwards, Melvyn Bragg, le professeur David Starkey, John Gillingham, West de Wend Fenton, William Plowden, Roderick Gradidge, Christopher Driver, Simon Raven, le docteur Keith Thompson, sir John Smith, Edmund Staunton, Margot Lawrence, Shani d'Cruze, Roger Bolton, Ivo Dawnay, Henry Porter, David Twistan-Davies, le député Paul Boateng, Paul Hardacre et Ewan McCallum, Elsie Owusu, James Blitz, le professeur John Burrow, Stephen Haseler, les députés Bernie Grant et Mark Fisher, Michael Wharton, Sebastian Faulks, C. H. Sisson, Jessica Rees, Edward Faulks, Julian Turton, Andrew Roberts, le docteur Trevor Bennett, le professeur Anthony King, sir Denys Lasdun, Gavin Stamp, Richard North, John Armit,

Andrew Mitchell, Ned Dawney, Robert Hewison, lord Runcie, John Fowles, Georgia Langton, Richard Curtis, Peter Collison, le révérend Donald Reeves, Timothy Garton Ash, le professeur Richard Hoggart, le professeur Bernard Crick, Ruthie et Richard Rogers, Blanche Blackwell, le duc et la duchesse du Devonshire, Roy Faiers, sir Bob Horton, Tony Knox, John Eliot Gardiner, Jacqueline Gough au Conseil municipal de Hartlepool, la Commission des sépultures de guerre du Commonwealth, la Fondation Charities Aid, la Société royale d'horticulture, le palais Blenheim, et les Archives du Suffolk.

Je n'aurais pu accomplir ma tâche si je n'avais pas été aidé dans mes recherches par Ade Thomas et Hettie Judah. Ma reconnaissance va également à Julian Holloway et au docteur Jon Lawrence de l'Université de Liverpool, qui ont lu le manuscrit final et relevé au moins quelques-uns de ses défauts. Ceux qui demeurent ne reviennent qu'à moi.

J. P.

Cet ouvrage a été imprimé par la
SOCIÉTÉ NOUVELLE FIRMIN-DIDOT
Mesnil-sur-l'Estrée
pour le compte des Éditions Saint-Simon
en mai 2003

Imprimé en France
N° d'impression : 64088
Dépôt légal : mai 2003
ISBN 2-915134-03-0
957 395.2